宁波文化研究工程 · 专门史研究　ZM15.201501

宁波海洋渔业史

NINGBO HAIYANG YUYE SHI

孙善根　白　斌　丁龙华　著

ZHEJIANG UNIVERSITY PRESS
浙江大学出版社

前　言

　　作为一个面朝大海,背靠长江中下游经济区的港口城市——宁波,其在漫长的发展过程中与海洋结下了不解之缘,可以说宁波见证了中国向海洋进军的整个历史进程。在我们的先民开发海洋的过程中,渔民则是开路先锋。相比其他海洋职业群体而言,渔民最先投入海洋生产活动中去,并在拓展中国海洋领土方面功不可没。但是由于历史的原因,对渔民及渔业经济活动,历朝历代并未予以足够重视,直到近代中国面临海洋方面的挑战时,才发现中国的海洋渔业经济已残破不堪,并被迫走上一条艰难曲折的近代化之路。

　　宁波海洋渔业资源丰富,历史上一直是浙江省渔业重镇,所属各县(市、区)均有渔业生产,渔业在地方经济上也占有重要的地位,对地方社会风尚、社会习俗均有重要影响。与其他沿海地区相比较,宁波先民对海洋渔业资源的开发和利用历史相当悠久,早在6000多年以前的河姆渡文化时期就已经出现。在漫长的历史进程中,宁波海洋渔业的区位优势相当明显。丰富的渔业资源和强大的消费市场,使得宁波的海洋渔业得以较快发展。同时,优越的地理位置和气候条件使得宁波渔港和天然冰鲜技术可以全年使用,这一优势在推动宁波海洋渔业规模产业也发挥重要的作用。到明清时期,在国家政策的支持下,在其他海域的捕鱼船只受到限制的时候,宁波的捕鱼船只却没有类似的影响,而地方经济的繁荣与家族势力的强大,使得宁波海洋渔业组织从传统的地域性行业帮会向区域性渔业公所转变,而渔业公所内部也逐渐加以分工,出现了专门从事捕捞、运输、加工的渔船及渔业组织。到晚清民国时期,渔业组织在国家干预下开始逐渐转型,出现了渔团、渔商联合会、渔会、渔业合作社等各种渔业组织。从宁波海洋渔业经济的发展阶段而言,可分为传统海洋渔业的发展繁荣阶段与现代海洋渔业的尝试与实施阶段。

与宁波海洋渔业发展相联系的是国家对于宁波海洋渔业的管理及其变化。如果说宁波海洋渔业的发展更多的是受到技术与气候条件的限制,那么国家对于宁波海洋渔业的管理更多的是受到国家海洋战略的制约。中华文明的发展史在相当长一个时期是向内陆地区的拓展史。由于地理与技术因素,古代中国鲜有遭受海上敌对势力的入侵,因此国家的发展与防御重心皆在北方。而这一战略态势到元朝出现了变化,作为首个入主中原并统一全国的少数民族政权,并没有北方的战略威胁,其扩张的战略态势由大陆转向了海洋,而历史上中国的海洋政策也在此基础上产生。到明清时期,国家对宁波海洋渔业的管理逐渐从海洋政策中剥离出来,形成一套完整的管理体系。从对海洋活动区域的管理逐渐扩展到对海洋渔业生产工具与海洋渔民群体的管理。随着国家所面临海洋问题的逐渐增多,国家对宁波海洋渔业管理的政策也逐渐制度化与精细化,其管理目标由初期的管制向晚清以后的管理与扶持相结合转变。在晚清中国面临前所未有的海洋挑战时,在相当一批有识之士的大力推动下,清政府开始尝试引进西方先进的管理理念来推动宁波海洋渔业的发展和加强对渔民群体的管理。而民国时期,政府更是积极鼓励渔会渔业合作团体的建立,以推广新的渔业生产技术,保护海上渔业生产安全。这一管理模式一直持续到全面抗日战争后宁波沦陷才被迫中断。

就文献记载,关于宁波海洋渔业的文献仅存于地方志和文人笔记中的零星记载。渔业历史虽然悠久,但并不为历代统治者或知识群体所重视。国家正统文献中更多的是涉及渔业税收和管理方面的规定与制度,对于渔民的生活和生产状况则罕有记载。而到近代,宁波多次遭到战乱的摧残,不少地方文献散佚无存。这也为我们进行宁波海洋渔业研究带来了极大困难。鉴于此,本书将重点介绍宁波海洋渔业经济活动与政府如何管理宁波的海洋渔业,而渔民的生活状况等内容只有在资料较为丰富的民国时期才能展开一定的讨论。

宁波海洋渔业经济的自身发展进程与渔民社会群体的演变和国家海洋管理政策的变化并不同步,相较而言,海洋渔业经济的自身发展更早一些,因此我们在对宁波海洋渔业发展的论述中,主要是以宁波海洋渔业发展的自身阶段性为依据。这一分期既不同于朝代分期,也不同于国家海洋政策变化的分期,尽管后者与宁波海洋渔业发展有着非常紧密的联系。出于行文方便,我们仍旧将全书分为古代篇、近代篇和现代篇三部分,讨论海洋渔业经济活动、海洋渔业管理以及相关问题。不同篇章的时间节点是有所交叉的,如近代篇关于宁波海洋渔业组织的讨论会上溯至清代前期。尽管为了叙述的方便,不得不进行必要的历史分期,但这一人为分期在渔业发展过程中的界限并不是非常明显的。

应该说明的是,本书研究的地域范围,以今之宁波行政区划为依据,适当兼顾历史沿革,如定海历史上一直为宁波所辖,又是当时宁波最大的渔区,故不得不有所论及。就时间范围来说,起于史前的河姆渡文化,止于1949年10月中华人民共和国成立。

最后需要指出的是,本项研究是在现有宁波地域研究的基础上进行的,尤其是多年来的宁波专门史研究成果为本项目提供了坚实的史料与技术平台,凡论著与文献征引之处均一一注明。在此,对同行们为这一研究打下的基础表示感谢。

作　者

2015 年 5 月

目　录

第一章　宁波海洋渔业发展环境与资源

　　所谓的渔业环境,指的是沿海渔民活动区域的地理状况、气候环境和渔业资源。就宁波地区而言,其渔业区域既包括宁波及浙江所属海域,而随着其海洋渔业的发展,也包括江苏、福建部分海域。除了海域之外,海上的岛屿,紧靠大洋的陆地都是我们在研究海洋渔业中所要关注的,当然我们也不能忽视沿海区域的经济腹地。因为宁波海洋渔业生产所需要的原料(如木材、大米)都需要腹地提供。同时,宁波腹地的经济发展状况直接决定水产品消费高低和渔民生活水平。在渔业生产过程中,宁波海洋渔业区域的地理状况、气候环境、海洋物理特征也是制约渔业生产的重要因素,它不仅会对渔民海上作业造成影响,也会影响沿海渔汛的时间和位置,海洋区域自然环境的细小变化都会影响渔民渔业生产的进行。在上千年的历史发展过程中,宁波沿海渔民在生产过程中,逐渐了解了鱼的种类,并根据经验总结出渔汛发生的时间和大概的区域,而这些不仅是了解渔业生产的重要依据,也为我们分析渔民生产活动提供了地理坐标。

第一节　宁波海洋渔业区域

　　就浙江渔业区域而言,按照学界的传统区分方法,我们将其海洋渔业生产区域分为海域、岛屿和沿海陆地三部分。① 一般而言，海洋生产区域仅仅指沿海渔民从事海洋捕捞及加工的活动区域。最初阶段，宁波海洋渔民在生产过程中，捕捞与对海鱼的腌制都是在船上进行的。随着捕捞量的扩大，渔民们把加工的环节从海上转移到近海岛屿上，完成腌制。新鲜的海鱼大部分在沿海地区销售，而随着冰鲜技术的进步与交通的发展，这一区域逐渐由沿海陆地向其经济腹地转移。宁波海洋鱼产品的销售，由最初的海边交易转到城镇中的市场。因此，广义而言，宁波海洋渔业区域不仅包括生产海域与加工场地，还涉及销售区域。

一、海域

宁波沿海渔民捕鱼的海域主要包括三部分海域：宁波及浙江所属海域，以及部分江苏、福建海域。

渔民在宁波沿海地域捕鱼的历史可以上溯到远古时期。但宁波沿海大规模的海洋渔业捕捞，在宋代才开始有文献记载。② 明清时期，宁波沿海渔民捕鱼区域开始扩大，除了在自己所在的沿海区域捕鱼外，还按照渔业资源的分布情况，远赴江苏和福建沿海从事渔业捕捞。如每年四五月间是苏松淡水门渔场黄花鱼的汛期，每到汛期到来之际，不但苏松渔民蜂拥而至，而且浙江宁波、台州和温州的大批渔民也纷然而入。"计宁、台、温大小舡以万计，苏松沙舡以数百计。小满前后凡三度，浃旬之间获利不知几万金。"③而在宁波沿海捕鱼的渔民也不仅仅是宁波渔民，还包括浙江其他沿海地区以及江苏、福建沿海渔民。民国《台州府志》中就记载了台州沿海渔民从近海捕鱼向远海捕鱼、从台州沿海向宁波沿海乃至江苏、福建沿海捕鱼的发展历程：

> 濒海居民，多半业渔，南岸渔民，南起凤尾山，北至韭山沿海，浅涂设竹椿系严，有固定地如居国。然其船有舻艚、赶丁、小航、溜网船等类。北岸船远涉定海鱼山岛等处以红头对为大宗。旧有水刮船张网白岱山猫头洋，象山爵铭一带。后以船笨改造黑头旋、改红头两船，拖网成对，所谓红头对也。初，渔户往来近海，后渐推广镇、定、奉、象各地。健者或走崇明，南距瓯闽，

---

① 参见杨国桢：《论海洋人文社会科学的概念磨合》，《厦门大学学报》（哲社版）2000 年第 1 期。

② 慈溪市地方志编纂委员会：《慈溪县志》，浙江人民出版社 1992 年版，第 303 页。

③ 〔清〕顾炎武：《天下郡国利病书》第 6 册《苏松》，《续修四库全书》第 595 册，上海古籍出版社 2002 年版，第 757 页。

富冒险性,红头渐多至□□余对,张箔捕鱼,获利颇厚。①

在搞清历史上宁波沿海渔民的渔业作业区域后,我们就要按照现在地理学的知识对这些区域加以分析。从浙江沿海地图我们可以看到,宁波沿海渔民的捕鱼海域大部分水深不超过 50 米,其渔场属于典型的浅海沿岸渔场。这种渔场受“大陆江河入海径流影响较大,水质肥沃,饵料生物丰富,为盐度低的海淡水混合区域。它是多种鱼类、虾类产卵场所,也是幼体肥育和索饵场所,是定置网具及小型渔具的捕捞作业场所”②。在鱼类学研究中,水深对海洋渔业种群的影响是非常显著的。以海水等深线为划分依据,近海 30 米以内属于潮间带(intertidal zone),在该区域,“海水由于受降雨、陆上注入淡水和潮汐的影响,温度、盐度变化较大,因此大部分鱼属于广温性和广盐性鱼类”③。在这一区域除了鱼类之外,大部分贝类和蟹类都生活在这一区域,渔民不需要太复杂的生产工具就可以从事渔业生产。而在浅海区,由于水深,对船只和渔网的要求都比深海要低,宁波沿海的大部分渔场都在这一区域。

二、岛屿

旧时海岛为沿岸近海渔场坐标及渔船避风锚泊之处,许多传统渔场,渔民习惯以岛冠名,宁波境内大目洋、猫头洋、韭山、渔山、蛇盘洋等渔场,分别有大目山、猫头山、韭山、渔山、蛇蟠山等海岛。据 1989 年宁波海岛资源综合调查:北起镇海蟹浦之棋盘山、泥螺山,南至三门湾象山之草鞋耙屿,东南至离岸最远达 47 公里之渔山列岛,在大潮高潮线以上、面积大于 500 平方米以上的岛、屿、礁,共有 531 个,其中 4 个归属未定,按 527 个计,岛陆总面积为 254.07 平方公里,海岛滩涂 77.12 平方公里,岛屿岸线总长 758.68 公里。531 个岛屿大多分布在东南沿海,以象山县最多,有 419 个,占岛屿总数的 78.9%。

众多海岛中,比较重要的岛屿有:大榭、梅山、东门、南田、高塘、檀头山、南韭山、渔山,共 8 岛。④

主要列岛及群礁 14 个,分别为:泗礁、五档礁、韭山列岛、名膛礁、百亩

---

① 喻长霖等:《台州府志》卷 61《风俗志下》,成文出版社有限公司 1970 年版,第 901 页。

② 欧阳宗书:《海上人家——海洋渔业经济与渔民社会》,江西高校出版社 1998 年版,第 6 页。

③ http://zhidao.baidu.com/question/119644294.html。

④ 周科勤、杨和福:《宁波水产志》,海洋出版社 2006 年版,第 28—29 页。

田礁、三岳山、七姐妹礁、半招列岛、三山、七星礁、刺蓬礁、五屿门岛、渔山列岛、五虎礁。①

而舟山群岛拥有舟山、岱山、六横、金塘、泗礁等面积 500 平方米以上的岛屿 1339 个,明礁 3350 多个。

主要岛屿有:

舟山岛,乃舟山群岛主岛,浙江省第一大岛,全国第四大岛,面积 502 平方公里,丘陵面积占 73.3%。最高点黄杨尖,海拔 503.6 米。

岱山岛,位于舟山群岛中部,面积 111.9 平方公里,山丘陆续分布在东侧,占全岛面积 60%,西侧滨海淤泥沉积物构成岱东、岱西平原。最高点摩星山,海拔 257.1 米。

六横岛,曾名黄公山。面积 106.79 平方公里,位于舟山群岛南部,岛上双顶山至石水岗、大山头至蒿山脑、贺家山及双塘山至毛头岗墩、大尖山至大平岗、炮台岗至老鹰嘴,六条山体排列,故名"六横"。最高点双顶山,海拔 299 米。

金塘岛,面积 76.4 平方公里,最高点仙人山海拔 455.9 米。

朱家尖岛,面积 70.29 平方公里。全岛由青山、大山、大平岗、西山、沙头、泗苏、钓鱼礁、糯米团等 10 多个岛礁经岛间海积物填充相连而成。最高点大青山,海拔 378.6 米。

衢山岛,曾名朐山、句山、大衢山,面积 71.84 平方公里,山丘占全岛面积 83%。最高点观音山,海拔 314.4 米。

桃花岛,面积 42.66 平方公里,90% 是山丘。最高点对峙山,海拔 544.4 米。

大长涂山,面积 39.1 平方公里,山丘占 90% 以上。最高点大龙山,海拔 290.6 米。

秀山岛,曾名麦山,面积 24 平方公里,丘陵占 70%。最高点梅山岗,海拔 207.5 米。

泗礁山,曾名苏窦山、梳头山、马迹山,面积 22.33 平方公里。最高点插旗岗,海拔 217.6 米。

虾峙岛,面积 17.99 平方公里,最高点礁岙山,海拔 207 米。

登步岛,别名登埠山,面积 15.88 平方公里。最高点炮台山,海拔 182.6 米。

---

① 宁波市地方志编纂委员会:《宁波市志》(上),中华书局 1995 年版,第 164—165 页。

普陀山,面积 13.93 平方公里,大部分低丘。最高点佛顶山,海拔 291.2 米。

册子岛,面积 13.7 平方公里,最高点,海拔 275 米。

小长涂山,面积 11 平方公里,最高点鳌山,海拔 299.6 米。

此外,较大岛屿还有枸杞岛、嵊山、长白山、长峙岛、盘峙岛、大猫岛、鲁家峙、蚂蚁岛、佛渡岛、元山岛及湖泥山等。

按岛(礁)群命名的自北而南主要有:

嵊泗列岛,东西走向,包括马鞍列岛、崎岖列岛。由泗礁山、嵊山、大洋山、滩浒山等 380 余个岛礁组成。面积 67 平方公里。最高点花鸟山海拔 236.9 米。主岛泗礁山居列岛中部。

马鞍列岛,乃嵊泗列岛东部岛群。由花鸟山、东绿华岛、西绿华岛、壁下山、枸杞岛、嵊山等 130 多个岛礁组成。面积 20.45 平方公里。最高点花鸟山。

崎岖列岛,乃嵊泗列岛西部岛群。由大洋山、小洋山、沈家湾岛、唐脑山等约 88 个岛礁组成。面积 11.99 平方公里。最高点大洋山海拔 204 米。

川湖列岛,由上川山、下川山、柴山、川木桩山等 28 个岛礁组成。面积 1.9 平方公里。最高点上川山海拔 145.8 米。

中街山列岛,由大西寨岛、黄兴岛、庙子湖岛、青浜岛、东福山等 170 余个岛礁组成。最高点东福山海拔 324.32 米。

浪岗山列岛,由中块岛、西块岛、东块岛等 14 个岛礁组成。面积 0.46 平方公里。最高点西块岛海拔 96 米。

七姊八妹列岛,由东霍山、西霍山、大长坛山、小长坛山、大妹山等 20 多个岛礁组成。面积 0.74 平方公里。最高点东霍山海拔 62.9 米。

火山列岛,由大鱼山、小鱼山、鱼腥脑岛等 35 个岛礁组成。面积 6.6 平方公里。最高点大鱼山海拔 152.6 米。

梅散列岛,由大尖苍岛、小尖苍岛,上梁横岛、下梁横岛,龙洞岛、菜子岛等 20 多个岛礁组成。最高点大尖苍岛海拔 158.5 米。

另有三礁、外泗礁、龙骨礁、海礁、三星山、五峙、两兄弟屿、四姐妹等岛群。①

宁波海岸线绵长,海涂宽广,港湾众多,浅海辽阔,水道穿插,岛礁棋布。境内海岛同属北亚热带季风气候区,冬夏季风交替明显,年温适中,四季分

---

① 舟山市地方志编纂委员会:《舟山市志》,浙江人民出版社 1992 年版,第 75—77 页。

明,夏热少酷暑,冬冷无严寒,光照较多,热量较优,雨量充沛,空气湿润,光热同季。然而四季都可能出现灾害性天气,有影响的台风年均 2.7～3.5个、暴雨 3.1～3.6 次。由于海岛区下垫面多为热容量大的海洋,受海气作用影响,海岛区与邻近之大陆相比,具有冬、夏短 7 天和 2 天,春、秋长 5 天和4 天的季节特点。海岛区中有几个乡镇建制之岛屿均为距大陆不足 10 公里之近海岛屿,冬季盛行离岸风(偏北风)时,则各岛屿气候趋于大陆性,最冷月为 1 月(平均最低气温 2.5～2.9℃),反之,夏季盛行向岸风(偏南风)时,则各岛屿气候趋于海洋性,最热月比大陆略迟(北部 7 月,南部则 8 月,平均最高气温 30.7～31.8℃)。由于近海岛屿面积小,地形低矮,难以形成地形雨,且天气系统在海上移动快,停留时间短,致使降水比邻近的大陆偏少(年降水量 1239～1522 毫米),风力则较大陆为大(每年大风日达 52～94 天)。此外,空气相对湿润,在近海洋流作用下,易产生平流雾,因此与邻近之大陆相比,雾日更多(雾日达 24.3～55.7 天)。①

　　根据考古发现,早在远古时期浙江舟山群岛已经有人类活动的足迹。唐代政府在舟山设立县治,明代之后浙江沿海岛屿的开发速度逐渐加快。截至乾隆五十九年(1794),浙江沿海有人居住的岛屿有 127 个,渔汛期间使用的岛屿有 27 个。② 早期渔民对海岛的利用主要是出于渔业生产的考虑,在水产保鲜技术没有被大规模使用之前,渔民主要依靠沿海岛屿将捕捞的渔产品晒干或盐腌,以提高渔产品的储藏时间。而在渔汛期,渔船远离陆地,为了捕到足够多的渔产品,渔民往往要在海上停留数十天,这也需要在海岛搭建临时住所以为中转。康熙五十年(1711)三月初七日,福建浙江总督臣范时崇在上奏朝廷的奏章中就指出出海捕鱼船只在沿海岛屿搭建临时住所的重要性:

　　海山搭盖篷厂,每年请开四月之禁,以裕穷民也。夫海山向禁搭盖篷厂,原为防奸宄而设,然奸宄藏身却不在此。凡沿海一带穷民俱以海为田,藉渔为活,春夏天和日暖,鱼浮水面,近岸者多,民可近洋取鱼。一交冬季,凡鱼俱就水极深处潜伏,非深入大洋,在洲岛间搭厂,何从撒网施筌? 穷民既无本置大船采捕,而海山又不许搭厂捕鱼,年荒米贵,饥寒迫身,不得不为贼矣。自后请于十月始至正月止,此四月间任穷民海山盖篷施网,则穷黎有

---

① 宁波气象志编纂委员会:《宁波气象志》,气象出版社 2001 年版,第 62—63 页。
② 〔清〕昆冈等修、刘启端等纂:《钦定大清会典事例》卷 158《户部·户口·流寓异地》,《续修四库全书》第 800 册,上海古籍出版社 2002 年版,第 568 页。

可生之业,良民绝为盗之心,亦穷原竟委之一大端也。①

三、沿海陆地

沿海陆地是指紧临海洋的大陆区域,这一区域包括由于自然因素所形成的海岸线、沿海滩涂、浅海潮间带以及适合捕鱼及停靠渔船的海湾和港湾。除此之外,沿海陆地还包括由于人为因素所形成的行政区域。宁波涉海的行政区域不仅包括沿海各县(市、区),在交通逐渐兴起并延伸的历史时期,宁波其他不靠海的行政区域也逐渐成为宁波海产品的销售区域,因此也将其纳入到我们考察的范围内。而其他宁波海产品销售地如杭州、上海等区域由于在不同时间有所变化,故在此不予以描述,相关内容在不同章节里会有所涉及。

(一)海岸、滩涂、浅海及海湾、港湾

宁波大陆海岸线北起钱塘江口余姚西三闸,南至三门湾底宁海旗门港,长788.3公里,经余姚、慈溪、镇海、北仑、鄞县、奉化、象山、宁海滨海线。甬江口北,海域辽阔,岸线平直,多砂质、泥质岸,陆地宽广,滩涂发育。甬江口南,岸线曲折,岩岸、泥质岸相间,多丘陵港湾、岛屿,内陆布小平原。分淤泥质、基岩、沙砾质、河口海岸等。②

从岸线至0米线有滩涂45处,计971.27平方公里,大致分五大片:一为余姚慈溪岸段,自余姚临山至慈溪龙山;二为镇海北仑岸段,自龙山从镇海至北仑郭巨;三为象山港岸段,自北仑峙头角至象山钱仓;四为象山半岛东部岸段,自象山钱仓至石浦镇;五为三门湾北部岸段,自象山石浦至宁海旗门乡。③

海湾自北至南有杭州湾、象山港、三门湾。三门湾、杭州湾合抱于境内南北,象山港于境内海岸线中段深嵌入内陆。沿海大小港湾60余处,分布于甬江及其河口、环穿山半岛,及象山东部沿海岸段,其中以宁波港、镇海港、北仑港、穿山港、西沪港、石浦港著称。港湾相间岬角,有长跳嘴、老鼠山嘴、峙头角、老虎嘴、牛鼻子、园山嘴、狮子尾巴、凤凰山嘴等岬角137个。

杭州湾,湾口宽100.6公里,东西长110公里。处北纬29°58′～30°52′,

① 中国第一历史档案馆:《康熙朝汉文朱批奏折汇编》第3册,《闽浙总督范时崇为遵旨议复郭王森条陈海防十事折》(康熙五十年三月初七日),档案出版社1984年版,第338—339页。

② 宁波市地方志编纂委员会:《宁波市志》(上),中华书局1995年版,第155页。

③ 周科勤、杨和福:《宁波水产志》,海洋出版社2006年版,第23页。

东经 120°55′~121°57′间。古称钱塘港、钱塘湾,因地近杭州,故名。

象山港,处北纬 29°22′~29°45′,东经 121°04′~121°25′间。宋时称鄞江(宋《宝庆四明志》卷 21),清时始称象山港,因南岸有象山县城,故名。民国五年(1916)孙中山先生考察象山港,在《建国大纲》中拟辟军港于此。

三门湾,处北纬 28°57′~29°07′,东经 121°47′~121°58′间。因湾口中间三门山三岛矗立,俨若三门,故名。亦曾名沙门湾。民国五年(1916)8 月孙中山先生视察三门湾,称其为"实业之要港"。

宁波港,今称老港,位于江北岸,系河海港。航道即甬江,为潮汐河段,属弱潮河口,潮差小,底坡平缓。

镇海港,位于甬江入海口门北缘,系河海港。北依陆域,东临金塘水道,东北列金塘岛、舟山群岛为屏障,东南有穿山半岛为掩护,水域平静。

北仑港,以紧邻小岛北仑山,故名。居金塘水道南岸,系著名深水港湾。

穿山港,介大榭岛与陆域间,系避风港湾。又名黄峙港。

西沪港,位于象山港内。口小腹大,系封闭型港湾,西北至东南向,港内风浪平静,涂面广阔平坦。

石浦港,在象山石浦镇南,故名。港形如酒吸器,旧称酒吸港。东门、对面山、南田、高塘诸岛环抱,外列檀头山岛、半招列岛作屏障,系隐蔽多口门封闭型港湾。主航道是铜瓦门、下湾门,尚有蜊门、三门、东门航道。处舟山、渔山、大目洋、猫头洋诸渔场中心,有石浦、蜊门港、中界山、中界山与三门山之间、普陀门口、小湾等锚地,可容万艘渔船锚泊。东通大目洋、猫头洋,西连三门湾,形势险要,系浙东海防前沿,历来以渔港、商港、军港兼利著称。[①]

(二)沿海行政辖区

宁波海洋渔业发展的沿海陆地区域主要是以其行政区划来进行界定的。宁波的行政区域在元代以前多有变化,到明代其主要行政区域逐渐固定下来。

明代宁波府下辖:鄞县、慈溪、奉化、定海、象山。[②]

清代宁波府下辖:鄞县、慈溪、奉化、镇海(康熙二十六年改原定海县为镇海县,又将舟山镇改设为定海县)、象山、南田(宣统三年置);定海直隶厅:

---

① 上述内容依据《宁波水产志》、《宁波市志》(上)整理。参见:周科勤、杨和福:《宁波水产志》,海洋出版社 2006 年版,第 24—27 页;宁波市地方志编纂委员会:《宁波市志》(上),中华书局 1995 年版,第 158—160 页。

② 〔清〕张廷玉等:《明史》卷 44《地理五》,中华书局 1974 年版,第 1101—1116 页。

道光二十一年(1841)升定海县为直隶厅。[①]

民国时期,宁波辖区较今日大,大概辖现今宁波及舟山二市属地。民国时期,宁波的辖区虽经历数次变动,然其主要构成者有七县:鄞县、镇海、慈溪、奉化、象山、宁海、定海,时人称之为"宁波七邑"。

1. 南京临时政府时期至北洋政府时期(1912—1927 年)

1911 年 11 月 5 日,宁波光复。

1912 年废府,各县直隶于省军政府,定海直隶厅改为定海县。析象山县南田等岛置南田县,设治樊岙。1915 年,以清时宁绍台道政区置会稽道,辖20 县,设道尹行政公署,驻鄞县城区。

2. 南京国民政府时期(1927—1949 年)

1927 年,南京国民政府成立,废道,县直属省政府。是年 7 月 1 日,划鄞县城厢及近郊设宁波市,直属省政府。1931 年 1 月,撤市复入鄞县。次年 10 月,浙江省置行政督察区,设专员公署,第七行政督察区专员公署驻鄞县,辖鄞县、慈溪、镇海、奉化、象山、定海、南田、宁海、余姚、上虞、嵊县、新昌 12 县,后增绍兴、诸暨、东阳 3 县。1933 年,改为第五行政督察区。1938 年改属第六行政督察区,辖鄞县、慈溪、镇海、奉化、象山、定海、南田、宁海 8 县,余姚划属第三行政督察区。1940 年 7 月,撤南田县,将其境与临海、宁海县近三门湾地,置三门县,属第七行政督察区。

1941 年日军入侵,4 月 20 日宁波沦陷。至 1945 年 9 月 15 日收复,还治宁波。在此期间,第六行政督察区内各县政府退至宁海等地,当时省政府第六行政督察区专员公署称辖有原属 8 县,后增上虞、嵊县、新昌 3 县。1943年 2 月改为第一行政督察区,是年 10 月划鄞县、奉化、余姚 3 县归属第二行政督察区。次年 8 月,第一行政督察区复改为第六行政督察区,称辖有鄞县、慈溪、镇海、奉化、象山、定海、宁海 7 县。

抗日战争胜利后,第六行政督察区仍辖前述 7 县,余姚县仍隶第三行政督察区。1948 年 4 月,第六行政督察区又改为第二行政督察区,辖鄞县、慈溪、镇海、奉化、象山、定海、余姚、绍兴、诸暨、上虞、新昌、嵊县 12 县,设署于余姚梁弄。宁海县隶第五行政督察区,是年 7 月改隶第六行政督察区。1949 年 1 月,以四明山区为中心,划余姚、上虞、鄞县、慈溪、嵊县、新昌、奉化 7 县的部分地,

---

① 叶建华:《浙江通史》清代卷(上),浙江人民出版社 2005 年版,第 31—32 页。

设四明县,治梁弄镇。是年 5 月 25 日,宁波解放,建置旋废。①

第二节　宁波海洋渔业自然环境

因中华民国时期及之前对自然环境相关资料统计的缺乏,且考虑到自然环境之变迁较政治民情之更迭为缓,故其中部分内容权且采用 1949 年后的统计数据。此外,民国时期舟山地区隶属宁波,1953 年脱离宁波,独立设置,并且现今对于宁波、舟山两地自然环境相关资料的统计,均已将宁波与舟山割裂开来,致诸多相关数据无法一一整合,因此下文对舟山地区自然环境内容采取单独叙述方式,并分别附于今宁波地区各项内容之后。

一、气候

中华民国时期对宁波地区的环境气候进行记录的资料不多,且受技术与设备等种种因素制约,记录资料亦欠翔实。此处将民国时期宁波三县的相关气象数据列出如下(见表 1-1),以供参考。

表 1-1　中华民国时期宁波历年气象要素平均及极端数统计②

站名	气温					云量	雨量			风		
	平均	最高极端	日期	最低极端	日期		年总量平均	一日内最大量	日期	平均风力	最大风力	日期
	℃	℃		℃		0~10	mm	mm		BS	BS	
鄞县	16.9	39.1	23.7.12	−7.3	22.1.29	6.8	1403.5	121.3	29.9.7	2.1	9	22.8.19
定海	17.2	38.7	24.7.17	−8.5	22.1.27	6.9	1323.5	164.8	22.9.18	1.6	7	22.9.18
南田	17.8	36.7	23.7.17	−7.2	23.1.27	7.4	1581.3	274.1	22.9.18	1.7	7	22.9.18

资料来源:此表据浙江省银行经济研究室:《浙江经济年鉴》之《浙江省历年各地气象要素平均及极端数统计表(根据 1945 年以前记录)》筛选编制。

---

① 上述民国时期宁波建置沿革依据《宁波市志》(上)整理。参见:宁波市地方志编纂委员会:《宁波市志》(上),中华书局 1995 年版,第 9 页。

② 浙江省银行经济研究室:《浙江经济年鉴》,(杭州)浙江文化印刷股份有限公司,1948 年,第 2—6 页。按:该表格日期项之数字,表示民国某某年某某月某某日,如"23.7.12"即"民国二十三年七月十二日"。南田县,民国元年(1912)割象山县地设南田县,民国二十九年(1940),撤南田县,地入三门县,1952 年原南田县辖地重归象山县。

　　宁波地处中纬度地带,属亚热带季风气候区。南部有向中亚热带过渡之痕迹,东部具海洋性季风气候之特征。夏冬季长,春秋季短,四季分明。"夏热而不酷,冬寒而不烈"①,温暖润湿,光热充足,雨水丰沛。风向因季节交替而变化明显,多异常天气。

　　其地年平均气温 16.1～16.6℃。年际变化,最高为 17.3～17.8℃(1994年),最低为 15.5～15.8℃(1976年)。最热月为 7 月,月平均气温 26.8～28.3℃,极端最高 39.7℃(1971年8月21日宁海);最冷月为 1 月,月平均气温 4.0～5.7℃,极端最低 −11.1℃(1977年1月31日奉化)。平均年较差23.1℃。境内气温在水平分布上呈东高西低趋势,相对暖区为东南沿海港湾区,暖区中心在象山南部沿海。而中北部之三江平原则是均温区,温差不大。西部四明山区甘竹岭附近,而南部宁海茶山、象山大雷山间,为明显低温中心。

　　境内年平均日照时数为 1801.8～2014.3 小时。年际日照时数,最多年有 1985～2404 小时,最少年仅有 1425～1784 小时,最多最少年相差差值560～736 小时。最多为 7～8 月,平均 243.8 小时;最少为 2 月,平均 108.4小时。年日照百分率 41%～45% 之间,最多年可达 45%～54%,最少年仅有 29%～38%。日照时数地域分布总体言而北多南少,北面地区年平均为1960 小时,而南面则平均在 1861 小时以下,中部地区介于两者之间,南北平均差异在 100 小时左右。出现极值年份时南北差异不十分明显,而各县之间差异则较为显著,最多年份可差 240 小时,最少年份在 300 小时以上。分布极不平衡。日照百分率分布趋势亦是北多南少,平均相差 2% 左右。太阳辐射量年辐射量一般在 4270～4564 兆焦耳/平方米之间,年变幅最多与最少之间可相差 265～293 兆焦耳/平方米,相当于冬季一月之辐射量。在季节和月份分布上,夏季 7—8 月为最大,月均值分别为 571.5 兆焦耳/平方米和 550.6 兆焦耳/平方米,占全年 25.4% 左右。冬季 12 月至翌年 2 月最少,各月月均值均在 251 兆焦耳/平方米以下。太阳辐射量水平分布北多南少,北部较之南部平均多 126 兆焦耳/平方米,相当于冬季半月之太阳辐射。

　　宁波年平均年降水量 1285.8～1674.5 毫米,年间差异明显,丰枯水年雨量差异可达 2.3～2.7 倍。据宁波 1953—1996 年雨量实测资料与上海1873—1996 年雨量资料之对比分析:宁波老市区 1876—1996 年年均雨量为

①　实业部国际贸易局:《中国实业志(浙江省)》,(上海)华丰印刷铸字所,1933年,第30(甲)页。

1424.5毫米,按大于1700毫米为多雨,小于1200毫米为少雨划分,多雨年8年,1937年最多为2045毫米(1937年宁波站),少雨年11年,1967年最少为669.5毫米(1967年柴桥站),其周期变化显现多雨期五个,少雨期四个。全年有两个相对雨季,从3月开始到9月,各月降水量均超过100毫米。3—7月为第一个雨季,即春雨连梅雨,其中3—5月为春雨期,雨量雨日分别占年的27%和31%,6—7月为梅雨期,又称"黄梅雨",雨量雨日占年的24.5%和18%,6月月雨量为全年之最,平均为203.0毫米,占年雨量的14.3%;8—9月为第二个雨季,两月雨量平均为357.1毫米,占年雨量的25%,但降水相对变率较大,此时段雨量主要决定于台风活动,台风影响多则常狂风暴雨以致洪涝,反之则出现伏旱加秋旱。12月至翌年1月为少雨期,月平均在60毫米以下。年平均雨日146.4～168.2天,最少为1967年和1971年,为111～142天和112～137天,最多是1975年为167～200天。连续降雨日最长有两处:宁海(1958年8月22日至9月12日)和石浦(1960年7月29日至8月19日),均为22天,期间降水量最大为宁海,有675.3毫米。而最长连续无降水日数,宁波各地均超过一个月,北部多数地区在40天以上,南部亦有近40天。雨量分布呈沿海向内陆递增,南部多于北部、西北多于东部,山区多于平原,平原多于沿海。多雨区集中在西部山区之宁海双峰及余姚四明山区之大岚附近,年降水量均在1700毫米以上,而北部海滨地区为相对少雨区,年降水量不足1000毫米。月降水量地域分布与年分布基本相似,但12月至翌年1月则出现南略少、北略多之现象。

宁波境内风向分布具有典型季风特征,风向因季节交替而明显变化。冬季受蒙古冷高压控制,盛行干燥寒冷的偏北与西北风;夏季受太平洋副热带高压影响,盛行湿热的偏南和东南风。春秋两季为冬夏交替期,风向多不稳定,春多偏南风,秋多偏北风。境内最多的风向是:东部沿海及宁海以偏北风为主,而内陆地区(不包括宁海)则以偏南风为主。年均风速2.9～5.5米/秒,其中内陆地区2.6～3.1米/秒,沿海5.3米/秒,年际差异各地不一,在0.8～2.1米/秒之间。最大风速各月均在11.7米/秒以上,其中濒海之北仑、石浦各月均超过20米/秒。7—9月是热带气旋与台风期,最大风速出现在台风期,最大风速出现于石浦,达57.9米/秒(1989年9号台风)。平均每年受台风影响 1.8 次,最多 6 次,其中东南沿海平均 2 次,境北 1.5 次。[1]

二、沿海水文

沿海水温年变化较气温年变化明显滞后,一般落后一个月左右。年均水温 17.6℃,略高于年均气温。最高水温 34.7℃,8 月出现于北渔山;最低水温 4℃,2 月出现于西泽。年际变幅 18.9℃。夏季,等值线稀疏,多 27℃;冬季 8℃左右,岸向外海逐渐增大。

海区盐度,南高北低,港口湾外高,港底湾内低,杭州湾等盐线密集水平梯度大。年均盐度,南部 30.5‰,中部 25.7‰,北部杭州湾内 12.3‰,紧贴杭州湾南岸水域最低。

海区北部毗邻舟山群岛,南部系开敞的大目洋,外海波浪传入,北部受岛屿阻碍,南部畅通无阻。波浪运动受季风影响明显,南、北水域各异,北部以风浪为主,(游山站)累年出现频率 48%,浪涌 21%;南部以涌浪为主的混合浪占优势,(松栏山站)累年出现频率 99%。冬季以外,月、年平均波高南部皆略大于北部。最大波高北部游山站 2.6 米,南部松栏山站 1.7 米。波向变化,北部、南部亦异。北部呈西北至北东北向、东至东南向两个主浪向,出现频率前者 45%,系冬季主浪向;后者 25%,为夏季主浪向。南部主浪向东北至东南向,季节变化较小,混合浪中风浪比例极小。

海区潮汐运动基本能量源是太平洋潮波,受经琉球群岛传入台湾北部海域入长江口区北股潮波控制。除杭州湾南岸,即慈溪庵东至北仑穿山一线,属不规则半日潮、混合潮,余皆规则半日潮。潮差趋势是两头大、中间小。东南部近海象山东部、象山港内,潮差较大均 3 米以上;东北部近海崎头角至镇海一线,潮差渐减,一般 1.8 米左右,为潮差最小的一段水域;北部近镇海海迤西进入杭州湾,潮差逐渐增大。潮时,杭州湾南岸,以龙山为界,龙山以西涨时小于落时,越向西,其差愈大;龙山以东涨时大于落时。象山港内涨时普遍大于落时,越向港内,其差愈甚。

潮流在海区沿岸水域,除象山东部水域开敞呈明显旋转,余皆往复流。镇海口附近涨潮流向西北,退潮流向东南。象山港口外涨潮流向西北,退潮流向东南。杭州湾南岸,境内最大涨潮、落潮流速分别为 268 厘米/秒、180 厘米/秒。象山港内平均潮流速,落潮流大于涨潮流,港口附近差 52 厘米/秒,中段差

---

[1]　上述内容依据《宁波气象志》《宁波水产志》整理。参见:宁波气象志编纂委员会:《宁波气象志》,气象出版社 2001 年版,第 47—62 页;周科勤、杨和福:《宁波水产志》,海洋出版社 2006 年版,第 10—12 页。

18 厘米/秒,越往港内,其差愈小。象山港东部近岸浅海水域,最大潮流速138 厘米/秒,由北向南减少,不同季节常差异。杭州湾南岸涨落潮流历时,以慈溪新浦沿分界,其东涨潮流历时短于落潮流,其西至庵东附近,涨潮流历时长于落潮流。象山港内涨潮流历时皆大于落潮流,港口附近差 1 小时34 分,中段差 2 小时 26 分,越向港内差值愈显。涨潮、落潮流流速垂直分布以表层或 5 米层最大,随深度增加,流速垂直分布渐小。杭州湾余流值大于 40厘米/秒,表层流向趋外海,底层偏北,表层至底层呈明显左旋现象,上流至下流依次作逆时针向变动,河口纵断面构成表层向外海、下层向湾内半封闭式环流。象山港内余流,上层大、下层小,呈上层指向港外,下层向港内流向,有河口段纵向环流模式。象山东部浅海水域,余流量值最大 20 厘米/秒,流向多偏东或东南向。三门湾境内,涨潮、落潮流速明显不对称,一般落潮流速大于涨潮流速,差值最大 0.7 米/秒。大潮水浑浊,小潮水较清。[①]

第三节 宁波海洋渔业资源

宁波海域的海洋渔业资源非常丰富,作为南北海域的交界处以及长江的出海口,大量的淡水与海洋生物聚集于此,这为宁波海洋渔业资源的开发提供了先天性的优势。这一优势的发挥与体现从大量地方志与涉海文献的记载中就可以看出,随着宁波海洋渔民捕鱼区域从近海向远洋拓展,所捕捞的渔业种类逐渐增多。在长期的海洋生产活动中,宁波海洋渔民逐渐掌握了鱼类的聚集特征及生长规律,在此基础上发现了大量鱼类在一定时期出现在特定海域的自然现象,这就是我们熟知的渔汛。在掌握渔汛规律后,宁波海洋渔民对海洋生物资源的开发利用更加合理与高效。

一、宁波海洋渔业资源的发掘

早在河姆渡文化时期,浙江的海洋渔业资源已经得到初步开发。据考古发现,河姆渡文化遗址中的水生动物有海龟、中华鳖、鲸、鲟、真鲨、鲤鱼、鲫鱼等。[②] 从南宋《宝庆四明志》到民国《鄞县通志》共记述了渔业资源名称131 种。其中《宝庆四明志》记录了 57 种。元《至正四明续志》较前减少了 5

① 宁波市地方志编纂委员会:《宁波市志》(上),中华书局 1995 年版,第 167—170 页。
② 张如安、刘恒武、唐燮军:《宁波通史·史前至唐五代卷》,宁波出版社 2009 年版,第21 页。

种,增加了 2 种。元《大德昌国州图志》记载,舟山地区出产大小黄鱼、带鱼、墨斗鱼、鳓鱼、鲳鱼、马鲛鱼等共计有 57 种海产品。① 明《成化宁波郡志·土产考》记鳞(类)共 48 种,甲(类)共 16 种。清《康熙宁波府志·物产》记录了鳞之属共 53 种,介之属共 26 种。民国《鄞县通志·博物志》记录了海水鱼类共 22 种,甲壳类共 10 种,软体动物头足类 2 种,瓣鳃类 7 种,拟瓣鳃类共 6 种。对同种异名不予重录,共计海水产品 98 种。

海水产品:石首鱼(大黄鱼)、春鱼(小黄鱼)、带鱼、鲳鯸(鲳鱼)、鳓鱼、鮸鱼、鲈鱼、鳗、鲨鱼、马鲛鱼、姆鳇鱼、鲡鱼、鲇鱼、鳜鱼(举鱼)、比目鱼、箭鱼、梅鱼、白鱼、火鱼、短鱼、魟鱼、他青解、竹筴鱼、吹沙鱼、泥鱼、箬鱼、华鲚鱼、屏鱼(虾屏)、鲻鱼、黄滑鱼、河豚、鲇鱼、邵洋鱼、海鲫、水鱼、青鳝鱼、青脊鱼、鹳嘴鱼、泽鱼、弹涂鱼、杜鱼、鲦鱼、同盆鱼、山魈(三笑)、刺鳊、红老鼠、掌棹鱼、海鳅、旁比、刀鳅、念佛婆婆、乌贼(目鱼)、章巨(章鱼)、鮀鱼(海蜇)、阑胡、水母、鲎、蟏蛑(青蟹)、蟳(蟹、梭子蟹)、沙蟹、螃蟹、彭越、虾、龙虾、蚕虾(梅虾)、饭虾、车螯、淡菜(贻贝)、蛎房(牡蛎)、江珧、螺、蛤、蛏子、肘子、龟脚、土铁(泥螺)、辣螺、蛤蜊、蚶、毛蚶、海蛳螺(海蛳)、黄蛤、彭蚶、鲒、文蛤、马蹄螺、蝶螺。

海洋捕捞除今宁波行政区浅海海域外,还有舟山海域为传统捕捞渔场。据 20 世纪 90 年代《舟山海域海洋生物志》记载有游泳动物 358 种。其中鱼类 317 种,鱼类中有软骨鱼类 46 种,分隶 11 目、23 科、29 属;硬骨鱼类 271 种,分隶 21 目、103 科、197 属。在硬骨鱼类中,以鲈形目最多,计 123 种,占鱼类总数 38.8%,鲽形目占 8.5%,鲀形目占 6%,鳗鲡目占 4.4%,鲱形目占 4.1%;其余种类不多。海兽有 22 种,以鲸类为大宗。头足类有 13 种,有的资源量较大,在海洋渔业中亦占一定地位。海龟、海蛇虽有分布,但种类和数量少,属少获性种类。新编《舟山市志》记录舟山渔场海水鱼类 365 种,暖水性鱼类占 49.3%,暖温性鱼类占 47.5%,冷温性鱼类占 3.2%;虾类有 60 种,蟹类 11 种,海栖哺乳动物 20 余种。贝类 134 种,海藻 154 种。

海洋捕捞业中,主要经济鱼类有:大黄鱼、小黄鱼、带鱼、鳓鱼、鲳鱼、海鳗、马鲛、黄姑鱼、白姑鱼、鮸鱼、毛鲿、鲐鲹鱼、沙丁鱼、舌鳎(类)、河豚(类)、梅童鱼、鲻梭鱼、鲕鱼、黄鲫、鲦鱼、鳀鱼、龙头鱼、鲨鱼(类)、石斑鱼、红鳍鳎(类)、弹涂鱼、黑鲷、鲈鱼、斑鰶、棱鲻等。经济虾蟹类有:哈氏仿对虾、葛氏

---

① 〔元〕冯福京修、郭荐纂:《大德昌国州图志》卷 4《叙物产·海族》,宋元方志丛刊,中华书局 1990 年版,第 6089 页。

长臂虾、鹰爪虾、中华管鞭虾、中国毛虾、安氏白虾、日本对虾、细螯虾、鼓虾、□虾蛄、脊尾白虾,梭子蟹、青蟹、蟳(类)。头足类有:曼氏无针乌贼、长蛸、短蛸、嘉庚蛸。腔肠类:海蜇。[①]

图 1-1　东海四大经济鱼类之一——大黄鱼

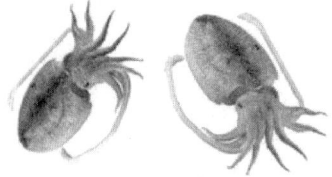

图 1-2　东海四大经济鱼类之一——墨鱼

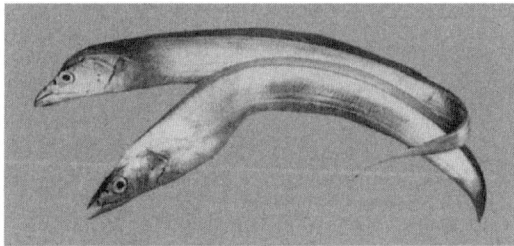

图 1-3　东海四大经济鱼类之一——带鱼

二、宁波沿海渔场分布及渔汛

大约在明代伊始,宁波沿海渔民凭借着祖辈留下的捕鱼经验,就发现了宁波海洋鱼类的渔汛期。通过对鱼类生长和游动规律的掌握,沿海渔民已经可以有针对性地安排渔场和捕鱼时间。其后不同历史时期渔民对于宁波沿海渔汛期的把握,我们将在其后各章节进行专门论述。

到民国时期,宁波外海渔业渔民进行海洋捕捞时,多集中于旧属宁波地区海域,但亦有不拘于此者,在此仅将浙江省各渔场及渔产概况列出如下(见表 1-2),以总览宁属及本省邻近地区之海洋渔业资源情况。由此表亦可看出,浙江省渔场多集中在宁属辖区之内。

---

① 周科勤、杨和福:《宁波水产志》,海洋出版社 2006 年版,第 35—39 页。

表 1-2　1933 年浙江省沿海各渔场及渔产概况①

渔场名称	渔场位置	渔场深度（公尺）	渔季盛时出入船只数	主要渔产		
				种类	数量（担）	价值（元）
无固定渔场	鄞县境内	—	120	黄鱼	100000	800000
无固定渔场	鄞县境内	—	240	墨鱼	100000	500000
无固定渔场	鄞县境内	—	140	带鱼	60000	300000
无固定渔场	鄞县境内	—	200	刀鱼	—	—
无固定渔场	鄞县境内	—	200	海鱼	—	—
无固定渔场	鄞县境内	—	600	鲨鱼	—	—
无固定渔场	鄞县境内	—	—	杂鱼	—	—
无固定渔场	鄞县境内	—	—	介壳类	—	—
南韭山至嵊山	—	1.05	1200	鮸、杂鱼	—	100
嵊山附近	—	1.05	1200	带鱼	—	1000
南韭山至余山东北	—	0.61	1800	黄花鱼	—	2000
大戢洋、黄龙洋	—	1.71	1200	黄鱼、鳓鱼	—	500
马迹大小洋山胸港洋安庙子湖青滨黄龙洋机花港黄礁洋	—	0.82	—	大黄鱼、鳓鱼	—	600
东矶港蛇蟠松岙勺溪岱山嵊山白江石涵金漆门	—	1.05	5000	黄鱼、墨鱼、鲳鱼	—	200
勺溪至岱山胸山塘吊棚南	—	1.28	1200	黄花鱼、墨鱼、带鱼、黄鱼	—	—

———————————

①　国民政府主计处统计局:《中华民国统计提要二十四年辑》,商务印书馆 1936 年版,第 561—563 页。按:《浙江经济统计》一书关于民国时期浙江渔场及渔产之统计,亦完全引用《中华民国统计提要二十四年辑》之统计,并稍有疏漏,在《浙江经济统计》中,该表格末尾注有"资料来源:国民政府主计处统计局编中华民国统计提要二十四年辑"。参见:浙江地方银行总行发行:《浙江经济统计》,(杭州)浙江印刷厂,1941 年,第 80—81 页。表中渔场名称项,"勺溪"即"爵溪","胸山""胸港"即"衢山""衢港"。

续表

渔场名称	渔场位置	渔场深度（公尺）	渔季盛时出入船只数	主要渔产		
				种类	数量（担）	价值（元）
南至温州洋,北至青岛外海东至一百里外	—	—	116	青鱼、沙鱼、鲛鱼、鲥鱼	—	3560
舟山群岛附近	—	1.00	1200	鲽鱼、蟹、杂鱼	—	1200
檀头山南韭山鱼山	—	2.18	—	—	—	—
石塘洋	—	—	80	交鱼、黄鱼、鲳鱼	—	—
南北墓献成田湾勺溪	—	1.18	380	黄鱼、鲥鱼	—	—
舟山群岛附近及马鞍群岛	—	0.58	1000	黄鱼、鲥鱼、墨鱼、马文鱼、梅鱼、虾	—	3000
台州列岛附近	—	—	564	黄鱼、鲥鱼、墨鱼、鲳鱼	—	—
胸山南韭山金漆门蛇蟠	—	0.92	70	黄鱼、杂鱼	—	1000
大戢洋汇头洋黄泽胸港黄龙洋龟鳖洋普陀洋中街附近大小洋山旗头洋南韭山	—	—	1200	大黄鱼、海蜇、杂鱼	—	2500
石塘大陈洋屿	—	0.66	630	鳗、黄鱼、带鱼	—	2000
大小洋山花鸟山采山大陈南北塞南鱼山	—	1.05	560	鲨、鳗鱼	—	—
南北凤凰山坎门石浦海门沈家门青滨庙子湖洋庵黄龙泗礁陈山	—	0.49	300	—	—	—
石塘陈山清溪庙子湖	—	0.78	100	带鱼、鲨	—	—

续表

渔场名称	渔场位置	渔场深度（公尺）	渔季盛时出入船只数	主要渔产		
				种类	数量（担）	价值（元）
南自石塘北至嵊山中街山群岛	—	0.40	480	带鱼	—	3000
马鞍群岛	—	1.05	27000	墨鱼	—	3000
台州列岛	—	—	1200	墨鱼	—	600
舟山群岛附近	—	0.60	2600	黄鱼、虾、蟹、杂鱼	—	—

说明：由于本表作者对浙江沿海情况不熟悉，一些渔场名称有误。

资料来源：此表据中华民国政府主计处统计局：《中华民国统计提要二十四年辑》之《渔场及渔产（民国二十二年）》筛选编制。

第二章　古代宁波海洋渔业的产生与演变

　　自史前的河姆渡时期,宁波先民开始采集沿海生物以供食用开始,宁波的海洋渔业就萌芽并逐渐发展起来。虽然宁波海洋渔业活动晚于欧洲地区,但就中国而言,在现存的考古遗址发现中,宁波是最早向海洋进军的地区之一。在漫长的历史进程中,宁波海洋渔业的活动区域经历了潮间带的采集、围捕,再到近海、远洋捕捞时期。其相应的渔业生产工具也发生了变化,从早期的钓竿、围网,到三桅大船装载的流刺网、拖网等捕捞。渔业生产活动也从单一船只的捕捞向群体捕捞演变。在捕捞的历史时期,宁波沿海成为最早向中央政府缴纳渔业赋税的区域之一:早在唐代,宁波海味就成为朝廷贡品,每年需要捕捞一定的数额上供皇室。其后对于捕捞区域、船只及捕捞权的征税也随之展开,不过这些税收为数甚微。

第一节　宁波海洋渔业的生产与消费

　　古代宁波海洋渔业的生产一般分为两个时期:元代及其之前的萌芽发展期与明清的成熟期。之所以这样划分,是因为在元代及之前,宁波海洋渔业生产还没有纳入国家的管理层面。究其原因,除了这一时期海洋渔业还没有发展到需要国家管理的规模之外,也与当时的国家发展战略有一定的关系。元代及以前国家的发展重心一直是在陆地,而到明清时期,随着海洋威胁的日益加重,国家开始关注海洋渔民并力图将其纳入管理之中。就生产领域而言,与这一变化相对应,前期是自发生产阶段,而后期则是在国家管制之下的海洋生产活动,两者有相当大的区别。在前期,宁波海洋渔民的生产方式和饮食方式开始产生并发展,到元代,宁波沿海渔民的生产方式、活动区域、消费习惯已基本定型。到明清发展时期,仅仅是量的变化以及作业分工的细化,在生产方式上并未有根本性的变化。

一、元代之前宁波海洋渔业的萌芽与发展

宁波沿海的渔业生产在河姆渡文化时期就已经存在[①],当时沿海居民多以抓捕潮间带的海鱼为生,不过这一时期的原始居民捕鱼还只是自发的维持生存的手段。

1973 年,余姚河姆渡遗址的发现,是"中国史前考古学上的一件重大事件"。河姆渡遗址所在的杭州湾南岸宁绍平原,西起萧山,东抵镇海、鄞县,南靠会稽、四明和天台诸山,而北薄于海;东西长,南北窄,是浙江境内仅次于杭嘉湖平原的第二大平原,面积约 4824 平方公里。其中还间断分布着海拔在 500 米以下的一些山冈,如西山、长山、航坞山、马鞍山、蹋脑岗、五磊山等。河姆渡遗址正处于在四明山和蹋脑岗之间的狭长地带。河姆渡遗址经两次大规模的考古发掘,出土有大量的珍贵文物和动植物遗存。其中动物遗骨大多破碎,据分析是当时敲碎食用后随意丢弃的。主要见于第三、四文化层,尤以后者居多。据不完全统计,动物遗骨有上万块。据相关专家鉴定,其鱼类有以下几种:真鲨、鲟、鲤、鲫鱼、鳙、鲇、黄颡鱼、鲻鱼、灰裸顶鲷、乌鳢。[②]

从鱼的种类而言,我们不仅看到淡水鱼类,还有大量的海水鱼类,甚至包括鲨鱼等深海鱼类。不过对于深海鱼类,我们倾向于认为是其在海边搁浅而遭到捕杀的,因为当时宁波沿海居民并不具备深海捕鱼的能力。

宁波地区水网密布,两面濒海,捕捞业自然成为栽培农业的重要补充。河姆渡时期,"饭稻羹鱼"已经成为浙东先民生活方式的一个基本特质。据《国语》记载,越自建国即"滨于东海之陂,鼋鼍鱼鳖之与处,而蛙蝇之与同陼"[③]。显然濒海的地理条件带来了渔捞之利。

① 陈炎:《中华民族海洋文化的曙光——河姆渡文化对探索海上丝绸之路起源的意义》,陈炎:《海上丝绸之路与中外文化交流》,北京大学出版社 1996 年版,第 4、8 页。
② 魏丰、吴维棠、张明华、韩德芬:《浙江余姚河姆渡新石器时代遗址动物群》,海洋出版社 1990 年版,第 1—125 页。转引自林华东:《浙江通史》史前卷,浙江人民出版社 2005 年版,第 80 页。
③ 〔春秋〕左丘明:《国语》卷 21《越语下》,上海古籍出版社 1992 年版,第 314 页。

　　孙吴时，沈莹著《临海水土异物志》，为目前所见最早记载浙东沿海水产资源种类的著作。据现存佚文统计，其记载的海鱼蟹类就达 92 种。[①] 东晋隆安年间，孙恩领导的起义军几次从海上进攻又退回海上，人数众多，说明会稽、临海郡海域一时间可以不依赖于大陆的粮草供应而生存，其中水产品丰富不能不说是重要的因素。

　　到魏晋南北朝，宁波海洋渔业捕捞技术有了进一步发展。西晋时期吴郡人陆云在《答车茂安书》中对宁波海洋渔业生产方式有详细的描述："西有大湖，广纵千顷，北有名山，南有林泽，东临巨海，往往无涯。泛船长驱，一举千里。北接青、徐，东洞交、广，海物惟错，不可称名……若乃断遏海浦，隔截曲隈，随潮进退，采蚌捕鱼，鳢鲔赤尾，鲲齿比目，不可纪名。"[②] 由此可见，鄞县一带可以捕获的水产种类很多，作业方式为在潮间带附近的浅海滩涂上插簖、堆堰，随潮进退，捕捉鱼虾贝类。不仅如此，这一时期宁波的海洋渔业生产方式已从原先的在潮间带采集开始逐渐向近海扩张，其最明显的证据就是一些海洋鱼类如石首鱼、鮸鱼已经成为烹饪的常见原料。这些鱼类一般无法通过滩涂插簖等办法捕捉，唯一的可能就是当时宁波沿海渔民已经掌握了近海捕捞技术。[③] 海洋渔业生产技术的进步带来的是海味在浙东人民的饮食结构中逐渐占有重要地位，而宁波菜肴的烹制自然也以海鲜最为擅长。到六朝时，宁波人烹制海错肴馔已跃上新的台阶，西晋陆云举出的著名甬式菜有"脍鳣鳆、炙□鮸、蒸石首、臛鲨鳌"。这几款菜肴的烹饪技法有脍、炙、蒸、臛（做成肉羹）。此外，陆云《答车茂安书》提到的烹饪原料还有蚌蛤之属、石首鱼科的鲲齿（银牙的鲰古称）、鲟科鱼类中的鳢鲔、鲽形目鱼类中的比目等。谢灵运《答弟书》还提到永嘉郡"蛎不如鄞县"[④]。说明宁波出产的牡蛎已闻名遐迩。

　　对于当时宁波海味的烹饪，时人写出了《会稽郡造海味法》一书，专门总结了会稽郡的饮馔经验。清人徐时栋说："按《隋书·经籍志》有《会稽郡造海味法》一书，考六朝以前，会稽封域甚广，而蒲网海物，则为句章、鄞、鄮所

　　①　此据浙江省水产志编纂委员会编：《浙江省水产志》第 11 页统计数。按：刘维毅的《汉唐方志辑佚》本则不到 92 种。
　　②　〔宋〕李昉等：《太平御览》卷 942 引，中华书局 1962 年版，第 4183 页。
　　③　张如安等：《宁波通史》（史前至唐五代卷），宁波出版社 2009 年版，第 180 页。
　　④　〔宋〕李昉等：《太平御览》卷 942 引，中华书局 1962 年版，第 4183 页。

独擅之技,书名虽题会稽,其实亦吾乡方物也。"①尽管徐时栋所论不免有些
武断,但《会稽郡造海味法》这部著作包含了宁波先民烹制海鲜的经验则是
可以肯定的。

至于奉蚶之类的贝类食品,早在汉代就是佐餐的佳品。2005 年 11 月
28 日,由浙江省考古研究所、宁波市考古研究所及奉化市文保所组成的联合
考古队,在奉化白杜一考古点一座古墓中挖掘出满满的一罐奉蚶,重约 2.5
公斤。出土的奉蚶外壳色泽如新,保存完好。从挖掘到的器物推断,古墓年
代为西汉中晚期。从古墓为土坑墓这一点,可以推断这一古墓的墓主为平
民百姓,而出土的奉蚶系随葬物品。这说明早在 2000 多年前,奉化先民已
经普遍食用奉蚶。2006 年在奉化市白杜南岙石菊花地古墓群考古发掘中,
考古人员在清理一座西汉晚期墓葬随葬的陶壶时,发现其中装满了贝壳。
盛贝壳的陶壶为当时人们日常生活用器,显然贝类应为死者随葬的食物。
出土的近 200 枚贝壳色泽如新,形状、质地与现在的贝壳并无多大区别,甚
至还有几枚未食用过的蚶子。

到唐代,据《本草拾遗》《日华子本草》提及,明州常见海水品有淡菜、海
蜇、牡蛎、鲳鱼、脆鲈、海虾、乌贼、蟶蚌、蚶、蛤等。生制菜肴系将海生物原料
用干、腌、浸、糟、酱、鲙(把物料细切成丝,一般生食)、脯等方法制成,著名的
如红虾米等干货,利于贮藏和远销。陈藏器总结民间经验,指出"甜糟,杀
腥,去草菜毒,藏物不败",因此风味独特的糟制品在明州较为流行。陈氏还
提到海蜇成为"常味",是利用明矾水淹渍,使其去毒、脱水、防腐、变白说明
预加工技术已被宁波人掌握。从陈藏器、日华子的论述看,唐五代明州主要
运用了煮、炸、臛、鲊、炙、脯、汤等加工烹饪技法,并有所讲究食用美感和外
观美感。如鲊的做法,以盐、米酿鱼为菹,熟而食之,即将鱼肉加盐和米(糁、
米饭)一起酿制。酿制而成的鲊,经蒸熟后产生的特殊香味,是非常诱人的。
至于各类鱼鲙、鱼头羹,也是常见的佐食佳品。另如海蜇,炸出以姜、醋进
之,海人以为常味;鲳鱼作炙食至美;淡菜味甘美,"可烧汁沸而出食之";牡
蛎煮食,也可"以姜、醋生食"。陈藏器还提及当时常见的水产去腥方法:"凡
羹以蔓菁煮之,蔓菁去鱼腥。"

值得注意的是,当时的人们已经认识到海产品与人体健康的关系。陈
藏器、日华子指出,海味具有独到的营养保健功用,如鲳鱼令人肥健,益气
力;魁蛤、海月能利五脏和健胃;淡菜煮熟食之,能补五脏,益阳事。但食有

---

① 〔清〕徐时栋:《四明六志校勘记》卷 9 余考《明越风物志》条下附记。

所益,亦有所忌,如淡菜"多食令人头闷目暗,得微利即止";凡鲊皆能诱发疮疥,不可偏嗜;至于鱼鲙,陈藏器既明其有温补功用外,又指出鱼鲙"近夜不食,不消成积。勿饮冷水,生虫。时行病后食之,胃弱。勿同奶酪食,令人霍乱。不可同瓜食"等诸多禁忌,包括时间、配餐和疾病禁忌。可见,陈藏器、日华子诸医家的论述,很多都符合现代科学营养保健和医药理论。

到宋代,宁波沿海渔民捕鱼的种类和范围又有了进一步的增加。宋代《宝庆四明志》将海洋植物和动物分别划归为"草之品"和"水族之品",其中水族类又做了进一步细分,如鲨鱼就有白蒲鲨、黄头鲨、白眼鲨、白荡鲨、青顿鲨、乌鲨、斑鲨、牛皮鲨、狗鲨、鹿文鲨、鲛鲨、魜鲨、燕尾鲨、虎鲨、犁到鲨、香鲨、熨斗鲨、髻鲨、剑鲨、刺鲨等 20 种,螺有香螺、刺螺、辣螺、拳螺、剑螺、丁螺、斑螺、鹦鹉螺、蜓蜗小螺、海螄等 10 种。① 隆兴元年(1163)昌国县令王存之撰写的干礁《隆教寺碑》载:"网捕海物,残杀甚多,涎壳之积,厚于丘山。"说明那时候海涂采集和滨海捕捞已很盛行,生产量相当可观。② 宋代宁波海洋渔业生产活动已经由沿岸网捕向近海扩展,并走向汪洋大海。在长期的生产作业中,宁波沿海的渔民们积累了丰富的经验,逐渐发现并掌握了渔汛和各种鱼类的活动规律。如他们掌握了石首鱼(即大黄鱼)"顺时而往还"的规律和出没地点,每年三、四月间,便成群结队前往洋山海面捕捞石首鱼,"以潮汛竞往采之,曰'洋山鱼',舟人连七郡出洋取之者多至百万艘"。又如春鱼(小黄鱼)的捕捞季节在三月,故每年的这个时候,"业海人竞往取之,名曰'捉春'"。其捕捞规模,"不减洋山之盛",声势也十分壮观。海洋捕捞业的发展,使海产品产量大增,渔民们除将部分鲜货直接投放周边市场外,大部分则通过特殊加工予以贮存,从而使海产加工业随之兴起。当时宁波鱼类食品的加工主要采用腌制、干制,或腌制后再曝干,成为腌腊食品。如石首鱼,"盐之可经年,谓之郎君鲞";鲨鱼"夏初曝干,可以致远"。短鱼、魟鱼、鲟鳇鱼等也多制作成鲞或鲊。③ 此外,也有将海产品加工成酱类食品的,如昌国县岱山制作的鲞酱,以风味独特而出名,"鲞酱独珍,他郡虽有之,

---

① 〔宋〕胡榘、罗浚:《宝庆四明志》卷 4《郡志卷第四·叙产》,《续修四库全书》第 705 册,上海古籍出版社 2002 年版,第 63—66 页。

② 定海县志编纂委员会:《定海县志》,浙江人民出版社 1994 年版,第 187 页。

③ 〔宋〕胡榘、罗浚:《宝庆四明志》卷 4《郡志卷第四·叙产》,《续修四库全书》第 705 册,上海古籍出版社 2002 年版,第 63—66 页。

味皆不及此"①。

宋代,随着浙东人口的增加,对水产品的需求量也随之上升,而据《宝庆四明志》卷四《郡志卷第四·叙产》载:"若夫水族之富,濒海皆然,而亦有荒有熟。"这就促成了水产养殖业的兴起。明州近海渔民至迟在宋代已开始从事滩涂养殖业,如他们掌握了海蛤"每一潮生一晕"的生长周期,并"苗栽泥中,伺其长"。② 江珧是肉用价值很高的珍贵海产品,以明州沿海所产品质最好。南宋时明州百姓掌握了养殖江珧的技术,如陆游就说道:"明州江瑶柱有二种,大者江瑶,小者沙瑶。然沙瑶可种,逾年则成江瑶矣。"③周必大在嘉泰三年(1203)作诗云:"东海沙田种蛤珧,南烹苦酒濯琼瑶。"并注曰:"四明江珧自种而大。"这为以后海贝类的大量养殖奠定了基础。

元代《至正四明续志》卷5《土产》中记载,当地的海产品有苔、紫菜、海藻、鲈鱼、石首鱼、鲑鱼、春鱼、鯮鱼、鲳鳋、鲨鱼、比目鱼、带鱼、鳗鱼、华脐鱼、鲟鳇鱼、乌贼、鲻鱼、鲚鱼、银鱼、白鱼、梅鱼、火鱼、短鱼、虹鱼、鳓鱼、马鲛鱼、鲻鱼、吹沙鱼、泥鱼、箸鱼、黄滑鱼、吐哺鱼、弹涂鱼、蟹、毛蟹、蝤蛑、蟛蜞、虾、鲞、蛤、淡菜、蛎房、蟛蜎、江珧、螺、车螯、蛤蜊、蛏子、蚶子、龟脚、蚬、肘子、土铁、海月、鮀鱼,可见种类非常丰富。

由于庆元濒临东海,滨海地区土地不适宜耕种,因此,大量的百姓从事海洋渔业生产。袁桷就指出:"(鄞县)西为沃区,其民尽地利;近东潴为湖,土广而俗杂,逐岛屿鱼盐之利,出没于海上,岁千百数。"④其渔业已经由潮间带采集向转为以近海捕捞为主。各种鱼、虾、蟹和贝类是捕捞的主要对象。在长期的劳作过程中,渔民们积累了大量的经验,掌握了渔汛的规律。如在捕捞石首鱼的过程中,渔民得出了这样的经验:冬月里捕获的鱼肉质细腻,质量上乘;三月、八月里捕获的品质稍差。每年的四五月间,渔汛到来,渔民们便驾驶大船进行捕捞作业。另外,如春鱼的捕捞旺季,在每年的三月,渔民们争先恐后地捕捞,并称之为"捉春"⑤。除此之外,海产养殖业也出现在这一时期的文献记载中,一些人在海滩上养殖各种贝类。如蛤,当时人们认

---

① 〔宋〕胡榘、罗浚:《宝庆四明志》卷20《昌国县志·叙产》,《续修四库全书》第705册,上海古籍出版社2002年版,第63页。

② 〔宋〕胡榘、罗浚:《宝庆四明志》卷4《郡志卷第四·叙产》,《续修四库全书》第705册,上海古籍出版社2002年版,第63—66页。

③ 〔宋〕陆游:《老学庵笔记》卷1,《文渊阁四库全书》。

④ 〔元〕袁桷:《清容居士集》卷18《鄞县兴造记》,《文渊阁四库全书》。

⑤ 〔元〕《至正四明续志》卷5《土产》,《宋元方志丛刊》,中华书局1990年版。

为其生长规律是"每一潮生一晕",所以海滨的居民将小蛤苗放进海边泥中,等到它们长大后再挖取出来。江珧也是在海滨滩涂养殖,"随长至口阔一二尺者为佳"。在滩涂养殖的还有蚶子,养殖蚶子的滩涂成为"蚶田"。而这一时期海产品的加工基本沿用了宋代的技术,一般是采取用盐腌制的办法,如石首鱼,"皮软而肉薄,用盐腌之。破脊而枯者谓之鲞,全其鱼而腌曝者谓之郎君鲞,皆可经年不坏,通商贩于外方"①。用于腌制海产的盐称为"渔盐"。庆元地区渔盐的购买情况,根据大德《昌国州图志》的记载,是"令船户各验船料大小,赴局买盐,淹浥鱼鲞"②。大德元年(1297),昌国州的渔盐购买量是800引,而两浙地区每引盐能够腌制鱼鲞1066斤,可见腌制数量之大。③之后,由于"船户又有不为渔者",根据船只大小来确定买盐数量有强迫之嫌,所以后来两浙的渔盐购买根据鱼产量来定,逐渐趋于合理。当然,海产的保存并不一定非要用盐腌制,还有一种方法则是将其曝晒,成为鱼干。如比目鱼,"舟人捉春时得之,则曝干为鳒"。鲚鱼"子多而肥,夏初曝干"④。曝干以后,就可以运输到较远的地方。

二、明清时期宁波海洋渔业生产与消费

海洋渔业生产最早是从沿海捡拾开始的,由浅海向深海逐渐推进,其生产方式也由个体向合作分工方向发展。到明代,宁波海洋渔业生产的分工不仅有同一船只内部的分工,也有船只之间的分工。明代王士性在《广志绎》中记述当时浙江黄花鱼汛时,浙江沿海海洋渔业从生产到销售的全过程:

> 浙渔俗傍海网罟,随时弗论,每岁一大鱼汛,在五月石首发时,即今之所称鲞者。宁、台、温人相率以巨舰捕之,其鱼发于苏州之洋山,以下子故浮水面,每岁三水,每水有期,每期鱼如山排列而至,皆有声。渔师则以篙筒下水听之,鱼声向上则下网,下则不,是鱼命司之也。柁师则夜看星斗,日直盘针,平视风涛,俯察礁岛,以避冲就泊,是渔师司鱼命,柁师司人命。长年则为舟主造舟,募工每舟二十余人。惟渔师、柁师与长年同坐食,余则颐使之,犯则棰之,至死不以烦有司,谓之五十日草头天子也。舟中床榻皆绳悬。海

---

① 〔元〕《至正四明续志》卷5《土产》,《宋元方志丛刊》,中华书局1990年版。
② 〔元〕大德《昌国州图志》卷3《叙赋·渔盐》,《宋元方志丛刊》,中华书局1990年版。
③ 《元典章》卷22《户部·盐课·越界鱼鲞不拘》,中国书店1990年版。
④ 〔元〕《至正四明续志》卷5《土产》,《宋元方志丛刊》,中华书局1990年版。

水咸,计日围水以食,窖盐以待。鱼至其地,虽联舟下网,有得鱼多反惧没溺而割网以出之者,有空网不得只鳞者。每期下三日网,有无皆回,舟回则抵明之小浙港以卖。港舟舳舻相接,其上盖平驰可十里也。舟每利者,一水可得二三百金,否则贷子母息以归。卖毕,仍去下二水网,三水亦然。获利者,钑金伐鼓,入关为乐,不获者,掩面夜归。然十年不获,间一年获,或偿十年之费。亦有数十年而不得一赏者。故海上人以此致富,亦以此破家。①

从此文献中我们可以发现,在明末宁波沿海渔业生产过程中不仅出现专业化的分工,而且也出现了渔业雇佣工人。到康熙年间,这种雇佣方式逐渐发展起来,被称为"长元制",即由占生产资料(船网)和资金较多的渔东雇佣渔工生产。"大对作业采用'包薪',按渔工技术高低包定薪金,汛前付10%'定洋',汛期内零星支付,汛(年)终结清,伙食由长元供给。"②到清末这种方式已经有了很大改进,小的渔船在出海捕鱼前就规定不同人的股份,以提高劳动生产效率。一般船老大在渔船中拥有双股,伙计、小伙计各有一股,伙工半股。③

就海上作业而言,除了平时职业渔民常年依靠捕鱼为生外,大部分从事捕捞的人员只有在大的渔汛期才大规模出动。明清时期宁波大规模的渔汛主要是每年三四五月份的黄鱼汛和墨鱼汛。明代开始,宁波沿海渔民凭借着祖辈留下的捕鱼经验,就发现了海洋鱼类的渔汛期。通过对鱼类生长和游动规律的掌握,沿海渔民可以有针对性地安排渔场和捕鱼时间。如明代时:"石首鱼,四五月有之。浙东温、台、宁波近海之民,岁驾船出海,直抵金山、太仓近处网之,盖此处太湖淡水东注,鱼皆聚之。"④清人记载:"台之大陈山、昌之韭山、宁之普陀山等处,出产带鱼,犹闽之莆田、福清县人善钓,每至八九月,联船入钓,动经数百,蚁结蜂聚,正月方归。"⑤

每当黄鱼汛来临,东南江、浙、闽三省沿海渔船纷纷出港自江苏淡水门开始跟着渔汛南下,"宁、台、温大小以万计,苏州沙船以数百计,小满前后放

① 〔明〕王士性:《广志绎》卷4《江南诸省》,中华书局1981年版,第75—76页。
② 定海县志编纂委员会:《定海县志》,浙江人民出版社1994年版,第188页。
③ 〔清〕黄沅:《黄沅日记》,桑兵:《清代稿钞本》第一辑(第21册),广东人民出版社2009年版,第208页。
④ 〔明〕陆容:《菽园杂记》卷13,元明史料笔记丛刊,中华书局1985年版,第156页。
⑤ 〔清〕计六奇撰、魏得良点校:《明季北略》卷5,崇祯二年己巳,"张延登请申海禁"条,中华书局1984年版,第103—104页。

船,凡三度,谓之三水黄鱼"①。同时,"福建泉漳一带及福兴等处渔船并潮州一带船只趁南风向浙江、山东一带北上之际,船只最多"②。明末清初谢泰定的《蛟川形胜赋》对浙江沿海黄鱼汛期的捕鱼情况描写得生动而形象:

> 时维四月,则有蝤水春来,黄花石首绵若山排,声如雷吼。千舟鳞集,万橹云流。登之如蚁,积之成邱。已而鼍鼓震天,金锣骇谷。鱼舟泊岸,多于风叶之临流;网罟张崖,列若飞兔之晒羽、金鳞玉骨,万盈舟;白肪银胶,千门布席……浙闽则渔利之普遍,又岂得穷而尽者乎?③

不过早期渔船仍然是按照老式的捕鱼方式进行作业,每次渔汛大多只能捕捞三次,能否收获渔产品,很大程度上要看运气。每当捕鱼之前船头须向地方政府提出申请,经同意后才能购买出海所需的粮食,所以每年浙江沿海米价都会随渔汛期产生波动。米价对海洋渔业生产的影响,清代地方政府还是很清楚其中的利害关系的。乾隆十四年(1749),时任浙江巡抚方观承在五月初八日的奏章中就汇报了地方政府是如何保证渔期用米的:

> 至渔船来去,所需食米繁多,尤须渔期调剂,立法稽查,始免匮乏透漏之虞。向例由该地方官招商给照,于外江买米,运至临海口岸。责成该处文武员弁,查验人船,按口按日给票,领买食米,毋许溢额。并严禁居民,私卖本地米石,以杜串通透漏之弊。仍多派营船,梭织游巡弹压,俱经臣严饬遵照办理。④

渔民捕捞后的渔产品,如果离海岸很近即可随捕随卖,而对于在远离陆地海域所捕获的渔产品则需要先加工保鲜,然后运输到海港及内地贩卖。古代浙江传统的保鲜技术就是用海盐腌制,防止其在运输过程中腐烂。其具体方式是将盐以一定的比例涂抹于海产品的周围,然后在海岛上将其晒干脱水。如嘉靖《定海县志》卷8《物产志·鳞之属》"石首鱼"条云:"至四月、

① 〔明〕郑若曾:《论黄鱼船之利》,王祖畬等:《太仓州志》卷15《兵防下·防海议》,中国方志丛书,成文出版社有限公司1975年版,第1034页。

② 中国第一历史档案馆:《雍正朝汉文朱批奏折汇编》第9册,《福建总督高其倬奏报委令副将统领兵船巡查洋盗情形折》(雍正五年四月初四日),江苏古籍出版社1991年版,第583页。

③ 〔清〕俞樾:《镇海县志》卷2《形胜》,中国方志丛书,成文出版社有限公司1974年版,第104—105页。

④ 浙江巡抚方观承:《奏报海疆渔汛旺发渔民安静事》(乾隆十四年五月初八日),档号:04-01-35-1147-019,缩微号:04-01-35-056-1833(图125—图127)。

五月郡民发巨艘,往洋山竞取,……用盐腌之曝干曰鲞,通商贩于外。"[1]

保鲜技术的好坏直接影响到销售市场的远近:保鲜时间越长,销售市场越远,渔产品的价格就会越高,渔民的收入也会相应增加。浙江舟山院门就是非常重要的海盐产地,加上海盐保鲜技术非常简单且实用,一般渔民很容易获得原料及保鲜方法。但这种保鲜方式有两点不足:一是保鲜后的口感不佳;二是捕捞成本上升。用盐腌制的海产品虽然可以保存很久,但是其营养价值及口感却会因此下降,对于沿海消费市场而言,这种保鲜后的渔产品并不是很受欢迎的,更多的是渔民自身食用。另外,自古以来国家实行盐铁专卖,宁波海盐的价格也由官府控制,海盐成本的高低与渔民收入成反比。因此,这种方式很难对渔产品销售起到大的推动作用。

明清时期,除了腌制外,随着渔业生产的扩大,宁波更多的渔民选择冰冻的办法来保鲜。如镇海"沿海之民,于冬至后置冰窖藏冰,以为明岁渔期之用"[2]。据学者们所究,明清时期已出现较大规模的专业冰厂,而它们主要就是为海洋渔业保鲜兴办的。[3] 用天然冰来保鲜的方式古已有之,但其在海洋渔业生产中大规模的应用,当在清嘉庆二年(1797)宁波镇海新碶头帮成立永靖公所之后。[4] 该公所拥有冰鲜船六十余只,已经在当时浙江的海洋渔业生产中占有一席之地。就整个宁波而言,冰鲜业集中在宁波地区并不是偶然的,在当时,除了靠近渔业产地之外,更重要的因素是其紧邻渔业消费市场,再加上宁波商业繁荣,以钱庄为代表的金融业相当发达,拥有强大的经济实力,可以提供冰鲜业所需要的庞大资金。当然最为主要的是冰鲜后的海鲜,其口感远远超过盐腌制的海鲜,在市场上的受欢迎程度远远超过腌制海鲜,仅此就完全可以弥补冰鲜业的庞大成本和运输损耗。

第二节 古代宁波海洋渔业税收

随着国家体制的建立,海洋税收是历代王朝管理沿海社会的一种重要

---

① 〔明〕何愈修、张时彻等:《定海县志》卷 8《物产志·鳞之属》。

② 乾隆《镇海县志》,〔清〕俞樾:《镇海县志》卷 3《风俗》,中国方志丛书,成文出版社有限公司 1974 年版,第 152 页。

③ 丛子明、李挺:《中国渔业史》,中国科学技术出版社 1993 年版,第 67 页。

④ 陈训正、马瀛等:《定海县志》册 3《鱼盐志·渔业》,成文出版社有限公司 1970 年版,第 270 页。

形式。作为海洋税收的重要组成部分,海洋渔业税收在春秋战国时期的齐国就已经开始征收,其后税收形式多有变革,但发展的大趋势则是种类的增加和数目的增多。总体而言,海洋渔业税收在国家整体财政收入中所占的比例较其他海洋税收要低,但在沿海府县财政收入中,海洋渔业税收的重要性值得我们关注,而这一点往往被研究古代府县财政问题的学者所忽略。在海洋渔业史研究领域中,张震东等学者曾对唐代的土贡和宋元时期的渔税种类做了简要的概述[1],尹玲玲对明代征收鱼课机构——河泊所的沿革和制度进行动态的研究[2],不过她的成果未涉及由地方府县征收的渔课。至于清代的渔业税收问题,欧阳宗书对海洋渔船的税收做了探讨[3],而沈同芳[4]与李士豪等[5]的研究主要是晚晴海洋渔船的牌照税与船税,这两项当时都是由地方公所及渔团局统一征收。就国外而言,日本学者中村治兵卫在《中国渔业史の研究》中对中国唐、宋及明朝的渔业税收分别做了论述。[6]

通过已有的研究成果,我们知道,海洋渔业税收中对皇室的土贡最迟在唐代就已出现,其后的税收还有隶属朝廷的渔课、河泊课和船税,地方支配的涂税、牌照税及其他杂税。作为中国海洋史研究的一个分支,海洋渔业史料的匮乏一直制约着我们对于不同时期海洋渔业经济发展状况的理解。而通过对海洋渔业税收相关问题的解答,可以给我们一些启发。

在这里要指出的是,本节研究的宁波海洋渔业税收针对的是直接税,而作为间接税的渔盐税和渔产品在流通领域中产生的厘金等商业税以及全民都需负担的丁税、徭役等赋税不在本书的考查范围。

一、皇室土贡

奴隶社会时期,王朝对海洋渔业征税更多的是出于一种形式,即地方对中央政权的承认。这从郑州商代早期遗址的考古成果和文献记载中得到证

① 张震东、杨金森:《中国海洋渔业简史》,海洋出版社 1983 年版。
② 尹玲玲:《明清长江中下游渔业经济研究》,齐鲁书社 2004 年版。
③ 欧阳宗书:《海上人家——海洋渔业经济与渔民社会》,江西高校出版社 1998 年版。
④ 〔清〕沈同芳:《中国渔业历史》,《万物炊累室类稿:甲编二种乙编二种外编一种》(铅印本),中国图书公司 1911 年版。
⑤ 李士豪、屈若搴:《中国渔业史》,商务印书馆 1937 年版。
⑥ 〔日〕中村治兵卫:《中国渔业史の研究》,日本刀水书房 1995 年版。

明。[1] 此后,国家对海洋利益的关注更多的是海洋盐业税收。就现有文献资料记载,宁波向朝廷上供海鲜,最晚始于唐代开元年间(713—741)。据《元和郡县图志》记载,开元年间浙江沿海各州上贡的主要是鲛鱼皮。[2] 鲛鱼皮即大海中皱唇鲨科动物白斑星鲨或其他鲨鱼的皮,有较高的药用价值。在当代,运用现代化捕鱼工具去捕杀鲨鱼尚且不是容易的事,唐代浙江沿海各州每年要上供一百三十张鲛鱼皮,其难度可见一斑(见表 2-1)。

表 2-1　唐代浙江沿海各州上贡海产品数量

时间 ＼ 州郡	明州	台州	温州	出处
	余姚郡	临海郡	永嘉郡	
开元年间(713—741)	鲛鱼皮	鲛鱼皮三十张		《元和郡县图志》
元和年间(806—820)	海肘子、鲭子、红虾鲊、乌鲗骨	鲛鱼皮一百张	鲛鱼皮	
		鲛鱼皮百张	鲛鱼皮三十张	《通典》卷 6
	海味	蛟革	蛟革	《新唐书》卷 41

资料来源:〔唐〕李吉甫撰、贺次君点校:《元和郡县图志》,中华书局 1983 年版,第 626、627、629 页;〔唐〕杜佑撰、王文锦等点校:《通典》卷 6《赋税下》,中华书局 1988 年版,第 124 页;〔宋〕欧阳修、宋祁:《新唐书》卷 41《地理五》,中华书局 1975 年版,第 1061、1063 页。

古代中国,地方州县上供朝廷的物产一般为特色产品,从地方上供的物品清单中,我们可以了解沿海各省州县海洋经济发展的特点。从表 1 我们可以看到浙江沿海台州和温州上贡的是鲛鱼皮,而明州上贡的是海味,其区域海洋渔业经济发展的差异可见一斑。明州上贡的海味除了表 2-1 所列之外,还有淡菜、蚶、蛤等。考虑到海鲜的保鲜时间,这些海鲜要在短时间内从浙江转运到京师,需要大量人力与交通工具转运。如明州在元和四年(809)奉诏每年贡淡菜五斗,海蚶五斗,为了保持海味的新鲜,每次征发 96000 多人火速递运入京。因此元和十年(815),时任华州刺史的孔戣上奏朝廷,以海味"自海抵京师,道路役凡四十三万人"为由,要求取消上贡。[3] 尽管朝廷

①　〔清〕简朝亮:《尚书集注述疏》卷 3《夏书禹贡》载青州"厥贡盐絺,海物惟错",《续修四库全书》第 52 册,上海古籍出版社 2002 年版,第 153 页。〔汉〕班固:《汉书》卷 28 上《地理志》,中华书局 1964 年版,第 1526 页。

②　〔唐〕李吉甫撰、贺次君点校:《元和郡县图志》,中华书局 1983 年版,第 626、627、629 页。

③　〔宋〕欧阳修、宋祁:《新唐书》卷 163《孔戣传》,中华书局 1975 年版,第 5009 页。

准许了孔戣的请求,但是浙江海味的上贡似乎并没有完全取消,只是数量和种类有所减少而已。如元和十五年(820)朝廷诏令明州淡菜、海蚶各贡一石五斗,必须快驿运送。白居易就说:"明州岁进海物,其淡蚶非礼之味,尤速坏,课其程,日驰数百里。"①为此,长庆二年(822)时任浙东观察使的元稹以"明州岁贡蚶,役邮子万人,不胜其疲"为由,请求朝廷停止上贡。② 虽然我们无法证实此后浙江土贡海味是否取消,但规模应该缩小了很多。在唐朝,宁波是"土贡"渔业产品最多的地区之一,而且上述贡品除淡菜、海蚶少数几种为鲜货外,绝大多数为海产加工品,说明唐代宁波渔业加工业有一定程度的发展。

宋朝建立后,宁波上供朝廷的海产品种类基本没有变化。浙江庆元府(今宁波)上贡乌鲗骨,台州和温州上贡鲛鱼皮③,但数量却减少了很多。北宋元丰年间(1078—1085),明州奉化郡上贡乌鲗骨五斤,温州永嘉郡上贡鲛鱼皮五张,台州临海郡上贡鲛鱼皮一十张。④ 相比唐代的数量,北宋皇帝可算得上是"仁俭"之君了。⑤ 不过在其背后,我们要注意这一时期沿海渔民的负担并未减轻,因为朝廷已经开始对宁波沿海的海鲜产品征收商税了。

到元代,宁波上贡的海味种类没有大的变化。就昌国州(今浙江舟山)而言,每年上贡沙鱼皮九十四张。至元三十年(1294),又增加鱼鳔项(鱼鳔在当时经加工后是很好的补药,尤以海中黄鱼鱼鳔为佳,而黄鱼最大的产地就在舟山),每年上贡八十斤。⑥ 延祐年间(1314—1320)庆元府上贡沙鱼皮,本路额办一百六十三张,奉化州额办二十七张,昌国州额办九十四张,定海县额办四十二张。而鱼鳔则是本路额办二百斤,奉化州额办四十斤,昌国州额办八十斤,定海县额办四十斤,象山县额办四十斤。⑦

与宋元时期相比,明朝宁波上贡海味的种类大大增多。从上贡海产品

---

① 〔唐〕白居易:《河南元公墓志铭》,见〔清〕《全唐文》卷679,中华书局1983年版。

② 〔宋〕欧阳修、宋祁:《新唐书》卷174《元稹传》,中华书局1975年版,第5229页。

③ 〔元〕脱脱等:《宋史》卷88《地理四·两浙》,中华书局1977年版,第2175、2176页。

④ 〔宋〕王存撰、王文楚等点校:《元丰九域志》卷5《两浙路》,中华书局1984年版,第213、215、216页。

⑤ 〔元〕袁桷等:《延祐四明志》卷1《沿革考》,宋元方志丛刊,中华书局1989年版,第6144页。

⑥ 〔元〕冯福京等:《大德昌国州图志》卷3《叙赋》,宋元方志丛刊,中华书局1989年版,第6082页。

⑦ 〔元〕袁桷等:《延祐四明志》卷12《赋役考》,宋元方志丛刊,中华书局1989年版,第6296页。〔元〕王元恭:《至正四明续志》卷6《赋役》,《续修四库全书》第705册,上海古籍出版社2002年版,第563页。

的种类看,宁波沿海渔民对海洋生物的捕捞不仅仅有鱼类和蟹类,还有大量的海生植物(见表 2-2),可见这一时期的海洋渔业已经由近海逐渐向远洋发展,同时海产品保鲜方式增加了酱制方法。

表 2-2 明嘉靖年间(1522—1566)宁波府沿海各县岁贡

府县	岁进
宁波府	泥螺、紫菜、鹿角菜、蚶子、酱蚶子、酱蟛蜞、鮸鱼、银鱼、鲳鱼、鲻鱼、跳鲻鱼、鲈鱼、鳗鱼、海鲫鱼、龙头鱼、墨鱼干
鄞 县	泥螺、紫菜、虾米、鹿角菜、墨鱼干
慈溪县	鮸鱼、鲻鱼、泥螺、虾米
奉化县	蚶子、螺干、鮸鱼、鳗鱼、海鲫鱼、跳鲻鱼*
定海县	虾米、泥螺、紫菜、龙头鱼、鮸鱼、鲻鱼、酱蟛蜞
象山县	虾米、泥螺、鮸鱼、鲻鱼、鲈鱼、海鲫鱼、龙头鱼

注:*《光绪奉化县志》有九项,其余三项为银鱼、鲈鱼、鲳鱼。见〔清〕李前泮修、张美翊纂:《光绪奉化县志》卷 7《田赋》,中国方志丛书,成文出版社有限公司 1975 年版,第 372 页。

资料来源:〔明〕张时彻:《嘉靖宁波府志》卷 12《物产·贡赋》,嘉靖三十九年(1560)刻本,第 14 页。

明代浙江沿海府县的岁贡由浙江市舶司负责,具体事宜则由皇帝下派的内官"掌其事"负责。随着浙江市舶司的裁革,浙江沿海的岁贡也随之豁免。[1] 在平时,严重的自然灾害和海盗倭患都会促使朝廷考虑是否减免岁贡,如嘉靖三十三年(1554)以倭乱罢,浙江当年岁贡鱼鲜。[2]

二、渔课、河泊课与船税

对海产品征收课税始于春秋战国时期的齐国,而宁波海洋渔业课税的征收自宋朝开始。南宋嘉定六年(1213)六月六日,浙江提刑兼权庆元府程覃在奏章中对这一时期庆元府(今宁波)的商税征收与使用情况做了说明。比照庆元市舶司的征收办法,庆元府商税对"所有鲜鱼蚶蛤虾等及本府所产生果悉免",而对"淹盐鱼虾等及外处所贩柑橘橄榄之属收税"。简单而言就是对本地产品免税,而外地贩运而来产品征税。从商税的细化程度,我们可

---

① 〔明〕张时彻:《嘉靖宁波府志》卷 12《物产·贡赋》,嘉靖三十九年(1560)刻本,第 15 页。

② 《明实录·世宗实录》卷 414,嘉靖三十三年九月癸亥条,台湾"中央研究院"历史语言研究所,1961 年,第 7209 页。

以知道朝廷对浙江海产品的征税应该远远早于这一时间。另外,值得注意的是,政府对盐腌鱼虾征税,说明宋代就已经开始使用海盐来保证海鲜的长时间储存,而且规模已经到了可以承担税收的程度。庆元府商税总额为一百贯文,其中四十八贯四百六十二文归庆元府,其余由朝廷诸司支配。① 几乎与此同时,嘉定年间(1208—1224)浙江台州上贡海味取消,而变为银与绢。② 从商税内容的细化和岁贡种类的变化来看,这一时期政府对于海洋税收的认知度有了进一步提高,由供皇室御用向纳入政府财政体系转变。浙江海洋渔业纳入中央税收体制在南宋开始确立并进一步细化。另外,随着海上运输的发展,在元丰三年(1080),海南便开始按照船只的大小征税。③

元朝建立后,宁波与海洋渔业有关的税收还包括商税和额外课项下的渔课。以昌国州为例,至元二十五年(1288)开始对来往鱼盐商贾征税,每月"柜办中统钞一定一十八两六钱"。到大德年间(1297—1307),这一数字增加到"三定半有奇"④。至于渔课,江浙行省每年总计征收一百四十三锭四十两四钱。⑤ 在这里有两点需要注意:一点是浙江省征收的商税和渔课数额要多于海洋渔民的负担(因为商税下除对渔产品流通征税外,还有其他商品,而渔课就区域而言,不仅包括海鱼,而且还包括内陆淡水鱼);另一点是元代的渔课和河泊课是不一样的,渔课的征收主体是地方州县,而河泊课的征收主体是朝廷在地方设置的河泊官。另外,渔课在元代仅在江浙行省征收,而河泊课则遍布全国。⑥

到明代,渔课与河泊课合二为一,统称为渔课。每年都是由南京户科编印勘合(即今联单),发往各司、府、县、河泊所等衙门收掌,分别记录所收渔课米、钞数量,在每年年终上缴,其勘合底簿送往户部。⑦ 虽然明代渔课与河

---

① 〔宋〕胡榘、罗浚:《宝庆四明志》卷5《郡志卷第五·叙赋上》,《续修四库全书》第705册,上海古籍出版社2002年版,第76页。

② 〔宋〕陈耆卿:《嘉定赤城志》卷36《土贡》,宋元方志丛刊,中华书局1989年版,第7558页。

③ 〔元〕脱脱等:《宋史》卷186《食货下·商税》,中华书局1977年版,第4544页。

④ 〔元〕冯福京等:《大德昌国州图志》卷3《叙赋》,宋元方志丛刊,中华书局1989年版,第6082页。

⑤ 〔明〕宋濂:《元史》卷94《食货二·额外课》,中华书局1976年版,第2406页。

⑥ 〔明〕宋濂:《元史》卷94《食货二·额外课》,中华书局1976年版,第2403、2404、2406页。

⑦ 《明实录·神宗实录》卷87,万历七年五月丁未条,台湾"中央研究院"历史语言研究所,1961年,第1809—1810页。

泊课合二为一,但是明代的渔课又分为隶属州县的税课局和隶属朝廷的河泊所分别征收[1],如温州府乐清县永乐十年(1412)上缴渔课,本县税课司下渔课钞六百一锭九百三十文,河泊所下渔课钞二千六百七十锭三贯五百五十文。[2] 渔民上缴渔课以米为主,其次是银两。宣德七年(1432),浙江渔课"皆折收钞,每银一两纳钞一百贯"[3]。嘉靖年间(1522—1566),大批河泊所裁革,但其渔课仍旧征收。宁波地方渔课的征收一般是由渔船户办解,或者在里甲内征派(见表 2-3)。

表 2-3　明嘉靖年间(1522—1566)宁波府沿海各县渔课

府县	数额
宁波府在城河泊所	额征无闰课钞三千二百四十锭三贯九百四十文,该银三十二两四钱七厘八毫八丝*。有闰课钞三千八百八十四锭七百四十七文,该银三十八两八钱四分一厘四毫九丝四忽。本府税课司带管该纳钞价岁于甬东隅〈西咸〉鲜鱼铺户办解。
鄞县河泊所	额征无闰课钞一千一百七十一锭一贯六百一十文,该银一十一两七钱一分三厘三毫二丝,有闰课钞一千二百六十八锭四贯六百六十文,该银十二两六钱八分九厘三毫二丝。里甲内征派。
慈溪县河泊所	额征无闰课钞七百七十八锭一贯三百四十文,该银七两七钱八分二厘六毫八丝。有闰课钞八百二十四锭一贯七十文,该银八两二钱四分四厘一毫四丝。鱼船户办解。
慈溪县带管河泊所	额征无闰课钞九百三十三锭四贯九十文,该银九两三钱三分八厘一毫八丝。有闰课钞一千八十一锭一贯五百五十文,该银一十两八钱一分三厘一毫八丝。每年编巡栏一名役银包纳。
奉化县河泊所	额征无闰课钞三百二锭三贯八百八十九文,该银三两二分七厘七毫八丝。有闰课钞三百二十四锭二贯六百三十文,该银三两二钱四分五厘二毫六丝。鱼船户办解。
奉化县带办税课局	黄鱼课钞四百二十八锭,折银四两二钱八分*。
定海县带管河泊所	额征无闰课钞二百四十三锭四贯六百文,该银二两四钱三分九厘二毫。有闰课钞二百八十一锭一贯六百八十三文,该银二两八钱一分三厘三毫六丝。里甲丁田内征解。

注:*每锭折银一分。[4]
资料来源:〔明〕张时彻:《嘉靖宁波府志》卷12《物产·杂办》,嘉靖三十九年(1560)刻本,第23、34—37页。

---

① 欧阳宗书依照《正德松江府志》的记载,将鱼课分为鱼课钞与鱼税钞。

② 《永乐乐清县志》卷3《贡赋》,天一阁藏明代方志选刊,上海古籍书店 1964 年版,第15—16页。

③ 《明实录·宣宗实录》卷88,宣德七年三月庚申朔,台湾"中央研究院"历史语言研究所,1961 年,第 2018 页。

④ 〔明〕张时彻:《嘉靖宁波府志》卷12《物产·杂办》,嘉靖三十九年(1560)刻本,第23、34—37页。

清初,沿海各省河泊所"有专设所官者,有归并有司兼理者,其税课或征之渔户,或编入地丁"①。与明代不同的是,清代的渔课征收统一上缴银两,其中浙江省额定渔课"银千三百六十五两七钱七分有奇,遇闰加银一百十有一两五钱五分有奇"②。这笔赋税具体到单个州县,数目就不是很多,如宁波府镇海县道光年间(1821—1850)河泊所课钞银三十一两四钱五分三厘,带管河泊所课钞银二两四钱三分九厘二毫。③ 温州府平阳县乾隆年间"河泊所课银二两二钱七分五厘一毫三丝"④。另外,清代渔课的征收仍分别由府县税课司和河泊所分别征收。如宁波奉化县税课局项下渔课并新加银九十两五钱六分八厘,河泊所项下课银三两二分七厘。雍正年间(1723—1735)朝廷在浙江实行摊丁入亩之后,渔课银均"摊入地粮编征"⑤。

除了渔课外,还有船税。船税即政府对出海渔船征收的赋税,其依据是渔船的大小及渔船搭载的货物种类。明嘉靖三十二年(1553)四月丙子,巡视浙福都御使王忬条上海防事,要求议税课以助军饷,"除小者不税外,其余酌量丈尺、编立字号,量议收税",获得朝廷准许。⑥ 万历年间(1573—1620),温州沿海渔船出海捕鱼,都需要"量船大小,纳收税银,给与由帖,方许下海采捕"⑦宁波渔税亦以"船大小为多寡"⑧。

清初,政府仍旧按船只大小收税。康熙二十八年(1689),皇帝以"小民

　　① 〔清〕伊桑阿等:《康熙朝大清会典》卷35《户部十九·课程四·鱼课》,近代中国史料丛刊三编,文海出版社有限公司1992年版,第1701页。

　　② 〔清〕昆冈等修、刘启端等纂:《钦定大清会典事例》卷245《户部·杂赋·鱼课》,《续修四库全书》第801册,上海古籍出版社2002年版,第896页。

　　③ 〔清〕俞樾:《光绪镇海县志》卷9《户赋·田赋》,中国方志丛书,成文出版社有限公司1974年版,第606页。

　　④ 〔清〕李琬修、齐招南等纂:《乾隆温州府志》卷10《田赋》,中国方志丛书,成文出版社有限公司1983年版,第579页。

　　⑤ 〔清〕李前泮修、张美翊纂:《光绪奉化县志》卷7《田赋》,中国方志丛书,成文出版社有限公司1975年版,第395—396页。

　　⑥ 〔明〕王忬:《计开》,〔明〕陈子龙:《皇明经世文编》卷283《王司马奏疏》,中华书局1985年版,第2997页。《明实录·世宗实录》卷397,嘉靖三十二年四月丙子条,台湾"中央研究院"历史语言研究所,1961年,第6973—6974页。

　　⑦ 《乾隆温州府志》卷15《物产》,俞光:《温州古代经济史料汇编》,温州文献丛书,上海社会科学院出版社2004年版,第244页。

　　⑧ 《明实录·神宗实录》卷4,隆庆六年八月庚午条,台湾"中央研究院"历史语言研究所,1961年,第165—166页。

不便"下令:"采捕鱼虾船及民间日用之物,并糊口贸易,悉免其收税。"①雍正五年(1727),朝廷取消对船只大小的限定之后,浙江海洋渔业得到快速恢复和发展,政府开始按照船只大小有区别的征税。乾隆元年(1736),户部规定:"边海居民采捕鱼虾单桅船只,概免纳税。"②而对于双桅及以上大型船只,"梁头四尺五尺,每寸征银一分。六尺以上,每寸递加二厘。至满丈,每寸征银二分二厘。丈一尺以上,每寸又递加二厘。至丈有五尺,每寸征银三分。丈六尺,每寸三分四厘。丈七尺、丈八尺,均每寸四分"③。乾隆年间,政府开始允许渔船搭载少量货物。乾隆二十五年(1760)兵部就规定渔船如果要带货物回港,就必须"赴置货之地方汛口验明给单,以便沿海游巡官兵及守口员弁查验。如单外另带多货,即移县查明来历"④。这一规定的出台,实际上承认了渔船在出海捕鱼的同时,还可以通过远洋运输货物来赚钱。与此同时,政府对于渔船搭载的货物要征收一定的税款。浙海关规定:"采捕渔船,各口岸不同,视其大小纳渔税银,自二钱至四两四钱八分。免税例。凡鱼鲜类十有九条,四百斤以上者征税,四百斤以下者免税。烧柴、木炭、炭屑、千斤以上者征税,千斤以下者免征。蛎蝗等十有五条,无论多寡均免税。"⑤

　　由上可见,相比明代,清代的船税制度更加细致,同时出台对于渔船搭载货物的征税。渔船搭载货物是沿海对捕鱼成本日益增加的回应,而政府相应制度的出台即是对这一事实的承认。至此,在海洋上行驶的渔船功能日益多元化,这对提高沿海渔民抵御渔业风险的水平是有很大帮助的。

三、涂税与牌照税

　　涂税,是地方府县对沿海渔户网捕之地所征收的赋税。渔船出海捕鱼

---

　　① 〔清〕清高宗敕撰:《皇朝文献通考》卷26《征榷考》,商务印书馆1936年版,第5078—5079页。〔清〕昆冈等修、刘启端等纂:《钦定大清会典事例》卷239《户部·关税·禁令一》,《续修四库全书》第801册,上海古籍出版社2002年版,第816页。

　　② 〔清〕昆冈等修、刘启端等纂:《钦定大清会典事例》卷239《户部·关税·禁令一》,《续修四库全书》第801册,上海古籍出版社2002年版,第822页。

　　③ 〔清〕昆冈等修、刘启端等纂:《钦定大清会典事例》卷235《户部·关税·浙海关》,《续修四库全书》第801册,上海古籍出版社2002年版,第775页。

　　④ 〔清〕昆冈等修、刘启端等纂:《钦定大清会典事例》卷630《兵部·绿营处分例·海禁二》,《续修四库全书》第807册,上海古籍出版社2002年版,第763页。

　　⑤ 〔清〕昆冈等修、刘启端等纂:《钦定大清会典事例》卷235《户部·关税·浙海关》,《续修四库全书》第801册,上海古籍出版社2002年版,第775页。

前后,需要在沿海滩涂晾晒渔网、海产品等,地方政府即对渔民占用的沿海滩涂征收一定的赋税。涂税又称为砂岸租,"砂岸者,即其众共渔业之地"。浙江沿海的涂税,就文献记载看,最迟于南宋年间就已经开始征收,而且数额不小。知庆元军府兼沿海制置副使颜颐仲在淳祐六年(1246)二月二十三日给朝廷的奏章对庆元府(今宁波)的涂税总额及用途做了说明。"本府有岁收砂岸钱二万三贯二百文,制置司有岁收砂岸钱二千四百贯文,府学有岁收砂岸钱三万七百七十九贯四百文,通计五万三千一百八十二贯六百文。"所收款项用于"拨助府学养士及县官俸料"①。涂税的征收一直延续到清代。康熙三十四年(1695)定海知县缪燧就曾下令取消定海涂税征收。② 而乾隆八年(1743)乾隆皇帝下令免除了浙江温州府和台州府的涂税。③

渔船牌照,即渔民从事海上捕捞作业的凭证。海洋渔业牌照制度始于清代康熙年间,康熙四十二年(1703),吏部和兵部详细规定了渔民申请渔业执照的流程规定:"未造船时,先行具呈州县,该州县询供确实,取具澳甲、户族、里长、邻佑当堂画押保结,方许成造。造完,报县验明印烙字号姓名,然后给照。其照内仍将船户、舵水年貌籍贯开列,以便汛口地方官弁查验。"④浙江渔民的牌照一般是由船户所在渔帮或渔业公所统一领取,然后发放到船户手中,县府并不负责直接将船照发到渔民手中。与之相对应的是渔民的牌照费也由渔帮或渔业公所统一征收,然后上缴县府。在此过程中,渔帮或公所头面人物往往借此向渔民索要额外费用。⑤

---

① 〔宋〕胡榘、罗浚:《宝庆四明志》卷2《郡制卷第二·钱粮》,《续修四库全书》第705册,上海古籍出版社2002年版,第34—35页。

② 赵尔巽等:《清史稿》卷476《缪燧传》,中华书局1976年版,第12976—12977页。

③ 〔清〕昆冈等修、刘启端等纂:《钦定大清会典事例》卷268《户部·蠲恤·免科》,《续修四库全书》第802册,上海古籍出版社2002年版,第282—283页。

④ 〔清〕昆冈等修、刘启端等纂:《钦定大清会典事例》卷120《吏部·处分例·海防》,卷629《兵部·绿营处分例·海禁一》,《续修四库全书》第800册,上海古籍出版社2002年版,第125、753页。

⑤ 《甬东琐缀》,《申报》1892年11月11日。

第三章　古代宁波海洋渔业管理

　　张震东、杨金森在《中国海洋渔业简史》一书中将渔业制度分为渔业政策、渔业捐税和渔盐政策三种①,将渔业政治制度和经济制度分开。其中政治制度中,作者将清代及其以前的渔业政策简略地划为渔官、罟棚制度、渔团组织和渔业公司。这一分类给我们指出了各种渔业制度产生的时期,但制度的动态变化则没有涉及。欧阳宗书将海洋渔业制度分为渔船管理、渔村户籍管理和海岛渔政管理,其中对渔船管理制度又做了进一步的细分。②这种划分对本章讨论有直接借鉴意义。对于宁波沿海渔民,柳亚平认为:在官方看来,渔民"既是行踪可疑的罪犯,也是王朝掌控海洋的重要辅助力量"③。因此我们在讨论政府对渔民的管理制度时不仅要涉及管制方面的制度,还要看到对渔民力量动员的制度。渔民最重要的生产工具就是渔船,因此对渔船的管理制度成为整个渔业制度的核心。就明清渔业资料反映的情况来看,这一时期渔船制度主要是对渔船制造、出入口岸和装载货物的管理制度。就渔业区域而言,则包括政府对渔业活动时间、空间的限制,以及政府海上力量对海洋渔业生产的管制和保护。

---

① 张震东、杨金森:《中国海洋渔业简史》,海洋出版社 1983 年版。
② 欧阳宗书:《海上人家——海洋渔业经济与渔民社会》,江西高校出版社 1998 年版。
③ 柳亚平:《清中叶浙江海盗问题研究》,2010 年山东大学硕士学位论文,第 25 页。

第一节　政府对宁波海洋渔民的管理

渔民是海洋渔业社会和海洋渔业生产的主体,也是海洋渔业制度得以实施的客体。自宋朝开始,政府就试图将沿海船民、渔民加以管束,采取的方式就是令其入籍,或者是利用当地土豪的号召力进行管理。① 政府海洋渔业政治制度实施的目的就是在维护国家海防安全的前提下,保护正常的海洋渔业经济发展。政府对沿海渔民的管理既有用保甲制度管制的一面,也有动员渔民加入海防力量以期利用的一面。就渔民个体而言,其在沿海的活动范围此后一直受到政府制度的约束。

一、渔民保甲

通过明清文献的梳理,我们可以发现政府对宁波海洋渔民的保甲制度是以船只为单位,而不同于一般平民的户籍。但在实际的渔业生产中,不仅包括拥有船只的船民,还包括网民和雇民。由于海洋渔业生产的特殊性,网民和雇民也主要是从沿海居民中产生的。所以我们对宁波沿海渔民保甲制度的研究,分为以户籍为单位和以船只为单位的两种渔民保甲制度。

据渔业史学者尹玲玲研究:"明初对在全国各地水域专门从事渔业生产的渔民进行定籍,成立专门的渔户户籍。渔户户籍与军户、匠户等户籍一样,属于世袭性质。"其区域既包括内陆淡水水域,也包括沿海海域。② 不过考虑到下海捕鱼的人员不仅仅是渔户,我们在考虑渔业制度实施情况的时候,应包括宁波沿海从事渔业生产的潜在人口。因此,对渔民保甲制度的实施情况,要兼顾到整个沿海居民。在《大清会典》中,专门针对沿海渔民而出台的保甲制度是在乾隆二十二年(1757),这一年朝廷更定了保甲法,将沿海渔业保甲制度作为一个单独条目列了出来,规定:"渔船网户水次搭棚趁食

---

①　〔宋〕李焘:《续资治通鉴长编》卷461,哲宗元祐六年秋七月,《文渊阁四库全书》第322册,台湾"商务印书馆"1983年版,第34页;〔宋〕李心传:《建炎以来系年要录》卷185,绍兴三十年夏四月,《文渊阁四库全书》第327册,台湾"商务印书馆"1983年版,第634页。

②　尹玲玲:《明清长江中下游渔业经济研究》,齐鲁书社2004年版,第353—354页。

之民,均归就近保甲管束。"①其后,政府出台有关渔民保甲制度的条目逐渐增多。渔民保甲制度覆盖的范围随着渔民活动区域的扩大呈现出由滨海地区向沿海岛屿扩展的趋势。乾隆三十七年(1772),吏部上奏朝廷:"海滨地方城乡口岸,渔船会聚之所,均仿照保甲编立字号,于渔船出入,严加查察。道员按季亲巡,督率府厅逐一稽查,据实揭报。"对于不能严格执行的官员则"奉行例、降二级调用"②。乾隆五十年(1785)户部奏准将浙江沿海地方"其附近炮台、塘汛搭盖寮房,久经居住民人,令文武员弁实力稽查,照内地民人之例就近编排保甲,分给门牌,开载户口年岁,设立牌头、甲长、澳保,俾资约束"③。乾隆五十五年(1800)九月甲辰,乾隆帝颁发上谕,进一步申明了岛屿居民的保甲制度。"严饬沿海文武员弁,实力稽查,编列保甲。"④在朝廷的要求下,沿海各省督抚纷纷出台了本省沿海岛屿的保甲制度。乾隆五十八年(1793)六月辛卯,浙江巡抚觉罗长麟对浙江大陈山沿海一带岛屿保甲制度做了详尽的规定:"每一岛屿,设舎长一人。每居民十家,设甲长一人。每十甲,设总甲一人。先令各出保结,如该甲内,有通盗之人,据实禀报,容隐者治罪。"⑤嘉庆五年(1799)五月,浙江巡抚阮元在浙江沿海村岸编行保甲:"村岸十丁立一甲、十甲立一总甲、一村立一总保、一山一舎立一舎长,给以费,使之互纠通贼者,获之有赏。"这一规定也包括沿海渔户。⑥ 嘉庆十一年(1806)九月,浙江巡抚清安泰上奏:"沿海村庄编查保甲,凡散处海屿之居

① 〔清〕清高宗敕撰:《皇朝文献通考》卷19《户口一》,商务印书馆1936年版,第5030页。赵尔巽等:《清史稿》卷120《食货一》,中华书局1976年版,第3482页。〔清〕徐栋:《保甲书》卷1《定则·户部则例》,《续修四库全书》第859册,上海古籍出版社2002年版,第64页。

② 〔清〕昆冈等修、刘启端等纂:《钦定大清会典事例》卷120《吏部·处分例·海防》,《续修四库全书》第800册,上海古籍出版社2002年版,第131—132页。

③ 〔清〕徐栋:《保甲书》卷1《定则·户部则例》,《续修四库全书》第859册,上海古籍出版社2002年版,第65页。

④ 《清实录·高宗实录》卷1363,乾隆五十五年庚戌九月甲辰条,中华书局1986年版,第292—293页。赵尔巽等:《清史稿》卷120《食货一》,中华书局1976年版,第3483页。〔清〕昆冈等修、刘启端等纂:《钦定大清会典事例》卷158《户部·户口·流寓异地》,《续修四库全书》第800册,上海古籍出版社2002年版,第567页。刘锦藻:《皇朝续文献通考》卷25《户口考一·户口丁中赋役》,《续修四库全书》第816册,上海古籍出版社2002年版,第1页。

⑤ 《清实录·高宗实录》卷1431,乾隆五十八年癸丑六月辛卯条,中华书局1986年版,第140页。

⑥ 〔清〕李恒:《国朝耆献类征初编》卷39补录《宰辅三十九·阮元》,周骏富:《清代传记丛刊》,明文书局1985年版,第347页。

民、铺户,一律编牌造册。其寄寓游民,即责成房主、铺户考察,如有行踪诡秘,立即禀究。"①

明清时期,宁波以船只为单位的渔民保甲制度最早出台于万历二年(1574)。时年正月乙酉,巡抚浙江都御使方弘静在"条陈海防六事"中就向朝廷申请将浙江沿海渔民按船只编立甲首。"边海之人,南自温台宁绍,北至乍浦苏州。每于黄鱼生发时,相率赴宁波、洋山海中打取黄鱼。旋就近地发卖,其时正值风汛,防御十分当严,合将渔船尽数查出,编立甲首,即于捕鱼之时,资之防寇。"该方案经兵部审议通过后在浙江实施。② 对于渔民保甲制度实施的原因,崇祯年间曾担任慈溪知县的汪伟③在《固守城图议》一文中就海禁与保甲制度的关系做了详细论述:

> 海上军政承平已久,废弛已甚,非大振作不可。其振作之法,在严守汛地,以只船不入为功。或曰:只船之不入先在只船之不出。凡海滨居民,皇皇谋者,生计全藉渔船,倘寸板不得下海,将何所藉手,以活朝暮。合应将船只在沿海者,尽数编号,一只为一号,十号为一甲。以粉围其外,墨书其内,字大如斗。勿论货船、渔船、渡船、网船、报船,但本县军民家所有者,俱一例顺编。其出入一目了然,无号者不得混行。凡违禁载米酒下海者,甲长即挐报官。如本甲不举,他甲举之,或为人告发,则一号十船皆官卖,以半充赏,其半充解。其犯事之人以通盗论死,枭示海上。其现役里长,扶同不举者,止减一等论,即势豪不得贷焉。庶可潜消究,保海上无事乎。④

从上述资料可以看出,这种以船只为单位的渔民保甲制度不仅是对渔民本身的管理制度,同时也是对渔船出海作业的管理制度。对于这种保甲制度实施的意义,沈同芳先生认为其"是为渔业干涉政界之始,亦为维系海

---

① 〔清〕李恒:《国朝耆献类征初编》卷192《疆臣四十四·清安泰》,周骏富:《清代传记丛刊》,明文书局1985年版,第525页。

② 《明实录·神宗实录》卷21,万历二年正月乙酉条,台湾"中央研究院"历史语言研究所,1961年,第558—560页。

③ 汪伟,字叔度,休宁人,寄籍上元。崇祯元年进士。十一年,由慈溪知县行取。见〔清〕张廷玉等:《明史》卷266《汪伟》,中华书局1974年版,第6860页。

④ 〔清〕杨泰亨等:《慈溪县志》卷13《经政二·海防》,中国方志丛书·华中地方(第213号),成文出版社有限公司1975年版,第312页。

界之始"①。海洋渔业问题至此正式被纳入国家制度建设范围之内。

清朝建立后,直接继承了这种渔民保甲制度。顺治十一年(1654),浙江巡抚秦世祯上疏:"沿海渔舟,往往通寇,请按保甲法,以二十五舟为一队,无事听采捕,有事助守御",获得朝廷批准。②康熙四十六年(1707),兵部规定出海渔船"将十船编为一甲,取具一船为匪,余船并坐,连环保结。若船主在籍,而船只出洋生事者,罪坐船主"③。雍正五年(1727),刑部规定:"船只出洋。十船编为一甲,取具连环保结,一船为非,余船并坐。"④同年,兵部也有相同的规定:"其采捕渔船,奸良更难分辨。照陆路保甲之例,以十船编为一甲,一船有犯盗窃者,令九船公首。若隐匿不报,事发将同甲九船一并治罪。至渔船停泊之处,百十成群,多寡不等。十船一甲之外,如有余船,即以奇零之数编为一甲。"⑤

明清这种以渔船为单位的保甲制度一直延续到清末。光绪二十二年(1896)由宁波丰南公所董事刘孝思拟订并获准实施的浙江渔团章程中就有对船只的保甲制度安排。"合属各帮渔船,散处海滨,非在渔汛之前,认真分别编查,不能尽归约束。应由各员董,先期分赴各乡村,督率司巡,挨户编册。凡渔船每十船为一牌,立牌长一人;十牌为一甲,立甲长一人。由局重选其干练诚朴者专任之。其偏僻小村,渔船不满十艘者,听其四五艘或五六艘为一牌,务求实际,不必拘定成格。"⑥

宁波沿海渔民保甲制度不管以船只为单位还是以户籍为单位,其目的都是为了维持沿海地方安定,遏制海盗活动。前者面向的是沿海陆地,后者面向的是海洋。如乾隆五十八年(1793)浙江巡抚觉罗长麟对浙江大陈山沿海一带岛屿实行的居民保甲制度就是为了防止海盗隐藏平民之中,"如该甲

① 〔清〕沈同芳:《中国渔业历史》,《万物炊累室类稿:甲编二种乙编二种外编一种》(铅印本),中国图书公司1911年版,第3页。

② 赵尔巽等:《清史稿》卷240《秦世祯》,中华书局1976年版,第9544页。另〔清〕李恒:《国朝耆献类征初编》卷151《疆臣三·秦世祯》,周骏富:《清代传记丛刊》,明文书局1985年版,第456页。

③ 〔清〕昆冈等修、刘启端等纂:《钦定大清会典事例》卷629《兵部·绿营处分例·海禁一》,《续修四库全书》第807册《史部·政书类》,上海古籍出版社2002年版,第753—754页。

④ 〔清〕昆冈等修、刘启端等纂:《钦定大清会典事例》卷775《刑部·兵律关津·私出外境及违禁下海一》,《续修四库全书》第809册,上海古籍出版社2002年版,第512页。

⑤ 〔清〕昆冈等修、刘启端等纂:《钦定大清会典事例》卷626《兵部·绿营处分例·保甲》,《续修四库全书》第807册,上海古籍出版社2002年版,第720页。

⑥ 李士豪、屈若搴:《中国渔业史》,商务印书馆1984年版,第34—36页。

内,有通盗之人,据实禀报,容隐者治罪"①。万历二年(1574)实行的渔船保甲制度就是为了在渔民海上"捕鱼之时,资之防寇"②。在保甲制度的约束下,"一船为非,余船并坐"③,"一船有犯盗窃者,令九船公首"④。政府通过这种连坐惩罚制度加强渔民、渔船之间的监督与牵制,减少海上盗案发生的概率。可以说沿海渔民保甲制度是一道安全网,其实施的有效程度对海洋安全有直接的影响。

二、渔兵制度

宁波沿海渔民参与战争的记载可以上推到南宋建炎三年(1129)的航海之役。⑤ 随着海洋的开发和渔民活动范围的扩大,政府在享受海洋利益的同时,必须面对来自海洋敌对势力的挑战。在近代国家观念形成之前,沿海渔民在面对统治政权的海上敌对势力入侵的情况下,会有不同的选择。其中,纳入统治政权军事范围内的渔民,我们称之为——"渔兵"。

"渔兵",顾名思义,即从事军事活动的渔民,此处特指沿海渔民。渔民从事军事活动有自发型和动员型两种,前者是渔民自己组织起来维持沿海地区安全,后者是在政府主导下作为辅助力量参与沿海地方安全的防御与管理。限于资料,本书侧重的是政府主导下的渔兵制度建设与实施情况。

明清两朝关于国家主动将宁波沿海渔民纳入军事体系的记载层出不穷。

洪武四年(1371)十二月丙戌,明太祖朱元璋命令吴王左相靖海侯吴祯"籍方国珍所部温、台、庆元三府军士及兰秀山无田粮之民尝充船户者,凡十

---

① 《清实录·高宗实录》卷1431,乾隆五十八年癸丑六月辛卯条,中华书局1986年版,第140页。

② 《明实录·神宗实录》卷21,万历二年正月乙酉条,台湾"中央研究院"历史语言研究所,1961年,第558—560页。

③ 〔清〕昆冈等修、刘启端等纂:《钦定大清会典事例》卷775《刑部·兵律关津·私出外境及违禁下海一》,《续修四库全书》第809册,上海古籍出版社2002年版,第512页。

④ 〔清〕昆冈等修、刘启端等纂:《钦定大清会典事例》卷626《兵部·绿营处分例·保甲》,《续修四库全书》第807册,上海古籍出版社2002年版,第720页。

⑤ 〔宋〕岳珂:《桯史》卷五《阳山舒城》,《唐宋史料笔记丛刊》,中华书局1981年版,第55—56页。在书中岳珂记载:"建炎航海之役,张俊既战而弃鄞,兀术入之。即日集贾舟,募濒海之渔者为乡导,将遂犯跸。"由内容我们可判断这一事件发生在建炎三年。见陈全力、侯欣一:《帝王词典》,"宋高宗"条,陕西人民教育出版社1988年版,第170页。

一万一千七百三十人,隶各卫为军"①。此为明政府将沿海渔民编入军队的最早记载。此后,洪武十五年(1382)闰二月癸亥,朱元璋又派遣南雄侯赵庸"招抚沿海渔丁、岛人、盐徒、蜑户,籍为水军"②,"盖自淮浙至闽广几万人尽籍为兵,分十千户所"③。永乐六年(1408)十二月戊戌,明成祖朱棣派遣丰城侯李彬等"缘海捕倭,复招岛人、蜑户、贾竖、渔丁为兵,防备益严"④。此后,有关渔民参与军事活动的官方记载则要到一百五十年后。明嘉靖中叶,倭寇席卷东南沿海,其对沿海的严重破坏,使宁波沿海众多渔民参与到抵抗运动中来。这些主动参与的渔民,其战斗力往往超过正规军队。如嘉靖三十四年(1555)八月壬辰,督察军情侍郎赵文华上奏朝廷,要求将"宁、绍、台、温、苏、松捕鱼船,及下捌山、捕福仓等船,约束分布,相兼战守"。获得朝廷首肯。⑤ 嘉靖三十五年(1556),日本海寇大举侵扰浙江宁波,"时观海卫渔民吴宗二十四等,有船10余艘",临山、观海两卫把总张四维发牌,令其出入海岛,刺探敌情。⑥ 而"渔兵"一词也在这一时期福建渔兵参与抗倭活动的记载中出现。⑦

清顺治十一年(1654),浙江巡抚秦世祯将沿海渔船编列保甲,列入海防的后备军。"无事听采捕,有事助守御。"⑧乾隆五十五年(1790)十一月乙巳,

---

① 《明实录·太祖实录》卷70,洪武四年十二月丙戌条,台湾"中央研究院"历史语言研究所,1961年,第1300页。另见〔清〕张廷玉等:《明史》卷91《海防》,中华书局1974年版,第2243页。

② 〔明〕郑晓撰、李致忠点校:《今言》卷3,第二百三十九条,中华书局1984年版,第137页;《明实录·太祖实录》卷143,洪武十五年闰二月癸亥条载:"命:南雄侯赵庸,籍广州蜑户万人为水军,时蜑人附海岛无定居,或为寇盗,故籍而用之",台湾"中央研究院"历史语言研究所,1961年,第1300页。

③ 〔明〕陈仁锡:《皇明世法录》卷75《海防·日本·本朝备倭通贡考》,学生书局1986年版,第2009页。

④ 〔清〕张廷玉等:《明史》卷91《海防》,中华书局1974年版,第2244页。另见《明实录·太宗实录》卷86,永乐六年十二月戊戌条,台湾"中央研究院"历史语言研究所,1961年,第1146页。

⑤ 《明实录·世宗实录》卷425,嘉靖三十四年八月壬辰条,第7362—7363页。

⑥ 慈溪市地方志编纂委员会:《慈溪县志》,浙江人民出版社1992年版,第303页。

⑦ 〔明〕董应举:《崇相集选录》,周宪文:《台湾文献史料丛刊》第八辑,人民日报出版社2009年版。

⑧ 赵尔巽等:《清史稿》卷240《秦世祯》,中华书局1976年版,第9544页。〔清〕李桓:《国朝耆献类征初编》卷151《疆臣三·秦世祯》,周骏富:《清代传记丛刊》,明文书局1985年版,第456页。

浙江巡抚福崧、提督陈杰上奏:"温州一带,捕鱼民船,深知水性,于盗船踪迹,必能一望而知。若妥协雇觅,示以重赏,令弁兵带往擒拏,可期得力。"获得乾隆皇帝的准许。① 乾隆六十年六月辛卯,政府运米官船在宁波石浦地方"猝见盗船三十余只,驶来抢夺"。石浦巡检朱麟遂带同渔船出口迎捕。② 道光二十年(1840),中英鸦片战争爆发。为防止英军入侵,钦差大臣江苏巡抚裕谦一面在定海布置军队防守,一面在"山陬海澨,潜伏居民渔户,以待邀截夷船"③。

综观明清两朝海防史,除朝代更迭外,明有倭寇之患,清有海寇、外敌之侵,其海防严峻程度远超前代。在每一次海上威胁出现的时候,宁波沿海渔民作为后备军编入海防力量成为定式。渔兵作为海防建设的组成部分,其任务主要是侦察敌情,其次是作为海军力量的后备军参与海上战事。正如明人孙原贞所说:

> 体得沿海渔船,熟知海道,不畏风涛,驾驶便捷,远出哨探,战舰不疑,临机得用。行仰布、按二司巡海官员,督令沿海府县,委官河泊所,取勘居民并鱼户船只,每县定与字号,编定总小甲。为照各卫所原设风快船,若是大海外洋,不堪驾用。合将船内官军,演习弓弩、火铳,量船大小,每船或十数人,或二十余人,设伏船内,遇有贼船,协助官快船四面夹攻,以取全胜。无警听令捕鱼办课,府县委官河泊所,仍要钤束,不许生事。④

对于政府实施的渔兵制度,既要看到其维护沿海社会安定的一面,同时对其在海防建设中的作用不能高估。曾担任明嘉靖朝兵部尚书的宁波鄞县人张时彻就认为战时渔兵制度的作用很小。"渔船皆网罟之辈,平日既无禄于官,又无忠信之结。一旦驱之死地,其不能舍舟而走者几希。"⑤

---

① 《清实录·高宗实录》卷 1367,乾隆五十五年庚戌十一月乙巳条,中华书局 1986 年版,第 345 页。

② 《清实录·高宗实录》卷 1480,乾隆六十年乙卯六月辛卯条,中华书局 1986 年版,第 776—777 页。

③ 《清实录·宣宗实录》卷 350,道光二十一年辛丑闰三月乙卯条,中华书局 1986 年版,第 322 页。

④ 〔明〕孙原贞:《边务》,〔明〕陈子龙:《皇明经世文编》卷 24《孙司马奏议》,中华书局 1985 年版,第 188 页。

⑤ 〔明〕张时彻:《招宝山重建宁波府知府凤峰沈公祠碑》,〔明〕陈子龙:《皇明经世文编》卷 243《芝园全集》,中华书局 1985 年版,第 2542 页。

三、海岛开发

海岛是沿海海岸带的重要组成部分,中国海岛拥有海洋资源的种类、数量都极为丰富。有学者称"渔业资源是海岛最重要的资源,在渔业资源开发基础上发展起来的海岛渔业,过去是、现在是、将来仍将是海岛经济的重要基础"[①]。对渔民生活和生产区域——海岛的管理,即是政府渔业管理的重要内容,也是我们考察渔民制度的重要内容。

就现有考古发现,早在远古时期宁波舟山群岛已有人类活动的足迹。不过其大规模开发是从唐宋时期开始的。唐开元二十六年(738),舟山置翁山县,北宋熙宁六年(1073)改昌国县。[②] 南宋隆兴元年(1163)三月三日,昌国知县王存之《普慈禅院新丰庄开请涂田记》一文写道:"昌国介居巨海之中,其民擅渔盐之利,其地瘠卤,不宜于耕,故民多贫民无常产。"[③]同时,由于宁波海洋渔业和盐业经济的发展,其他岛屿也渐渐有了定居者。[④] 元代延祐年间(1314—1320)成书的《四明志》中有中统年间(1260—1264)昌国州石衕和宜山各岁入"鱼鲞三百斤"[⑤]的内容,可知在元代舟山群岛的渔业和盐业发展并未中断。元末明初,宁波沿海大岛,"其中都鄙城与城市半,或十之三,咸大姓聚居"[⑥]。

就一般沿海岛屿而言,其开发的过程大体是:"先是渔民乘船出海捕鱼,捕鱼的过程中发现那些离岸较近的海岛,就以这些岛作为临时休息、修补渔船、渔具的地方。假如该岛比较大,又有淡水,人们就可能在岛上定居下来,渔汛来的时候出海捕鱼,平时则从事农业或畜牧业或盐业。"[⑦]许多海岛就是由渔民从事海上捕捞开发出来的。

明代建立之初,由于海防形势的严峻,政府将沿海岛屿居民大举内迁。洪武十七年(1384),明太祖命信国公汤和巡视浙江沿海城池。汤和以舟山

---

① 徐志斌:《海洋国土论》,人民出版社 2008 年版,277 页。

② 〔明〕何汝宾:《舟山志》卷 1《官制》,成文出版社有限公司 1983 年版,第 38 页。

③ 〔宋〕王存之:《普慈禅院新丰庄开请涂田记》,〔宋〕张津等:《乾道四明图经》卷 10《记》,《续修四库全书》第 704 册,上海古籍出版社 2002 年版,第 588 页。

④ 〔元〕脱脱等:《宋史》卷 305《杨亿》,载:"鄞滨海,恶少贩鱼盐者,群居洲岛",中华书局 1977 年版,第 10085 页。

⑤ 〔元〕马泽修、袁桷纂:《延祐四明志》卷 13《学校考上》,中华书局编辑部:《宋元方志丛刊》(第 6 册),中华书局 1990 年版,第 6305 页。

⑥ 〔明〕:王士性:《广志绎》卷 4《江南诸省》,中华书局 1986 年版,第 73 页。

⑦ 吕淑梅:《陆岛网络》,江西高校出版社 1999 年版,第 12 页。

县民孤悬海外,难以管理为由,全部迁至内地,归象山县管理。① 对于当时迁徙的情况,明代王士性在《广志绎》一书记载道:"国初汤信国奉敕行海,俱引楼,徙其民市居之,约午前迁者为民,午后迁者为军。至今石栏础,锥磨犹存,野鸡、野犬自飞走者,咸当时家畜所遗种也,是谓禁田。如宁之金堂、大榭;温、台之玉环,大者千顷,少者亦有五六百。南田、蛟山峻诸则又次之。"② 玉环岛居民也在洪武十八年(1385)被迁入内地。③ 其后,宁波沿海岛屿的开发者主要以民间违禁的海上贸易人员为主。双屿港的崛起就与葡萄牙人在浙江沿海走私贸易密切相关,国外学者曾将双屿港称为中国"16 世纪的上海"④。嘉靖倭患之后,明政府对其海防政策进行反思,随后海禁制度逐渐废弛,舟山"居民业海者复稍稍聚"。明政府在舟山岛上"仿古制,亦设卫镇抚"⑤。舟山群岛的渔业和盐业经济开始逐渐恢复和发展。不过这种海岛开发是局部的,浙江还有很多沿海岛屿因为种种原因被禁止开发。如玉环岛在万历元年(1573)、万历二十年(1592)两次议开,后又禁止。⑥ 而宁、台交界的南田岛直到清末才被准予开发。

顺治八年(1651),清廷平定浙江后,"令宁波、温州、台州三府沿海居民内徙,以绝海盗之踪"⑦。在实行迁海令过程中,清政府强迫海岛和沿海居民内迁,设界不得逾越,给滨海民众特别是沿海渔村带来极大灾难。顺治十三年(1656)夏,清军再次攻占舟山后,"以舟山不可守,迫其民过海,溺死者无

　　① 〔明〕胡宗宪:《舟山论》,〔明〕何汝宾:《舟山志》卷 1《兵防》,成文出版社有限公司1983 年版,第 81 页。

　　② 〔明〕王士性:《广志绎》卷 4《江南诸省》,中华书局 1986 年版,第 73 页。

　　③ 〔清〕杜冠英主修、吕鸿焘总纂:《玉环厅志》卷 1《舆地志上·沿革》,清光绪十四年刻本,第 5 页。另一说玉环岛居民在洪武二年(1369)内迁。见〔清〕顾祖禹:《读史方舆纪要》卷 94《浙江六·温州府》,《续修四库全书》第 609 册,上海古籍出版社 2002 年版,第 621 页。

　　④ 〔日〕藤田丰八:《中国南海古代交通丛考》,何健民译,商务印书馆 1936 年版,第384 页。

　　⑤ 〔清〕查继佐:《东山国语·舟山前语》,台湾文献丛刊(第 63 种),大通书局 1999 年版,第 23 页。

　　⑥ 〔清〕杜冠英主修、吕鸿焘总纂:《玉环厅志》卷 1《舆地志上·沿革》载:"万历元年议开玉环山,委同知王一麟诣勘丈量田地召种征租以佐饷用,随行禁止。二十二年,推官刘文卿查盘台州议发军屯取租利以供兵防,随奉严禁。"清光绪十四年刻本,第 7 页。

　　⑦ 赵尔巽等:《清史稿》卷 138《海防》,中华书局 1976 年版,第 4109 页。

算,遂空其地"①。顺治十八年(1661)十二月十三日,郑成功收复台湾,驱逐荷兰殖民者,清政府立即颁布了"诏徙沿海居民,严海禁"的敕谕。② 至此,宁波沿海岛屿的渔村不复存在。③ 为了弥补舟山定海县人民迁海的损失,顺治十八年(1661)十月庚申,清廷特意免除其"顺治九年至十二年未完额赋",以示朝廷体恤之意。④ 浙江台州在顺治七年(1650)、顺治十八年(1661)两次将台州沿海岛屿居民迁入内地。⑤ 康熙十一年(1672),吏部严格海岛迁徙:"凡官员兵民,私自出海贸易,及迁移海岛,盖房居住,耕种田地,皆拏问治罪。"并详细规定了对执行不力官员的处罚。⑥ 同年,兵部规定:"居住海岛民人,概令迁移内地,以防藏聚接济奸匪之弊。仍有在此等海岛筑室居住耕种者,照违禁货物出洋例治罪。汛守官弁,照例分别议处。"⑦

　　康熙二十三年(1684)海禁开放后,海岛居民开始陆续回迁。宁波定海县(即现在舟山)"旧有涂税,出自渔户网捕之地,后渔涂被占,苦赔累"。康熙三十四年(1695),缪燧任宁波定海县知县,将其免掉。⑧ 康熙五十六年(1717),浙江巡抚觉罗吉庆因为当时闽海渔船赴浙洋剽掠,于是对浙江沿海"岛岙编保甲,禁米出洋,严缉代卖盗赃"⑨。

　　雍正五年(1727),清廷有限开放沿海岛屿开发的禁令。乾隆十七年二

　　① 〔清〕翁洲老民:《海东逸史》卷2《监国纪下》,《续修四库全书》第444册,上海古籍出版社2002年版,第405页。

　　② 赵尔巽等:《清史稿》卷159《荷兰》,中华书局1976年版,第4650页。另〔清〕于万川修、俞樾纂:《光绪镇海县志》卷12《海防》载:"皇朝顺治十八年以宁波、温、台三府边海居民迁内地",《续修四库全书》第707册,上海古籍出版社2002年版,第226页。

　　③ 在这里要强调的是,清军对海岛居民的迁徙并不是彻底的。就现有资料来看,清军只是将其管辖范围内的居民迁回内地。其后,宁波沿海岛屿仍有郑氏部属的活动,一部分内迁居民也会偷渡回舟山。如舟山小展村余顺茂就在内迁后,于康熙元年(1662)"携全家人用小舢板偷渡到小展村"。见何雷书:《北蝉小展余氏宗族考略》,定海新闻网,2010年9月27日。

　　④ 《清实录·圣祖实录》卷5,顺治十八年辛丑冬十月庚申条,中华书局1986年版,第92页。

　　⑤ 三门县志编纂委员会:《三门县志》,浙江人民出版社1992年版,第139页

　　⑥ 〔清〕昆冈等修、刘启端等纂:《钦定大清会典事例》卷120《吏部·处分例·海防》,《续修四库全书》第800册,上海古籍出版社2002年版,第123页。

　　⑦ 〔清〕昆冈等修、刘启端等纂:《钦定大清会典事例》卷629《兵部·绿营处分例·海禁一》,《续修四库全书》第807册,上海古籍出版社2002年版,第753页。

　　⑧ 赵尔巽等:《清史稿》卷476《循吏一》,中华书局1976年版,第12977页。

　　⑨ 赵尔巽等:《清史稿》卷343《觉罗吉庆》,中华书局1976年版,第11128页。

月癸卯,御史欧阳正焕上奏朝廷,请求召民开垦宁波府属之南田澳。① 经军机大臣会同闽浙总督喀尔吉善等研究后,最终以"难保奸宄之徒,必无出洋济匪之事"为由,否决了这一建议。② 乾隆五十二年(1787),户部再次重申对南田等岛屿的封禁令:"浙江象山县大小南田、樊屿、鹁鸪头、大佛头、大月屿、箬鱼头等处孤悬海外,直接大洋,外则汊港繁多,内则岛澳丛杂,前明封禁至今,自应仍循旧章,永远封禁,如有妄生觊觎以开垦为辞混行呈请者,从重治罪。"③乾隆五十五年(1790)九月甲辰,乾隆帝颁发上谕,进一步放宽了全国沿海岛屿的开发限制。"所有各省海岛,除例应封禁者,久已遵行外,其余均着仍旧居住,免其驱逐。"④乾隆五十九年(1794),户部对浙江沿海岛屿开发情况作了详细调查,其中国家封禁的岛屿是台州府"宁海县所辖之南田山等四处"⑤。次年,三月庚辰,浙江巡抚觉罗吉庆上奏朝廷,浙江省"向有民人之蛇盘、深湾,及大小门山等各户内,陆续迁回内地",其无人居住岛屿增加到414处。⑥ 而南田等四处岛屿的开发禁令仍得到有效执行。嘉庆六年(1801),兵部再次申明:"各省海岛,除例应封禁者,不许民人渔户扎搭寮棚居住采捕外,其居住多年,不便驱逐之海岛村墟。及渔户出洋采捕,暂在海

---

① 《清实录·高宗实录》卷408,乾隆十七年壬申二月癸卯条,中华书局1986年版,第357页。

② 《清实录·高宗实录》卷412,乾隆十七年壬申夏四月丙午条,中华书局1986年版,第357页。

③ 〔清〕昆冈等修、刘启端等纂:《钦定大清会典事例》卷166《户部·田赋·开垦一》,《续修四库全书》第800册,上海古籍出版社2002年版,第682页。刘锦藻:《皇朝续文献通考》卷1《田赋考一·田赋之制》,《续修四库全书》第815册,上海古籍出版社2002年版,第429页。

④ 《清实录·高宗实录》卷1363,乾隆五十五年庚戌九月甲辰条,中华书局1986年版,第292—293页。赵尔巽等:《清史稿》卷120《食货一》,中华书局1976年版,第3483页。〔清〕昆冈等修、刘启端等纂:《钦定大清会典事例》卷158《户部·户口·流寓异地》,《续修四库全书》第800册,上海古籍出版社2002年版,第1003页。

⑤ 〔清〕昆冈等修、刘启端等纂:《钦定大清会典事例》卷158《户部·户口·流寓异地》,《续修四库全书》第800册,上海古籍出版社2002年版,第568页。刘锦藻:《皇朝续文献通考》卷25《户口考一·户口丁中赋役》,《续修四库全书》第816册,上海古籍出版社2002年版,第2页。

⑥ 《清实录·高宗实录》卷1475,乾隆六十年乙卯三月庚辰条,中华书局1986年版,第717页。

岛搭寮栖止者,责令沿海巡洋员弁,实力稽查,毋致句藏为匪。"①

对于浙江最后四处岛屿的禁令,最终在道光二年(1822)被闽浙总督庆保打破。五月己丑,他上奏朝廷,要求派遣官员对浙江南田岛的开发事宜进行详细考查,获得许可。② 十二月辛酉,浙江巡抚帅承瀛上奏《委员覆查南田封禁地方》一折,称:"浙江宁波、台州二府联界之南田地方,自前明封禁,至今四百余年。无业游民,藉采捕为名,潜往私垦。现在十有八岙,计垦户二千四百有零,已垦田一万六千七百余亩。其始由豪强占据,招人垦种,计亩收租,名曰老本,以致愈垦愈多。此等垦户,若概行驱逐,则实在无籍可归之贫民,必虞失所,恐致别滋事端。若任其占据潜匿,或更从而影射招邀,则纷至沓来。匪徒溷迹其中,无从辨别。人数愈众,措置愈难。"面对这种情况,帅承瀛"饬拏著名老本苏赖一富等二十名,严行究办,并出示剀切晓谕。檄委宁波府,督同该委员等,前赴南田,复行逐岙查勘该处户口地亩"。获得朝廷首肯。③ 道光三年(1823)十一月壬辰,闽浙总督赵慎畛等上奏朝廷:"浙江省南田十有八岙,禁地全数肃清。"④至此,浙江海岛开发禁令全部取消。⑤从明清浙江沿海岛屿开发的过程看,像舟山这样的大岛,由于其战略地位的重要,在不能有效防守的情况下,政府常用的方式就是将其人口迁入内地。一旦海防威胁降低,由于其适宜居住的地理环境,舟山成为沿海居民首选迁移岛屿。就其他岛屿而言,明清两朝政策的转变分别在嘉靖后期和雍正初年,前者是对外部海防压力的无奈选择,后者是对人口迁移现象的主动承认。仅此而言,清代的海岛开发政策比前朝更加符合实际,更具有可操作性。在这里值得注意的是,不管是沿海区域还是海岛岛民,都需要向朝廷缴纳岁贡、赋税和徭役,这些负担都是按照行政区划和丁口来征收的。

---

① 〔清〕昆冈等修、刘启端等纂:《钦定大清会典事例》卷630《兵部·绿营处分例·海禁二》,《续修四库全书》第807册,上海古籍出版社2002年版,第769页。

② 《清实录·宣宗实录》卷36,道光二年壬午五月己丑条,中华书局1986年版,第634页。

③ 《清实录·宣宗实录》卷47,道光二年壬午十二月辛酉条,中华书局1986年版,第833—834页。刘锦藻:《皇朝续文献通考》卷2《田赋考二·田赋之制》,《续修四库全书》第815册,上海古籍出版社2002年版,第438页。

④ 《清实录·宣宗实录》卷61,道光三年癸未十一月壬辰条,中华书局1986年版,第1081页。

⑤ 在这里要说明的是,虽然道光二年(1822),朝廷取消南田岛开发禁令,但是南田岛上南田山直到光绪元年(1875)十月己卯经浙江巡抚杨昌浚奏准后才取消禁令彻底开放的。见《清实录·德宗实录》卷20,光绪元年乙亥十月己卯条,中华书局1986年版,第312页。

第二节　政府对宁波海洋渔船的管理

元明时期,王朝对船户的关注主要是税收,其"沿海船只的管理,都未见系统完整的规定"①。明初,政府禁止沿海渔民在未经允许的情况下出海捕鱼。洪武四年(1372)十二月,朝廷宣布"禁濒海民不得私出海"②,其中就包含沿海捕鱼的渔民,其后这一禁令更加具体和严格。洪武十七年(1384)正月壬戌,朱元璋下令"禁民入海捕鱼"③。这一政策在颁布初期曾得到有效实施,到明英宗时期浙江沿海"豪顽之徒"私自造船出海捕鱼的数量逐渐增多。为此,户部在宣德十年(1435)七月己丑上疏,要求皇帝"敕浙江三司,谕沿海卫所,严为禁约,敢有私捕及故容者,悉治其罪"④。从其政策内容看,相比明初,这一时期的渔业制度已发生重大转折,凡是政府批准的合法船只,是可以在海上捕鱼的。而当政府允许沿海渔船出海捕鱼的时候,就面临一个船只管理的问题。对船只的管理分为陆地管理和海上管理。从本节而言,以渔船为中心的渔业管理制度主要指的是在渔船出海捕鱼之前政府的管理制度。这一制度不仅涉及船只制造和出海的管理,还包含渔船搭载物的限制。

一、船只制造制度

在明清时期,沿海百姓想要通过合法手段造船出海捕鱼,首先需要地方保甲长的担保,然后才能制造船只,而船只的大小要符合政府规定的尺度。

我们在明代有关浙江的文献资料中鲜有看到对渔船制造的地方保甲长担保制度。而有关船只大小规定的制度,则出现在"嘉靖大倭寇"事件之后。时任福建兵备副使的宋仪望在剿灭倭寇后,上疏朝廷《海防善后事宜疏》,要求将浙江渔船列入海防的辅助力量,所以对浙江温州、台州、宁波等地的渔

---

① 杨培娜:《"违式"与"定例"——清代前期广东渔船规制的变化与沿海社会》,《清史研究》2008 年第 2 期,第 75 页。

② 《明实录·太祖实录》卷 70,洪武四年十二月丙戌条,中华书局 1986 年版,第 1300 页。

③ 《明实录·太祖实录》卷 159,洪武十七年春正月壬戌条,中华书局 1986 年版,第 2460 页。

④ 《明实录·英宗实录》卷 7,宣德十年秋七月己丑条,中华书局 1986 年版,第 141 页。

船,认为捕黄鱼的沙船梁头可高达一丈四尺,装载三十五人。① 这一建议获得朝廷的准许。② 相比之下,广东福建的船制规定要严格得多。"采捕之船定以平底单桅,别以记号,违者毁之,照例问拟;则船有定式,而接济无所施矣。"③

清代朝廷开放海禁后,对船只的制造和大小规定日渐详细。

康熙四十二年(1703),吏部和兵部规定沿海渔民在建造渔船之前,"先行具呈州县,该州县询供确实,取具澳甲、户族、里长、邻佑当堂画押保结,方许成造。造完,报县验明印烙字号姓名,然后给照"④。从雍正二年(1724)闰四月十三日,闽浙总督觉罗满保上奏雍正皇帝的《闽浙总督满条奏遵旨逐条查覆金铎所陈海疆事宜折》中,可以看到这一规定在闽浙沿海地区得到确切实施。⑤ 在其他时期,渔船制造前担保制度的内容与康熙四十二年的规定基本一致(见表3-1)。渔民造船的顺序是:(1)报州县申请造船;(2)邻里画押保结;(3)造船;(4)报县验明船制;(5)州县发给船照。

表 3-1　清代沿海渔船制造担保制度

时间	部门	内容	出处
康熙四十二年 (1703)	吏部 兵部	先行具呈州县,该州县询供确实,取具澳甲、户族、里长、邻佑当堂画押保结,方许成造。	《钦定大清会典事例》卷120《吏部·处分例·海防》卷629《兵部·绿营处分例·海禁一》

---

① 〔明〕宋仪望:《海防善后事宜疏》,〔明〕陈子龙:《皇明经世文编》卷362《宋督抚奏疏》,中华书局1985年版,第3902页。

② 〔清〕张廷玉等:《明史》卷227《宋仪望》,中华书局1974年版,第5953—5954页。从《明史》记载可知宋仪望的这份奏折在其担任福建兵备副使期间。由《明实录·世宗实录》卷547,嘉靖四十四年六月丙戌条可知,当时宋仪望还在霸州兵备佥事任上,而隆庆二年,宋仪望已改四川兵备佥事,因此其担任福建兵备副使的时间当在1565—1567年之间。台湾"中央研究院"历史语言研究所,1961年,第8836页。

③ 〔明〕胡宗宪:《广福人通番当禁论》,〔明〕陈子龙:《皇明经世文编》卷367《胡少保海防论》,中华书局1985年版,第2823页。

④ 〔清〕昆冈等修、刘启端等纂:《钦定大清会典事例》卷120《吏部·处分例·海防》,《续修四库全书》第800册,上海古籍出版社2002年版,第125页。〔清〕昆冈等修、刘启端等纂:《钦定大清会典事例》卷629《兵部·绿营处分例·海禁一》,《续修四库全书》第807册,上海古籍出版社2002年版,第753页。

⑤ 中国第一历史档案馆:《雍正朝汉文朱批奏折汇编》第2册,《闽浙总督满条奏遵旨逐条查覆金铎所陈海疆事宜折》(雍正二年闰四月十三日),江苏古籍出版社1989年版,第935页。

续表

时间	部门	内容	出处
雍正五年 （1727）	刑部	造船时，呈报州县官。查取澳甲户族里长邻佑保结，方准成造。	《钦定大清会典事例》卷775《刑部·兵律关津·私出外境及违禁下海一》
乾隆二十二年 （1757）	户部	沿海等省商渔船只取具，澳甲族邻保结，报官准造。	《皇朝文献通考》卷19《户口一》；《清史稿》卷120《食货一》；《保甲书》卷1《定则·户部则例》
乾隆三十年 （1765）	户部	沿海等省商渔船只，取具澳长族邻保结报官准造。	《钦定大清会典事例》卷158《户部·户口·保甲》
道光五年 （1825）	户部	沿海各岛渔船，务遵定例。于造船时申报，查取渔甲族邻保结。	《钦定大清会典事例》卷211《户部·海运·巡防护送》

在船只制造过程中，决定船只大小和远洋能力的是梁头和船桅数量。其具体数字在各个时期略有不同，一般来讲梁头不得超过一丈，船桅只能是单桅（见表3-2）。

表 3-2　清代宁波渔船规制

时间	部门	内容	出处
康熙二十三年 （1684）	刑部	听百姓以装载五百石以下①船只，往海上贸易捕鱼。	《清实录·圣祖实录》卷119，康熙二十三年甲子夏四月辛亥条；《钦定大清会典事例》卷776《刑部·兵律关津·私出外境及违禁下海二》
康熙四十二年 （1703）	吏部	出洋海船，只许用单桅，梁头不得过一丈，舵水人等不得过二十名。	《清史稿》卷243《梁鼎》；《钦定大清会典事例》卷120《吏部·处分例·海防》
康熙四十六 （1707）	兵部	福建省渔船桅、听其用双用单。各省渔船止许单桅。	《钦定大清会典事例》卷629《兵部·绿营处分例·海禁一》
雍正二年 （1724）		渔船梁头不得过一丈，水手不得过二十人，桅之用单用双听其从便。	《雍正朝汉文朱批奏折汇编》第2册，《广东总督杨琳奏陈饬粤省渔船管见折》（雍正二年二月二十五日）
雍正五年 （1727）	刑部	商渔船只。不分单桅双桅。悉从民便。	《钦定大清会典事例》卷775《刑部·兵律关津·私出外境及违禁下海一》

---

① 这里的"五百石以下"，按道光《厦门志》中的说法，就是梁头不过七八尺的船只。

　　如果说在全国范围内"清代对渔船规制的限制要较明代为松"①,那么具体到地方而言,浙江省有关出海渔船的规制,清代初期的严格程度其实是超过明代后期的(见表 3-3)。不过在这里要注意的是,清代关于渔船规制②的内容,主要针对的是出海渔船,"内港取鱼五六人之小船,不在此例"③。

表 3-3　明清浙江渔船规制比较

时期	梁头尺寸	船桅数量	载员
明嘉靖年间	一丈四尺	—	三十五人
清康熙年间	一丈	单桅	二十人

　　资料来源:〔明〕宋仪望:《海防善后事宜疏》,〔明〕陈子龙:《皇明经世文编》卷 362《宋督抚奏疏》,中华书局 1985 年版,第 3902 页;〔清〕昆冈等修、刘启端等纂:《钦定大清会典事例》卷 120《吏部·处分例·海防》,《续修四库全书》第 800 册,上海古籍出版社 2002 年版,第 125 页。

　　在政策执行方面,康熙二十三年(1684)政策刚出台时,其处罚力度是非常严厉的。"如有打造双桅五百石以上违式船只出海者,不论官兵民人,俱发边卫充军。该管文武官员,及地方甲长同谋打造者,徒三年。明知打造不行举首者,官革职,兵民杖一百。"④其后,随着国家对出海渔船规制的逐步放宽到完全取消,政府对沿海渔船的管理由约束向登记转变。雍正五年(1727),国家取消对渔船规制的限定后,浙江省府主要着力于查禁未经地方保甲允许,私自制造的渔船。"并严饬各地方官及守口员弁,遵照定例实力严禁沿海居民私造私渡。并于民厂造船处所,随时查察。如有澳甲人等串通私造,偷越出口,即行拏究,守口员弁得贿纵放,照例参处。"⑤

　　值得注意的是,政府放开渔船规制后,宁波的渔船建造尺寸基本上没有超过康熙年间的规定。据沈同芳《中国渔业历史》一书记载,晚清宁波渔船

　　①　李文睿:《试论中国古代海洋管理》,2007 年厦门大学博士学位论文,第 67 页。

　　②　"规制"即规范制度,这里专指的对渔船本身结构大小、重量等的管理制度。该词在渔业研究领域的应用首先出现于杨培娜所写《"违式"与"定例"——清代前期广东渔船规制的变化与沿海社会》一文,见《清史研究》2008 年第 2 期。

　　③　〔清〕昆冈等修、刘启端等纂:《钦定大清会典事例》卷 120《吏部·处分例·海防》,《续修四库全书》第 800 册,上海古籍出版社 2002 年版,第 125 页。

　　④　〔清〕昆冈等修、刘启端等纂:《钦定大清会典事例》卷 776《刑部·兵律关津·私出外境及违禁下海二》,《续修四库全书》第 809 册,上海古籍出版社 2002 年版,第 525 页。

　　⑤　〔清〕昆冈等修、刘启端等纂:《钦定大清会典事例》卷 120《吏部·处分例·海防》,《续修四库全书》第 800 册,上海古籍出版社 2002 年版,第 133 页。

一般"长四五十尺至八九十尺,宽七八尺至十四五尺,深三四尺至七八尺,板厚二三寸左右"①。如果渔船最宽处至多有十四五尺的话,那么梁头肯定是要小于这一数字的。而同一时期广东密尾渔船"长六丈,广一丈五尺,载鱼十万觔,船上有三桅,中桅高四丈八尺,头桅三丈八尺,尾桅二丈二尺"②。

船只的大小不仅决定其捕捞能力,也是政府征收船税的依据。明嘉靖三十二年(1553)四月丙子,巡视浙福都御使王忬条上海防事,要求议税课以助军饷,"除小者不税外,其余酌量丈尺、编立字号,量议收税",获得朝廷准许③。万历年间,温州沿海渔船出海捕鱼,都需要"量船大小,纳收税银,给与由帖,方许下海采捕"④。宁波渔税亦以"船大小为多寡"⑤。清初,政府仍旧按船只大小收税,康熙二十八年(1689),朝廷鉴于"小民不便",下令"采捕鱼虾船及民间日用之物,并糊口贸易,悉免其收税"。⑥ 雍正五年(1727),朝廷取消对船只大小的限定之后,浙江海洋渔业得到快速恢复和发展。乾隆元年(1736),户部规定:"边海居民采捕鱼虾单桅船只,概免纳税。"⑦而对于双桅及以上大型船只,"梁头四尺五尺,每寸征银一分。六尺以上,每寸递加二厘。至满丈,每寸征银二分二厘。丈一尺以上,每寸又递加二厘。至丈有五尺,每寸征银三分。丈六尺,每寸三分四厘。丈七尺、丈八尺,均每寸四分"⑧。

---

① 〔清〕沈同芳:《中国渔业历史》,《万物炊累室类稿:甲编二种乙编二种外编一种》(铅印本),中国图书公司1911年版,第28页。

② 〔清〕沈同芳:《中国渔业历史》,《万物炊累室类稿:甲编二种乙编二种外编一种》(铅印本),中国图书公司1911年版,第30页。

③ 〔明〕王忬:《计开》,〔明〕陈子龙:《皇明经世文编》卷283《王司马奏疏》,中华书局1985年版,第2997页。《明实录·世宗实录》卷397,嘉靖三十二年四月丙子条,台湾"中央研究院"历史语言研究所,1961年,第6973—6974页。

④ 《乾隆温州府志》卷15《物产》,俞光:《温州古代经济史料汇编》,温州文献丛书,上海社会科学院出版社2004年版,第244页。

⑤ 《明实录·神宗实录》卷4,隆庆六年八月庚午条,"中央研究院"历史语言研究所,1961年,第165—166页。

⑥ 〔清〕清高宗敕撰:《皇朝文献通考》卷26《征榷考》,商务印书馆1936年版,第5078—5079页。〔清〕昆冈等修、刘启端等纂:《钦定大清会典事例》卷239《户部·关税·禁令一》,《续修四库全书》第801册,上海古籍出版社2002年版,第816页。

⑦ 〔清〕昆冈等修、刘启端等纂:《钦定大清会典事例》卷239《户部·关税·禁令一》,《续修四库全书》第801册,上海古籍出版社2002年版,第822页。

⑧ 〔清〕昆冈等修、刘启端等纂:《钦定大清会典事例》卷235《户部·关税·浙海关》,《续修四库全书》第801册,上海古籍出版社2002年版,第775页。

二、出入口制度

出入口制度即是对渔船出海和回港的查验制度。明清渔船出入口制度主要是为了防止非法渔船及违禁品的出海和入港。这里着重讨论船只进出口岸的查验通关制度。

早在洪武三十年(1397)颁布的《大明律》中就有对出海船只的查验制度。① 明初实行海禁后,沿海营汛的任务就是防止非法渔船出海捕鱼,嘉靖三十二年(1553)八月壬寅,南直隶给事中王国桢上疏"御倭方略",要求朝廷宽法禁,"除通番大船,及贩易接济应禁外,其捕鱼、樵采无碍海防者,编立字号,验放出入",获得朝廷许可。② 沿海出入口制度由此前的禁止转变为对出入渔船的查验,其内容主要是看出海渔船有没有获得国家准许。但在具体实施方面,其细化的规定则要到清代以后。

顺治十二年(1655),兵部规定:对于单桅小船,"准民人领给执照,于沿海近处捕鱼取薪"。沿海营汛官的任务就是查验出入沿海口岸的渔船是否拥有合法渔照,以及查验渔船是否搭载违禁物品"出洋接济奸匪者"③。从顺治十三年(1656)开始,政府在东南沿海实行"迁海"政策,沿海营汛官员的任务有二:(1)严禁沿海商渔船只私自出海,"有将一切粮食货物等项,与逆贼贸易者。或地方官察出、或被人告发,即将贸易之人,不论官民,俱行奏闻正法"。(2)沿海可容登陆口岸,相度形势,设法拦阻登陆敌船。"或筑土坝、或树木栅,处处严防,不许片帆入口。"④顺治十八年(1661),清政府颁布迁海令,沿海营汛随之内迁。康熙二年(1663),政府下令"在沿海一带,钉定界椿,仍筑墩堠台寨,竖旗为号,设目兵若干名,昼夜巡探,编传烽歌词,相互警备"。康熙四年(1665),朝廷开始派钦差大臣巡视海边,"每岁轮巡五六次,

---

① 〔明〕刘惟谦等:《大明律》卷 15《兵律三·关津》,私出外境及违禁下海条,《续修四库全书》第 862 册,上海古籍出版社 2002 年版,第 523 页。

② 《明实录·世宗实录》卷 401,嘉靖三十二年八月壬寅条,台湾"中央研究院"历史语言研究所,1961 年,第 7031—7034 页。

③ 〔清〕昆冈等修、刘启端等纂:《钦定大清会典事例》卷 629《兵部·绿营处分例·海禁一》,《续修四库全书》第 807 册,上海古籍出版社 2002 年版,第 753 页。

④ 《清实录·世祖实录》卷 102,顺治十三年丙申六月癸巳条,中华书局 1986 年版,第 789 页。〔清〕昆冈等修、刘启端等纂:《钦定大清会典事例》卷 776《刑部·兵律关津·私出外境及违禁下海二》,《续修四库全书》第 809 册,上海古籍出版社 2002 年版,第 523—524 页。

次年回撤"①。但这种严格的制度并没有得到有效实施。为此康熙十一年(1672)吏部和兵部再次申言海岛迁徙的禁令。沿海营汛的职责是巡查沿海岛屿,如"仍有在此等海岛筑室居住耕种者,照违禁货物出洋例治罪"。汛守官弁审查不力者,"照例分别议处"②。从顺治十二年(1655)至康熙二十二年(1683)近三十年间,沿海营汛的职责就是不准沿海居民违禁出海,同时防范敌船登陆。康熙二十二年(1683)开海之后,沿海营汛的出入口制度开始逐渐细化。

（一）出口查验制度

康熙二十三年(1684),刑部要求沿海各口岸查验出海人员姓名及担保凭证,验明人数后,始准出海。③ 因此,宁波沿海渔民要出海捕鱼,就要按照政府的规定在本地由保甲长担保之后才能出洋,而渔船则要按照政府的规定编号涂色。总体而言,宁波沿海的出口查验制度包括三个方面:对渔民出海资格的查验,对船照和船身的查验及对渔船搭载物的查验(对于渔船搭载物的论述在下一部分专门讨论,这里不再叙述)。

对渔民资格的查验集中在渔民是否有地方保甲的担保,不管是船只所有者还是被雇佣者都需要地方保甲开具保单。康熙五十七年(1718),政府规定:"渔船水手责之澳甲同□,各取保结,限定人数,出入盘查。"④而对渔船的查验则集中在船照和船身。

渔船出海捕鱼的船照。康熙四十二年(1703),吏部规定:地方官员在船照内"详细注明船户、舵水、年貌、籍贯"等信息,方便口岸查验,防止渔船"越数多带,或诡名顶替"的事情发生。⑤ 渔船初次出海时,"必于汛口挂号,将所

① 〔清〕杨泰亨等:《慈溪县志》卷 13《经政二·海防》,《中国方志丛书·华中地方(第213 号)》,成文出版社有限公司 1975 年版,第 312 页。

② 〔清〕昆冈等修、刘启端等纂:《钦定大清会典事例》卷 629《兵部·绿营处分例·海禁一》,《续修四库全书》第 807 册,上海古籍出版社 2002 年版,第 753 页。

③ 〔清〕昆冈等修、刘启端等纂:《钦定大清会典事例》卷 776《刑部·兵律关津·私出外境及违禁下海二》,《续修四库全书》第 809 册,上海古籍出版社 2002 年版,第 525 页。

④ 《清实录·圣祖实录》卷 277,康熙五十七年戊戌二月甲申条,中华书局 1986 年版,第 716 页。

⑤ 〔清〕昆冈等修、刘启端等纂:《钦定大清会典事例》卷 120《吏部·处分例·海防》,《续修四库全书》第 800 册,上海古籍出版社 2002 年版,第 125 页。

有船照,呈送地方官,或营官验明,填注月日,盖印放行"①。其后,在乾隆二十五年(1760),刑部规定:"沿海采捕出洋船只,务将本船作何生业贸易,于照内详细填注。"②乾隆三十年(1765),兵部对船照内容做了局部修改,"其渔船止将船主年貌、姓名、籍贯,及作何生业,开填给照"③。

渔船出海捕鱼,要按照省份涂上不同颜色(见表3-4)。雍正元年(1723),兵部规定:"出海商渔船,自船头起,至鹿耳梁头止,大桅上截一半,各照省分油饰。"其中浙江用白油漆饰,绿色钩字。同时,要在船头两披,刊刻某省某州县某字某号字样,沿海汛口及巡哨官弁。"凡遇商渔船,验系照依各本省油饰刊刻字号者,即系民船,当即放行。如无油饰刊刻字号,即系匪船,拘留究讯。"④此项制度在随后的管理实践中得到进一步完善和发展。雍正五年(1727),兵部要求渔船要刻上"某处船户,某人姓名",以便海上查验。⑤ 雍正九年(1731),兵部规定:"商渔船篷上,大书州县船户姓名,每字各大径尺。蓝布篷用石灰细面,以桐油调书;篾篷白布篷用浓墨书,黑油分抹字上,不许模糊缩小。"⑥乾隆年间(1736—1795),"又经浙藩司详定,通行闽浙两省,船大者于两□及头尾刊刻省分、县、船户姓名、字号,船小者止于两鲸刊刻省分、县分、船户姓名、字号"⑦。嘉庆二年(1797)题定:"出海商渔船只自船头起至鹿耳梁头止并大桅上截一半,各照省份油饰船头,两舣刊刻某省、某州、某县、某号字样。……其篷上大书州县船户姓名,每字均径尺,蓝布篷用石灰细面

① 〔清〕昆冈等修、刘启端等纂:《钦定大清会典事例》卷775《刑部·兵律关津·私出外境及违禁下海一》,《续修四库全书》第809册,上海古籍出版社2002年版,第512页。

② 〔清〕昆冈等修、刘启端等纂:《钦定大清会典事例》卷776《刑部·兵律关津·私出外境及违禁下海二》,《续修四库全书》第809册,上海古籍出版社2002年版,第521页。

③ 〔清〕昆冈等修、刘启端等纂:《钦定大清会典事例》卷630《兵部·绿营处分例·海禁二》,《续修四库全书》第807册,上海古籍出版社2002年版,第765页。

④ 〔清〕昆冈等修、刘启端等纂:《钦定大清会典事例》卷629《兵部·绿营处分例·海禁一》,《续修四库全书》第807册,上海古籍出版社2002年版,第755页。

⑤ 〔清〕昆冈等修、刘启端等纂:《钦定大清会典事例》卷626《兵部·绿营处分例·保甲》,《续修四库全书》第807册,上海古籍出版社2002年版,第720页。

⑥ 〔清〕昆冈等修、刘启端等纂:《钦定大清会典事例》卷629《兵部·绿营处分例·海禁一》,《续修四库全书》第807册,上海古籍出版社2002年版,第758页。

⑦ 周宪文:《福建省例》卷23《船政例》,"船只如式刊刻油饰书写",台湾文献丛刊(第199种),大通书局1999年版,第616页。该内容出自乾隆三十七年六月初十日上报奏折《一件商渔之禁令日弛、洋面之匪船渐广、特严立限稽查、以靖海洋事》一文。由此可知,这一规定颁布的时间应早于这个时间。

以桐油调写,篾篷、白布篷用浓墨书写黑油分抹,字上不许模糊缩小,如遇剥落即行填写油饰。"①

表 3-4 清代出海渔船油饰漆色

	江南	浙江	福建	广东
漆饰	青油	白油	绿油	红油
钩字	白色	绿色	红色	青色

资料来源:〔清〕昆冈等修、刘启端等纂:《钦定大清会典事例》卷 629《兵部·绿营处分例·海禁一》,《续修四库全书》第 807 册,第 755 页。

政策规定虽然严格,但如果没有得到沿海员弁和水师官兵的有效执行,其效果就会大打折扣。道光三年(1823)十一月初三日,宁波府上奏闽浙总督部院有关渔船分省颜色的落实情况:

闽浙采捕渔船,按府分油帆色,倘有失事,该事主即能指认何府船户,就一府之中易于根查。不知分辨篷色,止能为一府记认,书写帆字,兼可识县分、姓名。若虑其行劫之时,书帆恐被涂掩字号,则分油帆色,何尝不能将红色船帆改为青色,转使红色盗船安然漏网,而青色渔艇反遭查传,致滋拖累。且甫经将帆字书写油饰,又复分改颜色,诸多烦扰。所有分油帆色之处,应无庸议。至商渔船只出入岸口,责成守口员弁,认真挂验。将验过各船逐一登填号簿,送府核对,造册汇转。不知汛口挂验,全在实力稽查,无所假借。②

从奏折中可以看到,对于政府的制度,出海渔民是上有政策,下有对策。可见政府政策出台的效果,关键在于地方官员的执行。

(二)进口查验制度

与渔船出口查验制度相对应,渔船进口查验制度主要包括对渔民执照和渔船搭载物的查验。康熙五十三年(1714),吏部规定:渔船进口"不许装载货物,违者严加治罪"③。只有当渔民人数、搭载物品与渔船执照相符时,才允许进入口岸。康熙五十七年(1718),福建浙江总督觉罗满保申明进口

---

① 〔清〕严如熤:《洋防辑要》卷 2《洋防经制上·稽查商渔船只桅篷》,学生书局 1985 年版,第 72 页。

② 周宪文:《福建省例》卷 23《船政例》,"商渔船只书篷毋庸分改颜色",台湾文献丛刊(第 199 种),大通书局 1999 年版,第 699 页。

③ 〔清〕昆冈等修、刘启端等纂:《钦定大清会典事例》卷 120《吏部·处分例·海防》,《续修四库全书》第 800 册,上海古籍出版社 2002 年版,第 126 页。

渔船:"不许装载货物、接渡人口。"①在查验违禁物品的同时,也要查验短缺物品。乾隆三年(1738),兵部规定:"沿海樵采小船,每船许带食锅一口。所需斧斤,每人许带一把。在船人数不得过十名,均于照内注明,出入查验。不得越数多带,及进口时故意缺少。"②而对于在海上死亡的船员,乾隆六十年(1795)刑部规定:"其水手人等,或在洋患病,临时雇觅别船水手,准该船户于收口时出具保结,呈报该管官员。于新雇水手年貌之下,亦填注箕斗。仍验明同船之人,每名箕斗皆属相符,方准具保。若有病故淹毙,即令同船之人出具切实甘结。如有无故不回者,准令地邻出首。傥获破盗案内有同票之人,将出结之船户水手及原出甘结又不禀首之地邻,一并分别治罪。"③

　　雍正五年(1727)浙江船制放开后,渔船活动区域逐渐扩大。许多渔船在回港之前,在其他口岸停靠时,亦须查验。"总计经过省分,一省必挂一号。回籍时,仍于本籍印官处送照查验,违者治罪。"④乾隆二年(1737)规定沿海樵采船只,"应照商渔船只之例,在中途守汛口址,挂号一次,不必定地限期。惟责令守口员弁,俟其进口时,查核风信时候次数,取具结状备案,捏饰者严究"⑤。

　　乾隆年间,政府开始允许渔船搭载少量货物。乾隆二十五年(1760)兵部就规定渔船如果要带货物回港,就必须"赴置货之地方汛口验明给单,以便沿海游巡官兵及守口员弁查验。如单外另带多货,即移县查明来历"⑥。这一规定的出台,实际上承认了渔船在出海捕鱼的同时,还可以通过远洋运输货物来赚钱。与此同时,政府对于渔船搭载的货物要征收一定的税款。浙海关规定:"采捕渔船,各口岸不同,视其大小纳渔税银,自二钱至四两四钱八分。免税例。凡鱼鲜类十有九条,四百斤以上者征税,四百斤以下者免

　　① 《清实录·圣祖实录》卷277,康熙五十七年戊戌二月甲申条,中华书局1986年版,第716页。

　　② 〔清〕昆冈等修、刘启端等纂:《钦定大清会典事例》卷630《兵部·绿营处分例·海禁二》,《续修四库全书》第807册,上海古籍出版社2002年版,第761页。

　　③ 〔清〕昆冈等修、刘启端等纂:《钦定大清会典事例》卷776《刑部·兵律关津·私出外境及违禁下海二》,《续修四库全书》第809册,上海古籍出版社2002年版,第523页。

　　④ 〔清〕昆冈等修、刘启端等纂:《钦定大清会典事例》卷775《刑部·兵律关津·私出外境及违禁下海一》,《续修四库全书》第809册,上海古籍出版社2002年版,第512页。

　　⑤ 《清实录·高宗实录》卷46,乾隆二年丁巳秋七月丙寅条,第799页。

　　⑥ 〔清〕昆冈等修、刘启端等纂:《钦定大清会典事例》卷630《兵部·绿营处分例·海禁二》,《续修四库全书》第807册,上海古籍出版社2002年版,第763页。

税。烧柴、木炭、炭屑、千斤以上者征税,千斤以下者免征。蛎蝗等十有五条,无论多寡均免税。"①

三、违禁品制度

违禁品,即政府不允许渔船出入海口搭载的物品。这些物品不仅包括货物,还包括多带的生活用品和人员。洪武二十三年(1390)十月乙酉,明太祖朱元璋申严交通外番之禁。"以中国金、银、铜钱、段匹、兵器等物,自前代以来,不许出番。今两广、浙江、福建愚民无知,往往交通外番,私易货物,故严禁之。沿海军民官司纵令私相交易者,悉治以罪。"②洪武三十年(1397)正式颁布的《大明律》中规定:"凡将马牛、军需、铁货、铜钱、段匹、绸绢、丝绵私出外境货卖及下海者,杖一百。挑担驮载之人,减一等。货物船车,并入官。于内以十分为率,三分付告人充赏。若将人口、军器出境及下海者绞。因而走漏事情者斩。其拘该官司及守把之人,通同夹带,或知而故纵者,与犯人同罪;失觉察者,减三等,罪止杖一百。军兵又减一等。"③

顺治十二年(1655),兵部规定:"焰硝、硫磺、军器、樟板等物,违禁私载出洋接济奸匪者,照例治罪。"④康熙二十三年(1684),清廷开海,允许渔船出海捕鱼,但兵部申明焰硝、硫磺、军器、樟板等物,出于海防安全考虑,是不允许渔船搭载出海的。⑤ 此后,对于渔船搭载违禁品的品种日渐繁多(见表3-5)。

表 3-5　清代渔船搭载违禁品种类

时间	部门	违禁品
康熙四十二年(1703)	吏部	焰硝、硫磺、钉铁、樟板
雍正五年(1727)	刑部	硝、磺、钉铁、樟板

① 〔清〕昆冈等修、刘启端等纂:《钦定大清会典事例》卷235《户部·关税·浙海关》,《续修四库全书》第801册,上海古籍出版社2002年版,第775页。

② 《明太祖实录》卷205,洪武二十三年十月乙酉条,台湾"中央研究院"历史语言研究所,1961年,第3067页。

③ 〔明〕刘惟谦等:《大明律》卷15《兵律三·关津》,私出外境及违禁下海条,《续修四库全书》第862册,上海古籍出版社2002年版,第523页。

④ 〔清〕昆冈等修、刘启端等纂:《钦定大清会典事例》卷629《兵部·绿营处分例·海禁一》,《续修四库全书》第807册,上海古籍出版社2002年版,第753页。

⑤ 〔清〕昆冈等修、刘启端等纂:《钦定大清会典事例》卷629《兵部·绿营处分例·海禁一》,《续修四库全书》第807册,上海古籍出版社2002年版,第753页。

续表

时间	部门	违禁品
雍正六年(1728)	兵部	枪炮器械
乾隆五年(1740)	刑部	铁斤
乾隆十三年(1748)	吏部	米谷、杂粮、麦豆
乾隆十四年(1749)	吏部	铜器、废铜
嘉庆四年(1799)	浙省	米石、硝黄、火药、铁斤、铁器

资料来源:据《钦定大清会典事例》《清实录》整理。

　　除此之外,政府对渔船能够搭载的物品在数量上也加以限制。这些物品主要是渔船的人数和船上搭载的粮食。一般而言,渔船人数不得超过二十人,每人每天粮食不得超过二升。值得注意的是,这些禁令都是由兵部颁布的,可见在政府眼中,渔船搭载限定品与海上安全有着密切的关系(见表3-6)。

表 3-6　清代渔船搭载限定品种类

时间	部门	内容
康熙四十二年(1703)	兵部	舵水不得过二十人。
康熙四十七年(1708)	兵部	食米不得过五十石。
康熙五十六年(1717)	兵部	每人一日准带食米一升,并带余米一升。
乾隆二年(1737)	兵部	每人每日食米一升外,准带余米一升。
嘉庆十四年(1809)	兵部	每人每日带食米一升之外,并带余米一升。

资料来源:据《钦定大清会典事例》《清实录》整理。

　　与明代一样,清代对于违禁品的处罚力度仍然是很大的。如雍正七年(1729),吏部规定:商渔船夹带违禁对象属情罪重大,不得赦免。[①] 乾隆五年(1740),刑部规定:"商人收买铁斤。除近苗产铁处所,令呈明该地方官外。内地兴贩,悉从民便。若在沿海地方递运铁斤,交卖商渔船只。为首,照将军器出境下海律绞监候。为从,杖一百,流三千里。船户挑夫,减本犯罪二

---

　　① 〔清〕昆冈等修、刘启端等纂:《钦定大清会典事例》卷124《吏部·处分例·提解人犯》,《续修四库全书》第800册,上海古籍出版社2002年版,第178—179页。

等。"①而偷运米谷出洋,"潜出外洋,接济奸匪者,拟绞立决"②。

不过在这里要注意的是,政府对渔船搭载物的限定并不是固定不变的。就以渔船食米而言,某些特殊时段是可以超过兵部规定的限额。《福建省例》就记载了乾隆十二年(1747)到乾隆二十三年(1758)这十一年间,政府放宽福建在浙捕鱼船只食米限定的一个案例:

> 往浙捕鱼额带食米一件遵批详覆事。乾隆二十二年三月,奉署巡抚宪钟批据前藩宪德详:查得闽省渔船春冬二汛,往浙采捕,案于乾隆十二年间,经高前司会议详准,每人每日准给食米一升;如出外洋者,准带一升,久经通饬遵照在案。嗣因浙省宁绍各属偶被偏灾,米粮缺少,奉宪台准咨,以闽省渔船往浙,为数不少,如令配足食米,务须勒定限制,方免夹带。验运出口之时,作何盘验稽查,不致有妨民食,行令妥议通详等由。奉督宪檄饬,闽省渔船往浙捕鱼,食米不敷,俱向宁属告籴,为数甚多。今秋绍属被灾,商民请照赴籴,势难兼顾,行知闽省沿海地方官,如遇闽船赴浙采捕,计地计口,应需食米若干,扣定填照,汛口查验放行,不得空船出口,亦不得多带透漏等因。随经德前司酌议,请将往浙采捕渔船,每人每日准带食余米三升之外,再行预带六升,约有两月口粮,即有不敷,亦属无几,自可在地买食等情,详奉宪台批准饬遵在案。兹据晋江县于从濂详称:浙省宁绍各属,上年收获丰稔,米粮充裕,晋邑入秋以来,雨泽稀少,米价未贱,民食攸关。现在浙省米价即已平减,赴浙采捕渔船,携带食米似属仍循旧例,每名每日准给食米一升,出外者准带余米一升,毋庸额外多给。奉宪批司议详等因。本司覆查赴浙采捕渔船多带余米,原因浙省宁绍各属前岁偶被偏灾,商贩不前,是以议详请预带两月口粮,亦属因时变通,权宜办理。今浙省上年收成丰稔,米粮充裕,应俯如所请,仍循旧例等因。③

从中我们知道,由于浙江宁绍地区旱灾,导致当地粮食短缺。福建赴浙捕鱼船只必须自带足够粮食,以免给当地造成负担。因此,福建巡抚规定,凡是赴浙采捕渔船每人每日准带余米三升,再行预带六升,这一临时规定远

---

① 〔清〕昆冈等修、刘启端等纂:《钦定大清会典事例》卷 776《刑部·兵律关津·私出外境及违禁下海二》,《续修四库全书》第 809 册,上海古籍出版社 2002 年版,第 519 页。

② 《清实录·高宗实录》卷 324,乾隆十三年戊辰九月癸丑条,中华书局 1986 年版,第 344 页。

③ 周宪文:《福建省例》卷 23《船政例》,"往浙捕鱼额带食米",台湾文献丛刊(第 199 种),大通书局 1999 年版,第 605—606 页。

远超过兵部先前的限制。当然,既然是临时性的规定,等到宁绍地区灾情缓解后,自然也就被取消了。

另外,就渔船禁止搭载枪炮的规定而言,也曾一度由于海盗猖狂和水师围剿不力而出现过松动。如道光七年(1827),吏部奏准:"出海贸易船只,分别梁头丈尺,以定携带炮械多寡。如船户领换照票时,领配炮械者,验明梁头丈尺,专案通详,移令附近营分,监督制造。深凿某州县某号船只姓名,制造年月。工竣,由州县验给。即于照首盖用携带炮械戳记,及名目件数,沿途验放。其不愿请领炮械之商船,及向给渔照船只,并采捕小摇等船,遇有船户领照,将照根随详呈送核验注册。如有不能随时专案详报,或不将照根随详送验,即将该印官记过一次,并由道员饬提玩违经承责处,以示惩儆。"①

通过以上案例,我们看到中央政府和地方政府在执行渔业政策过程中,有时也能够结合实际情况来灵活处理。

第三节 政府对宁波海洋渔业区域的管理

政府针对渔民和渔船所指定的种种管理制度,其目的是为了在渔船出海前就强化对渔业生产的监控,但是海洋渔业生产的特性决定渔业制度管理的重心不在大陆而是在海洋。因此,从这个意义上说,"在陆地上强化对渔船制造的管理其终极目标还是为有效地进行下海后的渔船管理作准备"②。政府对于出海渔船的管理主要是针对渔业生产时间、地点和捕鱼资质三方面内容:首先是对捕鱼时间的限定,其次是对渔民作业区域的限定,最后是在海上对船照制度的审查。如果说陆上渔船制度的管理是由地方官和沿海员弁执行,那么对渔船海上管理则主要是依靠沿海水师进行监督。

一、渔禁制度

渔禁,即是对沿海渔船出海捕鱼时间的限定。本书在此讨论的是国家出台的正式制度,而在民间自发遵守的在一定时期内禁止渔船出海捕鱼,以保护渔业资源的习俗,不是我们要讨论的对象。就国家正式颁布的制度而

---

① 〔清〕昆冈等修、刘启端等纂:《钦定大清会典事例》卷120《吏部·处分例·海防》,《续修四库全书》第800册,上海古籍出版社2002年版,第133页。

② 欧阳宗书:《海上人家——海洋渔业经济与渔民社会》,江西高校出版社1998年版,第168页。

言,宁波沿海的渔禁既有长时段的制度,也有临时性的规定。

(一)长时段渔禁

明清时期长时段的渔禁制度分别出现在明代初期和清代初期。

明初渔禁政策始于洪武十七年(1384)正月壬戌,朱元璋下令"禁民入海捕鱼"①。宣德十年(1435)七月己丑,朝廷在浙江"严私下海捕鱼禁"。其时"有奏豪顽之徒,私造船下海捕鱼者,恐引倭寇登岸。行在户部言:'今海道正欲堤备,宜敕浙江三司,谕沿海卫所,严为禁约,敢有私捕及故容者,悉治其罪。'从之"②。此后,朝廷处分了一批违反渔禁政策的宁波地方官员。③弘治十一年(1498)政府取消了有关近海捕鱼的禁令,"小民撑使单桅小船于海边近处捕取鱼虾、采打柴木者,巡捕官旗军兵不许扰害"④。嘉靖四年(1525)八月甲辰,嘉靖皇帝下旨,针对沿海捕鱼的双桅大船,地方官员"毋得概毁"⑤,这实际上就等于政府默认了渔船可以去深海捕鱼。如果将这个时间作为渔禁政策结束的标志,那么明代渔禁的时间则长达141年。

与明代渔禁时间相比,清初的渔禁时间则要短很多。顺治十二年(1655)六月壬申,浙闽总督屯泰疏言:"沿海省分,应立严禁。无许片帆入海,违者立置重典。"经兵部审议后,获准在沿海实施。⑥ 这一时间可被视为浙江渔禁实施的开始,其结束的时间则是在康熙二十三年(1684)。当年四月辛亥,工部侍郎金世鉴上疏朝廷,要求浙江沿海按照山东定则,"听百姓以装载五百石以下船只,往海上贸易捕鱼。预行禀明该地方官,登记名姓,取具保结,给发印票,船头烙号。其出入,令防守海口官员,验明印票,点明人

---

① 《明实录·太祖实录》卷159,洪武十七年春正月壬戌条,台湾"中央研究院"历史语言研究所,1961年,第2460页。

② 《明实录·英宗实录》卷7,宣德十年秋七月己丑条,台湾"中央研究院"历史语言研究所,1961年,第141页。

③ 《明实录·孝宗实录》卷206,弘治十六年十二月戊戌条,台湾"中央研究院"历史语言研究所,1961年,第3824页。

④ 〔明〕刘惟谦等:《大明律》卷15《兵律三·关津》,私出外境及违禁下海条,《续修四库全书》第862册,上海古籍出版社2002年版,第525页。

⑤ 《明实录·世宗实录》卷54,嘉靖四年八月甲辰条,台湾"中央研究院"历史语言研究所,1961年,第1332—1333页。

⑥ 《清实录·世祖实录》卷92,顺治十二年乙未六月壬申条,中华书局1986年版,第724页。〔清〕蒋良骐:《东华录》卷7,《续修四库全书》第368册,上海古籍出版社2002年版,第328页。

数。至收税之处,交与该道。计货之贵贱,定税之重轻,按季造册报部。至海口官兵,请于温台二府战船内,各拨二十只。平定台湾,所获哨船,拨八十只,令其分泊,防守巡逻"。九卿议准后执行。① 前后算下来,约 30 年。不过在这 30 年中,宁波沿海的渔禁仍时有变化。

(二)短时段渔禁

政府短时段的渔禁,主要是针对海防中的一些突发事件,对渔船出海捕鱼时间的限定,一般指的是渔船从母港出海捕鱼再到母港这个时间段。其规定在明清两代均有出现。

明代由于长时段渔禁政策的存在,短时段渔禁政策主要出现在明代后期。崇祯二年(1629)四月十八日,浙江巡抚张延登上奏朝廷,要求浙江沿海捕鱼船只白天出洋,天黑之前必须回港。②

清代开海后,对沿海渔民的捕鱼时间并未出台规定。就浙江近海渔船而言,一般早出晚归。而要到远洋捕鱼的船只则要根据渔业捕捞情况,在海上航行好几天,因此其时间是不一定的。不过我们从相关渔业制度的解读中,还是能发现一些隐含的对渔民出海捕鱼时间的限制内容。康熙四十七年(1708),兵部规定出洋船只所带食米不得过五十石。③ 康熙五十六年(1717),兵部规定出洋船只每人一日准带食米一升,并带余米一升。④ 如果这些政策在宁波沿海得到认真执行的话,那么运用简单的换算方法我们就能知道一艘渔船的海上捕鱼时间。在携带粮食总数一定的情况下,渔船搭载人员越少,则船只在海上停留的时间也就越长。

就清代而言,浙江省出台成文的短期渔禁制度始于乾隆末年。乾隆五十四、五年(1789、1790),由于海盗渐起,朝廷规定沿海"渔船止许朝出暮归,

---

① 《清实录·圣祖实录》卷 115,康熙二十三年甲子夏四月辛亥条,中华书局 1986 年版,第 192 页。另〔清〕清高宗敕撰:《皇朝文献通考》卷 33《市籴考二·市舶互市》,商务印书馆 1936 年版,第 5154—5155 页。

② 〔清〕计六奇撰、魏得良点校:《明季北略》卷 5,崇祯二年己巳,"张延登请申海禁"条,中华书局 1984 年版,第 103—104 页。

③ 〔清〕昆冈等修、刘启端等纂:《钦定大清会典事例》卷 629《兵部·绿营处分例·海禁一》,《续修四库全书》第 807 册,上海古籍出版社 2002 年版,第 754 页。

④ 〔清〕昆冈等修、刘启端等纂:《钦定大清会典事例》卷 629《兵部·绿营处分例·海禁一》,《续修四库全书》第 807 册,上海古籍出版社 2002 年版,第 754 页。

不容多带薪米"①。嘉庆五年(1800)五月,浙江巡抚阮元要求浙江沿海渔船"晨出者暮必返,不返者有稽,远赴者鸣于长,船之偶者分正脚,私驾者毁其船"②。晚清东南海防形势严峻,在历次中外海战期间,浙江省都有对沿海渔船禁止出洋捕鱼的暂时性禁令。③

总体而言,不论是长时段还是短时期的海禁,其目的都是为了保证国家海防秩序的安定。当然,仅仅如此是不够的,在渔船出海这段时间里,仍然需要制度性的规范去约束。

二、捕鱼区域制度

在没有政府管制的情况下,宁波沿海渔民一般依渔汛确定其出海作业的地点,捕鱼区域的变化随着渔汛的不同而发生变化。

宁波渔民的捕鱼区域除了受客观的渔业资源限制外,还有人为的主观因素。就目前所发现的资料所载,对宁波渔民捕鱼区域的限定法令最晚在明代中期已经出现。④ 而清代相关法令出台的时间可以确定为康熙四十二年(1703),吏部和兵部先后规定沿海捕鱼船只"取鱼不得越出本省境界"⑤。考虑到渔业资源的流动性,政府这一人为限制在执行过程中,难度是非常大的。尤其在渔汛时期,各省渔民汇集,区域禁令更是无从着手。为此,雍正元年(1723),兵部规定:"出海商渔船,自船头起至鹿耳梁头止,大桅上截一半,各照省分油饰",以便巡洋水师检查。⑥ 雍正四年(1726)四月二十六日浙江定海总兵张溥在《奏报渔期福建江南船数目折》中对春季黄鱼汛期前来定海洋面捕鱼的闽船和江南船作了粗略统计:"定海洋讯,自今正值渔期,有闽

---

① 邵之棠:《皇朝经世文统编》卷27《内政部一·治术》,沈云龙:《近代中国史料丛刊续编》第七十二辑,文海出版社1980年版,第88页。

② 〔清〕李恒:《国朝耆献类征初编》卷39补录《宰辅三十九·阮元》,周骏富:《清代传记丛刊》,明文书局1985年版,第347页。

③ 如道光二十年(1840)中英鸦片战争期间,浙江省沿海港口封闭。道光二十一年(1841)十一月丁丑,浙江巡抚刘韵珂上奏朝廷:"海口封闭日久,商民失业,请照旧开港,并酌定稽查章程。"后道光皇帝下令:"所有乍浦及温台等处商渔船只,均着准其照旧出入。"见《清实录·宣宗实录》362,道光二十一年辛丑十一月丁丑条,中华书局1986年版,第533—534页。

④ 《明实录·英宗实录》卷293,天顺二年秋七月甲寅条,台湾"中央研究院"历史语言研究所,1961年,第6268页。

⑤ 〔清〕昆冈等修、刘启端等纂:《钦定大清会典事例》卷629《兵部·绿营处分例·海禁一》,《续修四库全书》第807册,上海古籍出版社2002年版,第753页。

⑥ 〔清〕昆冈等修、刘启端等纂:《钦定大清会典事例》卷629《兵部·绿营处分例·海禁一》,《续修四库全书》第807册,上海古籍出版社2002年版,第755页。

省渔船来浙捕鱼，又有江南沙船来浙收鱼，共计约有一千二百余只，自四月初旬起至六月方回。"①同年同月初四日福建总督高其倬也说："查三四月间，福建泉漳一带及福兴等处渔船并潮州一带船只趁南风向浙江、山东一带北上之际，船只最多。"②而雍正五年（1727）刑部取消对渔船大小的限定，此后新造渔船远距离渔业作业能力大大提高，这一政策就等于默认渔船可以越境捕鱼。

除了不许渔民越境捕鱼外，宁波一些岛屿附近海域是禁止渔船作业的。如乾隆九年（1744）二月戊寅，浙江巡抚常安在查勘宁波府定海沿海地方后上奏，"涉外洋之山，最易藏奸。虽膏腴沃衍之区，必须严行饬禁，毋许开垦、采捕、煎烧等类，以滋事端"，结果被朝廷批准执行。③ 在这些岛屿中，江浙交界的小羊山及附近海域由于其地理的特殊性在某些时段也是禁止捕鱼作业的。嘉庆六年（1801）七月甲辰，两江总督费淳覆奏《御史黄照条奏防御海盗》一折，就提到"苏松洋面，例不许浙江人住山采捕。惟小羊山前后吞口六处，春汛捕鱼约三四百人，秋汛采蛰七八百人，皆有印照。而采捕人船，浙江居其七八，重洋往返，难保无济匪情事。前经咨会浙江，暂行禁止，俟洋面肃清，再复旧制。至上海闽广鸟船，责成会馆董事编查"。上报朝廷后获准执行。④

当政府被迫承认渔船在海上可以自由捕鱼之后，其海上渔业作业秩序的维护便成为政府渔业管理的重心。除了通过在陆上和进出口岸实行一系列管理法令以最大限度消除隐患外，政府还通过渔船相互监督及水师监督，以保证渔船作业秩序与海上渔业生产安全。

（一）渔船相互监督

早在嘉靖三十二年（1553）八月壬寅，南直隶给事中王国桢上疏"御倭方略"，要求朝廷将"捕鱼、樵采无碍海防者，编立字号，验放出入"。获得朝廷

① 中国第一历史档案馆：《雍正朝汉文朱批奏折汇编》第7册，《浙江定海总兵张溥奏报渔期福建江南船数目折》（雍正四年四月二十六日），江苏古籍出版社1989年版，第195页。
② 中国第一历史档案馆：《雍正朝汉文朱批奏折汇编》第9册，《福建总督高其倬奏报委令副将统领兵船巡查洋盗情形折》（雍正四年四月初四日），江苏古籍出版社1989年版，第583页。
③ 《清实录·高宗实录》卷211，乾隆九年甲子二月戊寅条，中华书局1986年版，第719页。
④ 《清实录·仁宗实录》卷85，嘉庆六年辛酉秋七月甲辰条，中华书局1986年版，第125—126页。

许可。① 万历二年(1574)正月乙酉,巡抚浙江都御使方弘静在"条陈海防六事"中就向朝廷申请将浙江沿海渔民按船只编立甲首,该方案经兵部审议通过后在浙江实施。② 崇祯二年(1629)四月十八日,浙江巡抚张延登上奏朝廷,要求将浙江"近海县分有司,按船编号",获得朝廷准许。③ 顺治十一年(1654),浙江巡抚秦世祯上疏:"沿海渔舟,往往通寇,请按保甲法,以二十五舟为一队,无事听采捕,有事助守御",获得朝廷批准。④ 不过这一时期的"连艘互结"还只是单一规定,没有和其他配套制度的支撑。

清康熙年间开海之后,浙江大量渔船出海作业,对海上作业的管理也逐渐细化。康熙四十六年(1707),兵部规定:"欲出洋者,将十船编为一甲。取具一船为匪,余船并坐,连环保结。若船主在籍,而船只出洋生事者,罪坐船主。"⑤乾隆二十五年(1760),兵部奏准:"各省渔船赴县领照。……取十船连环互结存案,于春冬两汛出口之前,移知各汛口员弁,查验放行。如年貌籍贯不符,即行严拏究讯。倘一船为匪,余船连坐,余船能将为匪船户首捕到官者免罪。如船主及原保结之澳甲不早首报者。一并严处。其有将船给予伯叔弟兄子侄亲友代驾出海者,取代驾出海之人族邻甘结,船主赴地方官呈明立案。"⑥道光五年(1825),户部在《巡防章程》再次申明了渔船出海保甲的制度。⑦

渔船出海作业的不稳定性和危险性,决定了大多数船只出于安全考虑是愿意结群出海捕鱼的,这种情况尤其出现在跨区域捕鱼的时候。结合渔业经济发展自身特点,随着渔船作业复杂程度的提高,很多渔船作业,尤其

---

① 《明实录·世宗实录》卷401,嘉靖三十二年八月壬寅条,台湾"中央研究院"历史语言研究所,1961年,第7031—7034页。

② 《明实录·神宗实录》卷21,万历二年正月乙酉条,台湾"中央研究院"历史语言研究所,1961年,第558—560页。〔清〕顾炎武:《天下郡国利病书》第22册《浙江下》,《续修四库全书》第597册,上海古籍出版社2002年版,第49页。

③ 〔清〕计六奇撰·魏得良点校:《明季北略》卷5,崇祯二年己巳,"张延登请申海禁"条,中华书局1984年版,第103—104页。

④ 赵尔巽等:《清史稿》卷240《秦世祯》,中华书局1976年版,第9544页。

⑤ 〔清〕昆冈等修、刘启端等纂:《钦定大清会典事例》卷629《兵部·绿营处分例·海禁一》,《续修四库全书》第807册,上海古籍出版社2002年版,第753—754页。

⑥ 〔清〕昆冈等修、刘启端等纂:《钦定大清会典事例》卷630《兵部·绿营处分例·海禁二》,《续修四库全书》第807册,上海古籍出版社2002年版,第763—764页。

⑦ 〔清〕昆冈等修、刘启端等纂:《钦定大清会典事例》卷211《户部·海运·巡防护送》,《续修四库全书》第801册,上海古籍出版社2002年版,第469页。

是大小对船和拖网渔船作业需要两艘及以上渔船相互配合才能完成。再加上渔业生产分工的细化,在渔业生产的过程中出现了专门冷藏加工海鲜的冰鲜船,这一客观事实也决定了渔业作业的群体性。在这种群体作业过程中,逐渐出现了渔民自发的渔业组织渔帮和渔业公所。宁波海洋渔业组织的发达不仅是其海洋渔业经济迅速发展的表现,也是地方政府默许和支持的结果。

（二）水师监督

渔船本身的作业特点及政府对出海渔船实施的"连艅互结"制度,使渔业生产呈现出集体化的特点,尤其是在每年的渔汛期。在渔船作业过程中,为抢夺渔业资源,渔船之间的械斗时有发生,"故海中常防劫夺。海渔船必自募久惯出海之人,以格斗则勇敢,以器械则锋利,以风涛则伙习,其时通当春天之时,其处则又倭犯苏松必经之处"①。在海禁松弛之时,有些渔船常与海盗相勾结,威胁沿海地区。曾担任南京中军都督府金事的浙江鄞县人万表②(1498—1556)认为:"向来海上渔船出近洋打鱼樵柴,无敢过海通番,近因海禁渐弛,勾引番船,纷然往来海上,各认所主,承揽货物装载,或五十艘,或百余艘,成群合党,分泊各港。又各用三板草撒脚船,不可胜计,在于沿海,兼行劫掠,乱斯生矣。"③为了保证渔船出海作业的安全,同时也为防止其"交通内外",政府常派水师在汛期监督渔船的海上活动。明朝嘉靖年间,江浙交界处的大羊山、淡水洋,"乃倭奴入寇必经之道,黄鱼出时,乃春汛倭至不先不后之期"。因此,"每年四月出洋时,各郡渔船大小以万计,人力则整肃,器械则犀利。唐公顺之捧敕视师,纳军门。每府鱼船若干,辅以兵船若干,相须而行,协力而战"④。

清初开海之后,来自外界的海防压力消失,水师对渔业的海上管理,主要集中在维持正常的海上渔业秩序,防止海上渔船劫案的发生。从文献记

---

① 〔清〕顾炎武:《天下郡国利病书》第 6 册《苏松》,《续修四库全书》第 595 册,上海古籍出版社 2002 年版,第 757 页。

② 另一说万表为安徽定远人。关于万表的籍贯,可参见龚延明、祖慧:《鄞县进士录》,浙江古籍出版社 2010 年版,第 567—568 页。

③ 〔清〕顾炎武:《天下郡国利病书》第 22 册《浙江下》,《续修四库全书》第 597 册,上海古籍出版社 2002 年版,第 43 页。

④ 〔清〕顾炎武:《天下郡国利病书》第 6 册《苏松》,《续修四库全书》第 595 册,上海古籍出版社 2002 年版,第 759 页。

载来看,康熙年间宁波海上渔船的劫案只是零星发生,但到乾隆年间,尤其是乾隆末期,宁波海上渔业劫案日渐频繁。产生这一问题的原因和性质与康熙初年台湾郑氏集团的骚扰截然不同。乾隆五十九年(1794)正月戊午,浙江巡抚觉罗吉庆在对当时频繁的发生的海盗抢劫事件仔细分析后,向朝廷指出:"浙省海洋,界连福建,每当南风顺利,闽省渔船多赴浙江采捕。鱼汛旺盛,则获利益,偶然乏食,辄肆抢劫。本地渔船,亦有被诱入伙者。然时聚时散,并无定所,与康熙年间洋盗依据海岛情形迥异。"①

为了保证渔业秩序的稳定,沿海水师将防范的重点由对外到对内。雍正元年(1723),兵部规定:"沿海汛口及巡哨官弁,凡遇商渔船,验系照依各本省油饰刊刻字号者,即系民船,当即放行;如无油饰刊刻字号,即系匪船,拘留究讯。"②乾隆十九年(1754),吏部核准:"各省商渔船在洋,除实系抢夺并未劫盗者,仍照抢夺办理外,如有盗劫之案,混以抢夺具报,希图规避处分者,将捏报之文武各官,照讳盗为窃例革职。"③乾隆三十五年(1770),兵部奏准:"洋面失事,巡哨各官,有恐吓贿嘱,不行通报者,将武职专兼统辖各官,照讳盗例,议处。或商渔船只,实被强劫,捏报抢夺者,照讳盗为窃例议处。属员讳匿已经告发,武职上司不查明揭报题参者,照徇庇例,降三级调用。"④而营弁在巡视洋面后要定期向朝廷汇报,"巡历所属内外洋面各山岛岙,谆切严谕,分巡专协洋汛"⑤。

---

① 《清实录·高宗实录》卷 1445,乾隆五十九年甲寅正月戊午条,中华书局 1986 年版,第 283 页。

另赵尔巽等:《清史稿》卷 343《觉罗吉庆》载:"调浙江,闽海渔船赴浙洋剽掠,吉庆于岛岙编保甲,禁米出洋,严缉代卖盗赃。"中华书局 1976 年版,第 11128 页。查《清实录·高宗实录》卷 1434,乾隆五十八年八月辛未条载:"吉庆自简任山东巡抚以来,办理地方事件,尚能妥协,着调补浙江巡抚。"中华书局 1986 年版,第 173 页。觉罗吉庆于乾隆五十八年八月辛未被任命为浙江巡抚,因此《清实录·高宗实录》卷 1445 与《清史稿》卷 343《觉罗吉庆》所描述是同一制度。

② 〔清〕昆冈等修、刘启端等纂:《钦定大清会典事例》卷 629《兵部·绿营处分例·海禁一》,《续修四库全书》第 807 册,上海古籍出版社 2002 年版,第 755 页。

③ 〔清〕昆冈等修、刘启端等纂:《钦定大清会典事例》卷 120《吏部·处分例·海防》,《续修四库全书》第 800 册,上海古籍出版社 2002 年版,第 129—130 页。

④ 〔清〕昆冈等修、刘启端等纂:《钦定大清会典事例》卷 631《兵部·绿营处分例·巡洋捕盗》,《续修四库全书》第 807 册,上海古籍出版社 2002 年版,第 777 页。

⑤ 中国第一历史档案馆藏:浙江黄岩镇总兵弓斯发奏折,乾隆五十年三月二十八日,档号:04-01-03-0031-002。

第四章　近代宁波海洋渔业的发展

　　海洋渔业的历史分期和政治领域的时间分期是不重合的,政治史中的近代是从 1840 年来进行划分,广义的经济史则以明代江南资本主义生产方式的大规模出现作为近代的起点。而海洋渔业领域,不同生产环节的近代分期也不尽一样。如海产品的销售而言,相比古代而言,咸丰年间海产品的大批出口与进口和古代海产品销售有明显的不同,而渔民群体的显著变化则可以从清乾隆年间对近海岛屿的大规模开禁来审视。不过总体而言,宁波海洋渔业发展的近代分期,从其自身的演变规律而言,应该是从清代乾隆末年开始,一直到 20 世纪初。作为整个宁波海洋渔业发展历史中的一个分期,近代宁波海洋渔业是一个承上启下的分界点,一方面传统的海洋渔业在这一时期达到量的高峰;另一方面由于海洋渔业生产的瓶颈及外来压力,这一时期的宁波海洋渔业不断出现新的因素。而真正意义上的宁波海洋渔业的近代化转型是以 1904 年江浙渔业公司在上海的创办作为起点的。

第一节　近代宁波海洋渔业生产工具与渔民

　　随着宁波海洋渔业的发展,近代宁波沿海渔民在从事生产作业的过程中开始根据不同区域和鱼品种采用不同的作业方式和工具。总体而言,宁波海洋渔业生产工具分为渔船和渔具,按照距离海岸线的远近不同,渔船可分为近海渔船和远洋渔船。就宁波海洋渔业生产的状况而言,大部分均为近海渔船,渔具则包括在潮间带捕鱼的渔具和在渔船上搭载的渔具。

一、渔船与渔具

（一）渔船

渔船的出现是渔民从滩涂向海洋进军开始的标志。近代以后,随着渔业生产的逐渐扩大和沿海人口的逐渐增加,渔船的种类开始拉架,大小随着渔船的功能逐渐发生变化,数量日益增多。到清代末期,宁波沿海的渔船,有溜网船、张网船、摇网船、大捕船、对鱼船、小对鱼船、舢板船、拖网船、摘网船、网椿船、猛网船、插网船、紧网船、滚钓船、穿洋船、水仙船、七团舢板船、八团舢板船等不同船型,但船只结构大致相同,只是由于加装不同的捕鱼工具而显得略有不同而已。就宁波而言,其大部分船只结构在沈同芳《中国渔业历史》一书中有详细介绍:

船制:上面整木圈口两根,两旁前后整木各六根,再上□舱箍帮。右名樯前,左名樯后。后用掉挺贯舵,下有舵合,□装海底。闸外藉含舵管,再后阁艄。大桅前三舱,后五舱,内两闸头,有弯木靠帮肘,面盖平基。极前浪头,极后艄头,内各穿弓,势树三支,此两处系鱼工宿息之所。

船度:长四五十尺至八九十尺,宽七八尺至十四五尺,深三四尺至七八尺,板厚二三寸左右。

船篷:大船皆用,篷内前两旁眠楼各两层,后两边航灶米柜。

帆樯:有四合,有五合。极小船用两合,止在沙边采捕,不能往洋张网。帆宽七八尺至二三十尺,高十余尺至五六十尺,大樯与船同长,余递减。

撬板:两扇在船两旁,长十余尺,上宽二尺左右,下宽三四尺,船行时用在下风,船大亦用匿水,置在两参之下。

绞轴:前一条起锚,后一条起舵,又大船有盘车,更便于起锚起网。[①]

明清时期,宁波渔船数量多有变化,明末浙江沿海"宁、台、温大小舡以万计"[②]。到清代雍正年间,浙江沿海渔船有"一千四百九十三艘,每年消长

---

① 〔清〕沈同芳:《中国渔业历史》,《万物炊累室类稿:甲编二种乙编二种外编一种》(铅印本),中国图书公司1911年版,第27—28页。
② 〔清〕顾炎武:《天下郡国利病书》第6册《苏松》,《续修四库全书》第595册,上海古籍出版社2002年版,第757页。

不常"①。至清末,宁波沿海仅墨鱼船就有四千余艘。如 1872 年 8 月 22 日《申报》报道:

> 海关记事簿,论宁波捕墨鱼生理有云,此生意于宁波甚为大事。凡船属宁波者,共有四千艇,属近处者另有三千艇,皆于英四月择吉数日内全出海。自海视其船出口殊可谓美观,潮汛既退,船皆解练挂帆,陆续而出,锣音冲天,人声极为热闹。逾一时,观望海面至涯岸,满目皆船,掩木无隙处。至船皆出,乃于海面聚会,然后各自分段捕鱼,直捕至英七月始返。所捕之鱼必晒于海岛上,成功须三四日,如天阴下雨,则鱼不干,故渔者多赖天气晴明。渔船之外另有饷船来往交接,由宁波出海载有粮食颁送于各渔船,回宁则装有各船所捕拿已干之鱼也。此宁波乡民四月之役,今年所捕共计有六万担,始出以天气阴湿,鱼未得干,而低货颇多。乃幸此后天时较晴,所捕得者尚不少,渔者多乡人,返宁后皆归家,或种地或做他业,俟明年仍旧出海云。②

对于晚清时期宁波渔船的总数,我们可以从当时的文献中加以推算。光绪二十五年(1899)出版的《浙江沿海图说》,按照不同区域对宁波沿海的商渔船只数目作了记载,由于清代实行"商船换照"制度,商船在领取渔照后也是可以捕鱼的,因此在计算宁波沿海渔船数目时,将商船归列入渔船是可以的(见表 4-1)。

表 4-1　晚清宁波商渔船只数量

区域	商渔船只数量
镇　海	大商船数百号,渔船千余号
宁　波	商船数百号,各村落大小渔船多至四千号
三山浦	商船数十号,渔船百余号
穿　山	商船五六号,渔船十余号
象山港	港内无商船,渔船约共多至千余号(以桐照栖凤两处为最多)
舟　山	定海大小渔船二百余号,沈家门百余号,罗钓门九十余号,岑港三十余号

① 中国第一历史档案馆:《雍正朝汉文朱批奏折汇编》第 2 册,《闽浙总督满条奏遵旨逐条查覆金铎所陈海疆事宜折》(雍正二年闰四月十三日),江苏古籍出版社 1989 年版,第932 页。
② 《望海观渔》,《申报》1872 年 8 月 22 日。

续表

区域	商渔船只数量
沈家门	渔船一百数十号
爵溪所	近处无商船,大小渔船一百十余号
石　浦	商船止寥寥数号,渔船一百数十号。冬季闽船及四五等月台船之来此者常数百号
岱　山	商船数十号,渔船数百号,四五月鱼船之来自各处者约万号
长　涂	商船六十号,渔船二百三十号

资料来源:〔清〕朱正元:《浙江省沿海图说》,成文出版社有限公司1974年版。

图 4-1　在港停泊的渔船

据表 4-1 的统计,晚清宁波沿海渔船总数约有七千艘,另有商船近千艘,占整个浙江沿海商渔船只总数的 4/5。如果按照区域分布,渔船分布超过千艘的镇海、宁波、象山及岱山全在宁波府辖境内,这些区域皆紧靠舟山渔场。如果我们按照渔船的种类进行统计,宁波沿海渔船的数量见表4-2。从其数量看,对船的数量最多,大对船、花头对船和红头对船加起来有 2300 余对,4600 余艘船,其次为墨鱼船和大箭船。对于不同种类渔船的区别主要是看其捕捞方式。

表 4-2　晚清宁波渔船分类统计

渔船	数量(只)
大对船	冬 690;夏 240
大箭船	1270
墨鱼船	1660

续表

渔船	数量（只）
冰鲜船	110
溜网船	610
张网船	450
高钓船	40
花头对船	250
红头对船	1100
钓冬船	480

注：表中对船为一对的数据，对船为一对两只。

资料来源：陈训正、马瀛等：《定海县志》册 3《鱼盐志·渔业》，成文出版社有限公司 1970 年版，第 269—274 页。

在这里值得一提的是，宁波沿海区域早在乾隆年间就已出现渔民租赁渔船下海捕鱼的情形。乾隆四十一年（1776）三月二十日福建晋江县上奏闽浙总督的奏章中就指出其县内沿海居民"北洋生理熟识，即在温、台、福、宁一带租赁船只捕渔看网为业"。要求总督府饬令浙江沿海温、台、宁等府所辖各属县，"申严私租船只之禁"①。

另外，晚清状元张謇创办江浙渔业公司后，自光绪三十一年（1905）购买一艘德国蒸汽机拖网船"福海"号开始，我国的海洋渔业就逐渐走上了渔船机动化作业生产的道路。此后，活跃在舟山渔场的不仅有老式的木质渔船，还包括新式的机动化渔船。"海洋捕捞渔船机动化的结果，不但扩大了捕捞作业范围，更增加了捕捞强度，兼之网具材料和助渔导航设备的改善，捕捞强度更是大为提高。"②

（二）渔具及其附属设施

我国海洋渔业的渔具种类十分繁杂。明代残刻本《渔书》第十一卷，将渔具分为网类、缝类、杂具、渔筏等若干类。这是我国系统记述渔具分类的较早典籍。近代水产界人士经过调查研究，把我国传统的海洋渔业渔具分

———————

① 周宪文：《福建省例》卷 23《船政例》，"商渔船只设立循环填注送核"，台湾文献丛刊（第 199 种），大通书局 1999 年版，第 634 页。

② 欧阳宗书：《海上人家——海洋渔业经济与渔民社会》，江西高校出版社 1998 年版，第 18 页。

为"网具、钓具和杂具三大类十五小类"①。就宁波沿海而言,使用比较广泛的为张网和乌贼笼。

1. 张网

张网类中有打桩(樯)张网、抛碇张网和船张网三种,宁波沿海使用的主要是前两种。

清代沈同芳所著《中国渔业历史》中有关于打桩张网的记载:"打桩船惊蛰出洋,小暑回洋。先在各岛构结草厂,候风静浪平之日,定向打桩,迎流放网。其网用麻线结成,以四竹横直并行,撑成见方一丈之口,自口至尾约长三丈,内容逐渐减缩,视之如方底立锥形,横眠水中。口角出四索并系于独辘(转环),再由独辘系索,量水深浅,牵至桩头。扣牢网口下二角,各用十六斤方砖镇压。随潮涨落,四面旋转,流急则伏于海底,流宽则浮至水面。每船舵手六人,厂工四人,用网五十口。所获之鱼,种类不一,俱用盐腌渍制成咸鱼燥鲞。但此法无论渔汛盛衰,不能移改别处。"②文中所述,系指宁波打桩张网情况。

抛碇张网有双碇和单碇两种,"一般大型双碇张网,一船只用一网,其中的大捕网主要用于捕捞大黄鱼产卵鱼群",是浙江北部沿海一种主要渔业,以岱衢洋和大戢洋为主要渔场。网具是锥形的囊袋,分前后两部分,前部是网筒,后部是王囊。网口周围 1600 目,逐渐向后减目至 200 目为止,网囊横列为 75 目,不增不减。网目尺寸自前至后递减,网口的 43 毫米,最后的 30 毫米。全网长 35 米左右,以苎麻线织成。全网以栲皮为染料,新网连染两次,以后再使用中经常施染,夏秋季更要缩短施染时间。③ 大捕船在大黄鱼汛后,可转移渔场兼捕其他鱼类,延长作业时间。

2. 乌贼笼

乌贼生活于岩礁间,特别在产卵期喜栖息在洞穴暗处,利用这种习性,制成乌鱼笼以捕获。"其渔具由鱼笼、干绳、支绳、沉石及浮筒等组成。有死笼和活笼两种,死笼作业固定于一处,活笼可随时转移。鱼笼腰鼓形,两端开口,以竹篾编成,开口处装设倒须,倒须口与笼口相连处留约三分之一不扎死,以便由此取出乌贼。笼口直径 33 厘米(倒须口略小),笼中部直径 42 厘米,笼长 82.5 厘米。以长 82 厘米的宽竹篾纵向编穿在鱼笼上,用以结系

---

① 张震东、杨金森:《中国海洋渔业简史》,海洋出版社 1983 年版,第 116 页。

② 〔清〕沈同芳:《中国渔业历史》,《万物炊累室类稿:甲编二种乙编二种外编一种》(铅印本),中国图书公司 1911 年版,第 24 页。

③ 张震东、杨金森:《中国海洋渔业简史》,海洋出版社 1983 年版,第 122 页。

支绳。死笼的干绳是以篾丝和稻草混合拈成,直径 30 毫米,每条长 100 米,笼系 30 个。支绳用稻草拈制,直径 8 毫米,长约 1.6 米,一端与干绳结系,另端结系在鱼笼的宽竹篾上。活笼不用支绳。大沉石每块重 35～40 公斤,用于水深流急处或有更重者,系于死笼的干绳两端。活笼不用大沉石,仅以每块重 2.5～3 公斤的小石放于笼内。竹制浮筒,直径 13～15 厘米,长半米,每条干绳用两个,系在干绳两端,使之漂出海面,以为标志。浮筒绳直径 8 毫米,长于水深 2～3 米。"[1]

3. 灯塔

在这里值得说明的是,近代宁波沿海渔民的渔业生产不仅包括捕鱼所用的渔船和渔具,也包含灯塔等其他辅助设施。对于远离大陆捕鱼的船只,在碰到狂风暴雨天气,是很难在海上辨别方向的,这时沿海地区的灯塔就成为渔民在海洋中的希望。近代宁波沿海商渔民在出海贸易捕鱼的同时,也非常注重港口设施的建设。相比当代复杂的港口设备,在晚清浙江沿海最主要同时也是商船渔船最为关心的就是灯塔的设置。1884 年 3 月 2 日的《申报》报道说:

宁波镇海口外之洋面岛屿混杂,商渔等船暮夜往来恐有舛误,前经税务司勘定定海厅所辖之白节山小板山添建灯塔两座,现已工竣派人看守,每夜点灯远照,以便瞭望而利行船。税务司恐未周知,已照会关道出示晓谕矣。[2]

宁波沿海的灯塔除了政府出面修筑外,还有寺庙自发设置以及沿海商渔民集资修建,灯塔既有土灯塔又有现代化的灯塔。到晚清,宁波沿海灯塔基本覆盖主要航线上的港口区域(见表 4-3),这为沿海渔民渔业生产提供了很大保障。

表 4-3　宁波沿海灯塔分布

岛屿	灯塔状况
镇海虎蹲山	系透镜,红光常明,灯光点距水面十二丈六尺,晴时能照十五里,并有雾锣。
镇海七里屿	系透镜,白光常明,灯光点距水面十丈五尺,晴时能照二十七里,并有雾钟。
穿山大榭山	港口有土灯塔。

① 张震东、杨金森:《中国海洋渔业简史》,海洋出版社 1983 年版,第 166—167 页。
② 《添建灯塔》,《申报》1884 年 3 月 2 日。

续表

岛屿	灯塔状况
舟山普陀山	普陀山之最高者,山僧置灯其上,以示舟行。
岱山大全山	系透镜,白光常明,灯光点距水面八丈,晴时能照四十五里,并有雾炮。

资料来源:〔清〕朱正元:《浙江省沿海图说》,中国方志丛书,成文出版社有限公司 1974 年版。

二、渔民

明末王士性在《广志绎》中对浙江不同区域的经济形态和民俗风情作了准确的概括:

> 两浙东西以江为界而风俗因之。浙西俗繁华,人性纤巧,雅文物,喜饰鬐帨,多巨室大豪,若家僮千百者,鲜衣怒马,非市井小民之利。浙东俗敦朴,人性俭啬椎鲁,尚古淳风,重节概,鲜富商大贾。而其俗又自分为三:宁、绍盛科名逢掖,其戚里善借为外营,又佣书舞文,竞贾贩锥刀之利,人大半食于外;金、衢武健负气善讼,六郡材官所自出;台、温、处山海之民,猎山渔海,耕农自食,贾不出门,以视浙西迥乎上国矣。①

如果仅就浙江沿海地区而言,可分为杭嘉、宁绍和温台三部分。杭嘉地区经济在明清时期的浙江省就属于非常发达的地区,其中嘉兴的乍浦港一度成为浙江省的重要港口,所以这一区域的海洋渔民人数很少。该地区沿海的捕鱼船只主要是来自其他地区的渔船。而宁绍地区的渔民则存在半渔半农的特点。即大部分渔民都是一边从事农业,一边捕鱼,完全以渔业为生的人并不是很多。大部分宁绍沿海居民都是在沿海渔汛期加入捕捞阵营中的,一旦渔汛结束,"除渔户终年捕鱼外,农民仍归垄亩"②。这从宁波地区每年渔汛期的捕鱼状况就可以看出来。宁波地区的渔船数量近七千艘,如果以每艘船平均 5 人来计算,其参与捕鱼的渔民将近 4 万人。如 1884 年 2 月 5 日《申报》登载了一封表彰宁波地方官关心渔民生计的来函,内中披露了鄞县渔民人数等信息:

> 敬启者,鄙人生长鄞县之东湖,足下履城市者念有余年。日前宗府宪带同邑绅亲诣东湖,察看冲决塘隄,举办渔团保甲。值此海防吃紧之际,仰见

---

① 〔明〕王士性:《广志绎》卷 4《江南诸省》,中华书局 1981 年版,第 67 页。

② 《乾隆镇海县志》,见《光绪县志》卷 3《风俗》。

府宪之尽心民事,保障海滨,其阅视湖堤殷殷询问,多方指示,允为筹拨公款,赶于年内一律兴工,免使春水泛滥,有碍田禾庐舍,并携带志书,凡遇堰坎无不细加详考。其勤渔团以探捕乌贼渔船为大宗,此间附近各村约以渔为业者不下三四万人,蒙允用官轮船保护渔商。内地外海设立公所,设有渔船被盗以及斗殴各事,只须就近报明公所即为缉捕,每需拟发旗帜、门牌以分良莠,所有从前一切衙厅漏规繁质概行裁减革除。府宪之恩泽渔民籍食官民连络,可谓详且尽矣。闻湖堤之监工委员乃鄞县巡司葛存愿少尉,练达有为,存心公正,举办渔团之委员乃衢山弹压局单立勋参军,现经道宪特调回宁。闻各渔户云櫂山自金匪启兰抗粮拒捕毙官滋事以后,单公与主夫衢以来已历数年,凡有衢岱以及各海山头无不怀德畏武,良善得以安居乐业,绅士则为华志青茂才,素经宗府宪遇有地方河工庙□电报词讼渔团等事,府实倚任愈重,而华茂才之声价愈高矣。鄙人心关时事,恨无寸长,闭户居家,优游岁月,目睹宗府宪如是贤劳,诚吾乡之保障,用特率布敷言聊备贵馆采择,并乞列入报中以申钦仰为幸。①

但根据同时期宁波渔团局的统计数据计算,光绪三十二年(1906)宁波地区渔民总数为 7019 人。② 浙江其他沿海府县也是如此,如温州府永嘉县,内河渔户六十户共 140 人,外海渔户六十五户共 390 人。③ 由此可见其大部分参与捕鱼的并不完全是渔民,这在晚清时期更为明显。当时的渔船更多是雇用形式的生产。就绍兴地区而言,其会稽县专门从事海洋渔业生产的在清宣统年间不到总人口的十分之一,仅四百户而已。④ 因此,就宁绍地区来说,专门从事捕鱼的渔民并不多,更多的是半渔半农。当然如果考虑到宁绍地区商业经济的发展状况及在海洋渔业捕捞总的区位优势(接近舟山渔场及上海消费市场),宁绍地区从事间接渔业加工和销售的人数会相当可观。而温台地区经济比不过杭嘉平原,也不及宁绍,所以在海洋渔业生产领域以温台渔民势力最为强悍。他们除了在温台交界渔场捕鱼之外,在渔汛期间经常远赴崇明和宁绍沿海捕鱼。以舟山为例,其舟山岛及附近岛屿"每岁鱼利,合计当不下数百万民,皆驯良谙习水性,惟台州帮较为桀骜,为匪者

---

① 《东湖月波居士来书》,《申报》1884 年 2 月 5 日。

② 《甬属渔民总数》,《申报》1908 年 1 月 16 日。

③ 《温州府永嘉县光绪三十四年实业统计表》,俞光:《温州古代经济史料汇编》,温州文献丛书,上海社会科学院出版社 2004 年版,第 262 页。

④ 绍兴县地方志编纂委员会:《绍兴县志》,中华书局 1999 年版,第 766 页。

往往出其中"①。而温州"地属海滨,多系采捕,穷民驾扁舟而涉洪波,采取鱼虾觅蝇头以为仰事俯畜"②。总体而言,宁波沿海渔民以宁绍为主,温台为次。就明清宁波沿海从事捕鱼的渔民数量而言,要想统计清楚几乎是不可能的。随着宁波沿海岛屿的开发,大批滨海居民迁往海岛。这些岛民除了在海岛上种植山芋等耐旱作物为生外,其余大部分时间都需要出海捕鱼以维持生计。如《浙江省沿海图说》一书对舟山一地记载:

> 舟山山多田少,每岁仅足三月之粮。山间半已开垦种山芋(亦名地瓜),以佐民食,一遇亢旱,人力无所施。然丰岁亦仅足半年之食,常赖海产以补地利之不足,每于三四五等月(俗名渔汛),卜岁入之丰歉焉。③

岛民的这一生产特点,使我们可以通过统计宁波沿海岛民的数量来大概了解宁波沿海从事捕鱼的居民数量。根据晚清朱正元在《浙江省沿海图说》一书中对于沿海岛屿居民的统计,我们可以知道浙江沿海岛屿居民大概有五万户,而宁波沿海岛屿居民约三万七千户。如果以平均每户 2 个成年劳动力而言,宁波沿海仅岛屿居民从事渔业生产的大约就有 7 万人左右。他们平时在海岛上种植山芋,稍微大点的岛屿还可以种植水稻(人数超过1000 人的岛屿一般都能种植水稻)。宁波沿海岛屿居民主要集中在舟山群岛、象山、镇海及松门附近,其他区域岛民并不是很多,岛屿开发方式与岛屿周边渔业资源的多少是有一定联系的。岛屿居民仅仅依靠农业产量是无法维持生计的,唯有向海洋进军,大量捕捞渔产品,以与大陆居民换取生活必需品。而距离渔业资源越近的岛屿,所能捕捞渔产品的潜在数量越大,供养的人口也越多。

就宁波沿海单个普通渔民而言,其生活是比较艰辛的。尤其是在海岛上的居民,除了种植的少量水稻和山芋外,主要靠渔汛期捕鱼收入。如果运气好,不仅个人能大赚一笔,也能带动地方经济的短期繁荣,这样使人觉得渔民的生活是非常不错的。如 1891 年 9 月 25 日《申报》对宁波的一则报道

---

① 〔清〕朱正元:《浙江省沿海图说》,中国方志丛书,成文出版社有限公司 1974 年版,第45 页。

② 中国第一历史档案馆:《雍正朝汉文朱批奏汇编》(第 5 册),《浙江温州总兵边世伟奏陈革除渔船陋规以清海疆管见折》(雍正三年七月初三日),江苏古籍出版社 1989 年版,第452 页。

③ 〔清〕朱正元:《浙江省沿海图说》,中国方志丛书,成文出版社有限公司 1974 年版,第45 页。

说:"本年渔户出洋米捕,获利至二千余金。因出赀特召京班搭台演戏,兼放烟火,盒子异样新奇,十色五光,令人目为之炫。"①但是渔民这种靠天吃饭的生产方式存在很大的运气成分,一旦渔汛期不能收获足够的渔产品,往往陷入困境,同时还会影响其他以渔业为生者的生路,如鱼贩等,1899 年 7 月 7 日《申报》报道说:

> 宁波访事友人云,东南乡下张渔贩张某等人以本年渔汛不旺,亏累难堪,先后驾舟回乡。穷极计生,探知各处花会盛行,获利非浅,遂于某日纠集多人扮作赌客,至定桥某甲家佯为猜压,旋即入内搜括,不意冥索移时,一无所得,不得已将甲劫去,勒令备银取赎,甲倔强不依,张遂送交地保,令送县请惩,未知县主何以处之。②

由于沿海渔民生计来源的单一,及对海洋环境的熟悉,在捕鱼不能维持生计之时,许多渔民往往转为海盗,危害地方。如 1893 年 7 月 22 日《申报》报道说:

> 定海厅属之岱山,商贾聚凑,人烟稠密,鱼盐两项出息甚繁。岱山又有一镇,名小门,瓦屋数椽,供□菩萨二尊,每当渔船回洋时点香烛供牲醴以示虔诚。渔船停泊之所,每有盗船混迹其间。盖渔之与盗,回一而二,二而一者也。今年渔船出洋,不甚得利即为绿林豪客,竟在定海道头公然停泊,居民被窃,告知营汛。定海镇戎立即饬营捕获,探知小门为盗渊薮,又饬营兵严拿。岱山居民密通信息,帮同擒获至四五十名之多。讯知该盗等大半籍隶台州黄岩等处,收押候办。该盗免脱者,遂迁怒于居民,纠党潜来,将小门地方房屋付之一炬,焚至一日半之久,共毁二百余间。虽有官兵驻扎其间,亦熟视而无可始何。夫养兵所以御盗也,今则盗不畏兵,兵且避盗,是有兵不啻无兵也。国家也何必虚縻奉禄,以养此有名无实之兵哉。③

不仅是浙江宁波的渔民,一些福建赴宁波捕鱼的渔民,如果在渔汛期没有收获的话,往往在此转为海盗,以打家劫舍来维持生计。"每年春冬二汛,闽省渔船往浙江采捕,各计千余艘,从中奸良不一。出洋之后,若逢鱼汛旺盛,则依期返棹。倘遇鱼汛失利,奸梢匪船,游移海面,大则行强抢劫,小或

---

①　《明州琐志》,《申报》1891 年 9 月 25 日。
②　《狡谋难逞》,《申报》1899 年 7 月 7 日。
③　《匪徒纵火》,《申报》1893 年 7 月 22 日。

偷窃割网,靡所不为。"①这种亦渔亦盗的情况,对于政府来说是相当棘手的,也是非常头疼的,因为对渔民和海盗的鉴别非常困难。为此政府在制定有关渔业法规的时候既严格控制渔民出海作业活动,同时通过救济、减免税收等方式,减轻渔民负担,以防止渔民流而为盗。如1885年4月15日《申报》刊登一篇了镇海一地发起赈济沿海无业居民的情况并为之叫好的文章。报道说:

> 日前有镇海施赈募捐小启及公信一函嘱本报亟列入,细读一过而叹此举之法良意美,有足令人拜服者。盖不独其仁德厚意,为可感可泣,即其深智远识更有可钦可佩者也。其中所言镇海自遭法人开战以来,其有力之家莫不迁徙他去,以避风鹤之警,独有贫无力者不能动移,故甘在枪林炮雨之中,而未尝动足。夫所谓贫无力者果何等人哉?按其人数初时已有八千人之多,继而相持日久,战事未已,彼前此他徙者亦反而归,至于约计一万余众。此芸芸者,岂皆鳏寡孤独与夫痴聋跛躄穷而无告者哉。大都此等穷民,多系家于海滨,素无恒产,板屋一椽,家门数口,所以谋衣食者,胥藉烟波一叶,以为口实。此其人沿海各处皆有之,今而适值法人肆扰,一片汪洋无际,为若辈所朝昏而晚暑以代耕织者,忽化而为狼烟鲸浪之区。若辈舍此别无谋生之计,则惟有坐以待毙而已,何从得迁徙之资,即暂时迁移,何从得糊口之计哉。夫若辈既生长海滨,久习于风涛之险,深悉夫水性地势之远近浅深,钓游之地,衣食之乡,言之皆不啻如聚米之可以为山,划地之可以成图。只以际此时势,无可施展之技,则不得不隐忍而无可如何。然忍于一时者,未必能忍而终古也。人情迫而至,于无可如何则铤而走险,亦属必然之势。此等人大半无家眷者居多,即或有之,亦俱能相助于烟波缥缈之际。非若饱食暖衣,画眉靓妆,但知袖手静坐,暇则吸淡巴菰,作叶子戏,以消白昼者,设或愈持愈久,则彼无食可谋,必有变生意外者。有此八千及万余之人数,亦华官一大棘手事也。且此犹易治者,法人在彼,终日游奕而不敢遽而相攻者,彼岂有爱于甬洋各海口哉。特以引港无人,浙海防务又布置处处周密,故徐徐不即发。度彼法人之意,苟非两国言和,则必将有一场血战于浙江洋面。观其购延引港人甚为汲汲,孤拔在宁以西人之引港者索价四万至七万嫌其太巨因电致巴德诺脱,请其在沪代雇宁波轮船之引港。巴使误会雇得

---

① 周宪文:《福建省例》卷23《船政例》,"渔船饬令照式书写分别刊刻船户姓名字号",台湾文献丛刊(第199种),大通书局1999年版,第625页。

之后，迄无所用。彼之欲雇引港至于如是之急，设有汉奸引诱，告知法人，以此种人深知水性，熟谙海道，法人因而悬重利以啖之，则此辈正在无可为生之时，忽有此绝处逢生之地，岂有不为所诱者。虽曰法人在口外，若辈在口内，一时不易联络，然暗中潜煽，安知无人，一或内变，其患滋大。故讲前者早经著为论说，谓沿海居民凡有谙于海洋业为捕渔者，皆当援照左侯相在两江时兴办渔团之法，编其丁口，籍为保甲，教以步武，使之守望相助，或竟招入兵籍，以防他变。原亦虑此辈或有意外之虞。今镇海沿海各居民至于无可谋食，不能迁避，而犹能坚忍不动，则其人亦类多略知大义，不肯蠢动，于以益见本朝德泽之厚，与夫官宪教化之深，实皆可怜而更可感者也。顾有此若干之良民而竟听其辗转于沟壑，则又安忍？于是各绅禀请邑侯首先捐廉，先为施粥之厂，日已需米二十余石。现在改为发米，则去者已归，人数更众，需米更多。此而苟无人焉为之别筹良法，其何以计长久。乃镇海各同人皆深知此意，亟思援手，不得已而书启征捐，以期众擎易举，集腋成裘。此诚莫大之善举矣。第恐法人近日虽已有言和之信，并传闻三月朔日为停战之期。然即使法兵初退之后，若辈一时尚难全苏，所以善其后者尤不可无款。故苟有见此启而慨为捐助者，不特为镇海一隅计，实亦为中国大局计。不但博施济之仁声，亦且杜奸宄之穷发，是一举且不止两得也。呜呼！自东南各善士办理赈务以来，历有年所，而南北数省之地，凡有灾区均沾实惠，实足以辅官赈之所不逮。而近年以来，直隶及山东赈务犹未能止，再加以镇海筹捐，似乎财源将匮，殊有为难之势。然而灾荒连年不绝，而各省灾黎绝未闻有某处迫于饥荒以至滋生事端猝有变故者。一则由于本朝深仁厚泽，有以入人之口浃乎髓而沦乎肌。一则由于东南各善士义粟仁浆赶先□助，俾中泽哀鸿得以安集，不使铤而走险。盖自古办赈以来，从未有如今日者矣。事既有益于国家，则一粟一丝亦足以千古。目下镇海施赈尤为先务之急，吾知慷慨解囊襄成义举者必不乏人也。余因此举之仁义并至智识兼优，故乐为书之如此。[①]

　　另 1904 年 9 月 26 日《申报》报道说：宁属各渔户因今岁墨鱼收获不佳，齐赴船局领请暂免照费，俟来年一律呈缴局员胡大令禀请宁波府尊喻太守转详省宪，现已邀准，遂于某日出示晓谕矣。[②]

---

①　《论镇海施赈之善》，《申报》1885 年 4 月 15 日。

②　《甬江杂志》，《申报》1904 年 9 月 26 日。

第二节　近代宁波海洋渔业经济活动

近代以来,随着社会经济与技术条件的进步,也推动了宁波海洋渔业生产的变化与进步。大量的渔船在近海从事捕捞,渔民对海洋渔汛期的把握更加细致,船只的专业分工也更加合理。在捕捞船只之外,渔业生产过程中还出现了专门用于加工和收购的冰鲜船只,家族式的传统生产企业也逐渐产生并发展起来。而人与自然之间的矛盾也在这一时期产生,过度捕捞的现象导致很多禁令在地方出现。而宁波海洋渔业销售区域也随着整个江南经济的变化而扩大。与以前大量海产品在宁波本地及其他浙东地区销售相比,近代以后,随着大批宁波人迁徙上海等地,宁波海域所出产的海产品主要运送上海等外埠销售,或转运出口。

一、近代宁波海洋渔业生产

进入近代以后,宁波渔民海洋渔业生产的条件与能力都有所进步。到清代末期,宁波沿海渔民对渔汛期的时间和海域有了更加准确的认知,他们往往针对不同的渔汛驾驶装载不同渔业捕捞工具的渔船前去捕捞(见表4-4)。

表 4-4　晚清宁波沿海海产一览

鱼船名色	鱼时	产地	鱼品
溜网船	春季:三月起,六月止	嵊泗	鳓鱼为大宗,箸鱼
	冬季:九月起,次年二月止	东西霍外及东洋界	沙鱼为大宗,蟹、红头鱼(五种),沙鱼鲞、箸鱼销外杂品
张网船(连抛钉船在内)	春季:清明起,夏至止	尽山、黄龙、泗礁出小黄鱼;大羊山、小羊山、衢山、岱山、尽山出带鱼干、墨鲞;黄龙、泗礁出墨鲞;各沙头出海蛇;海鳐出尽山	小黄鱼干、带鱼干、墨鱼、墨枣、鳜、鲳鱼、鳓鱼、黄鱼
	秋季:夏至起(六月打椿),半秋七月底止,全秋重阳止		海蛇
	冬季:重阳打椿起,早年底止,迟则清明止		诸鲚、淡菜、海鳐
大箱船	春季:清明起,夏至止	大羊山、小羊山、衢山、岱山、大七、鱼山	黄鱼居多,鲳鱼、鳓鱼

续表

鱼船名色	鱼时	产地	鱼品
墨鱼小对船	立夏起,夏至止(视节气为迟早)	尽山、黄龙、泗礁、东西霍、青滨、苗子湖、南洋,又台州目色,衢港大水黄鱼	淡墨鱼鲞、咸墨鱼鲞、大水黄鱼、鲳鱼、鳓鱼
春对渔船	清明出门,夏至回洋	衢港、泗礁、岱山、大羊山、大小七、小羊山、鱼山、沥江洋面、南洋界、青滨、苗子湖、尽山、黄龙	大黄鱼、小黄鱼、鮸鱼、鲳鱼、鳓鱼、裹港各鱼、爵鲞、虎鱼、鳗、杂鱼
秋冬对渔船	六月终或立秋起,中秋后或重阳回	衢洋、大羊山、泗礁、岱山、小羊山、青滨、黄龙、苗子湖、尽山	米鱼、大黄鱼、鱿鲞、虎鱼、青鳝
	八月底出洋,次年清明后回	尽山、南洋、黄龙、青滨、衢山、苗子湖、岱山、大小羊山	带鱼、小黄鱼、鲨鱼、鲞、鳗、虎鱼、大黄鱼、除杂不备录
冰鲜船	春:正月底起,夏至止	尽山收、大小羊山收、衢山收、岱山收、南洋收、泗礁收、小沙等沿路收	鲳鱼、鳓鱼、墨鱼、大黄鱼、小黄鱼、鳗、虎鱼
	秋:六月底起,中秋止	尽山、黄龙、泗礁、大小羊山、衢山、岱山收	米鱼、桂花黄鱼
	冬:中秋后起,次年正月止	同上加南洋	大黄鱼、小黄鱼、带鱼、虎鱼、鳗
建帮钓鱼船	春:二月来,端午后去	尽山、黄龙	捕杂鱼(只备自食)
	秋:八月来,来往不息	大羊山、小羊山	带鱼为最,在沈家门售卖
	冬:常川,均转沈家门停泊	衢山、岱山	

资料来源:〔清〕沈同芳:《中国渔业历史》,《万物炊累室类稿:甲编二种乙编二种外编一种》(铅印本),中国图书公司1911年版,第37—39页。

从表中我们可以看到,宁波沿海一年四季都有渔汛。在此我们需要注意的是,宁波沿海的渔汛并不是稳定不变的,渔汛的发生受冷暖空气的影响非常明显。以舟山渔场的带鱼汛为例,其渔汛一般从立冬开始,到第二年的雨水,渔汛期为三个月。秋冬季北方冷空气的南下会导致海洋上出现外海暖水减弱和沿岸冷水扩展的情况,这会使原来在江苏沿岸的带鱼纷纷南下,聚集在宁波近海,构成冬季宁波沿海的带鱼汛。这时候如果南下冷空气过强,不仅会影响出海渔船作业,更会导致海水温度下降,促使鱼群继续南下,这样会大大缩短渔汛周期。对于气候变化和渔业生产的关系,宁波有很多

渔谚可以反映出来,如《镇海县渔业志》载渔汛习语:

小黄鱼汛:有"春分起叫攻南头"(洋鞍渔场);"清明叫谷雨跳";"清明南洋旺风、谷雨北洋旺风","南洋捕足本、北洋捕来分","三冬靠一春,一网双满船"之说。

大黄鱼汛:习称"洋生汛"。立夏称"花水",小满、芒种为"正水",夏至叫"煞水"或"夏至鱼头散"之常规,谓之"四水洋生两头花";也有"三水洋生两头花"之说。俗有"大麦黄、渔事忙,大麦割、黄鱼发"和"春雪满山、黄鱼满滩","起水"开捕、"大水"发鱼、"小水"休渔之惯例;但也有"十五十六回洋转,十七十八鱼满船"之说。处暑至寒露称"桂花黄鱼汛",俗为"八月小洋生"。

目鱼汛:有"立夏上山,小满撞山,夏至离山"之说;"正月十四亮,乌贼在外洋,正月十四暗,乌贼爬山头"。

鳓鱼汛:"俗雨到渔场,立夏赶卖场,大暑(六月廿三)大谢洋";有"五月十三鳓鱼会,日里勿会夜里会,十四晚上一定会"和"小小鳓鱼无肚肠,一夜游过七爿洋"之说。

带鱼汛:"立冬到渔场";"小雪小捕、大雪大捕、冬至前后旺捕","浓霜猛日头、带鱼勿用愁","带鱼两头尖、勿离海礁边"之习语。

海蜇:"南瓜花开,海蜇飘来","海蜇虾当眼","稻草绳包黄金"。[1]

近代宁波海洋渔船仍然是按照传统的捕鱼方式进行作业,每次渔汛大多只能捕捞三次,能否收获渔产品,很大程度上要看运气。每当捕鱼之前船头须向地方政府提出申请,经同意后才能购买出海所需的粮食,所以每年浙江沿海米价都会随渔汛期产生波动。渔汛期间,米价都会有不同程度的上扬。[2] 而在渔汛前后,"各处销场亦不大畅,市中米价因之略跌。高等之米,每石较前价已廉四五角之数;次米价值亦相继而减"[3]。出海捕鱼船只,一般都按照自身所载捕鱼设备捕鱼,虽然在渔汛期"获利颇厚,然株守成法,未能改良进步"[4]。捕鱼方法的落后,不仅导致渔民转变为海盗风险的加大,也使一些竭泽而渔的捕鱼方式层出不穷,其典型的方式就是投毒。但这种方法不仅会使渔业资源枯竭,造成下年渔汛捕捞量的下降,更重要的是,这种方

---

① 宁波市镇海区水产局、宁波市北仑区水产局:《镇海县渔业志》,1992 年,第 108—109 页。

② 《月湖渔唱》,《申报》1897 年 5 月 7 日。

③ 《甬郡米价略廉》,《申报》1908 年 4 月 23 日。

④ 喻长霖等:《台州府志》卷 61《风俗志下》,成文出版社有限公司 1970 年版,第 901 页。

式捕捞上来的渔产品对人体的害处也是显而易见的。为此,19 世纪 70 年代初,浙江宁波府出台规定:"严禁渔户不准用雷公藤毒鱼虾等,一则以免生灵涂炭,二[则以]免民患恶疾云。"①不过从实施情况来看,多浮于形式,用药物投毒捕鱼的方式仍旧存在。如 1891 年 7 月 24 日《申报》报道说:

> 日来各乡渔船,多以毒药掺和富阳灰投入水中,以为一网打尽之计。药性甚烈,一经投入,不论鱼之大小,立刻皆毙,即可以满载而归。乡人贪买便宜,食之多呕恶泄泻,即河水亦不可汲饮,饮者疾疫丛生。因害物而复害人,实为地方之大害,不知良有司,亦思严禁而痛惩之否也。②

到 20 世纪初,张謇筹建江浙渔业公司后,开始引进西方先进捕鱼技术,在舟山海域使用"福海"轮船进行捕鱼。不过大规模的渔业生产技术革新要到民国时期。

近代宁波这种传统的捕鱼方式,对渔民的影响是非常大的。以墨鱼为例,宁波的捕捉地在舟山群岛。墨鱼捕捞上来之后,仅在背上划几刀,用盐腌后,放在海滩上晒干,不取掉鱼骨,等到包装时,鱼干上仍留有大量沙子,以此来增加重量,但其销售大受影响。相比而言,当时作为贸易竞争对手的日本,他们制作鱼干就非常认真,在取掉鱼骨后放在席子上晒干,没有一点沙子,所有受到东方各国的欢迎,甚至在宁波也有稳定的销量。而宁波本地的大量墨鱼则被迫由舢板直接运往上海和长江流域各口岸。③

二、近代宁波海洋渔业销售

近代宁波沿海渔产品的销售通常有两种途径:一种是渔民与渔行签订协议,由渔行提供资金进行捕捞,其所获渔产品全部按照渔行规定的价格转卖给渔行;另一种就是在渔民自己拥有渔船的情况下,将捕获的海产品卖给前来收购海产品的商人。后者是近代宁波海洋渔业销售的主要渠道。每年渔汛期间,不仅沿海渔民纷纷出动,商机敏捷的商人也纷纷而来,在渔民上岸区域收购海鲜。这些沿海区域既包括常年开放的港口,也包括只有在渔汛期才会繁荣的渔港。前者如宁波港这种常年开放的商渔港口,后者如仅在渔汛期才出现的象山爵溪渔港。明清时期,由于商渔船制区别不大,港口

---

① 《禁雷公藤药鱼》,《申报》1873 年 12 月 19 日。

② 《月湖波影》,《申报》1891 年 7 月 24 日。

③ 陈梅龙、景泗波译编:《近代浙江对外贸易及社会变迁——宁波、温州、杭州海关贸易报告译编》,宁波出版社 2003 年版,第 63 页。

的功能也未有明显的区分,一般有商船的港口都是可以停泊渔船的。而有商船的港口一般都是比较接近较大的城市,有众多的消费市场。因此在非渔汛期,渔民捕获的海产品一般会运到规定的商业港口去销售,而在渔汛期则集中在专门的渔港销售(见表4-5)。

表 4-5 宁波沿海港口市场分布

港口	市场
镇 海	西北三十里滨海有蟹浦镇,西南二十里有梅墟镇,列肆均颇繁盛,余如江南小港长山桥等处,虽略有市廛,仅备园蔬海鲜供村农之取求而已。
宁 波	自通商以来,江北岸一带商贾辐辏,地方日臻繁庶。
三山浦	三山浦人烟稀疏,惟口内新碶头、大碶头略有市肆。
穿 山	距穿山东南五里之柴桥镇较为繁庶。
象山港	南岸东面有象山县城,西面有宁海县城,北岸东面有大嵩所城,西面有奉化县城,率离港数十里,惟大嵩所城离港止十余里。
舟 山	定海菁华在南半城,厦屋连云,皆菁于沪而起家者,道头亦成市集。此外惟东面沈家门为渔船聚会之所,冬月颇为繁盛。西面岑港日即凋敝。
沈家门	舟山乡镇推此为最,每值冬令,商鱼群集,市面颇为殷蓄,俗亦渐奢。
爵溪所	居民寥落,惟四月渔汛较为繁盛,外来渔户均于城下结茅而居。
石 浦	石浦依山而城,市肆之盛几无隙地,东面沿港,地名盐仓,前系闽帮鱼市,亦颇繁庶。东北十里有昌国卫,卫内半属荒地,惟北面稍有房屋。
健跳所	键跳依山而城,南面临水,城内大半皆山,荒芜不治,惟西门内直街略有小市,近处并无市镇。

资料来源:〔清〕朱正元:《浙江省沿海图说》,成文出版社有限公司 1974 年版。

从表 4-5 我们可以知道宁波一地常年港口主要是沿海各府县周围的港口,而渔港主要有舟山沈家门港、爵溪所渔港及石浦港。关于渔港与地方经济发展的关系,台湾学者刘序枫先生以嘉兴乍浦港的兴起为例,研究其由一个边海渔村发展成东南沿海一大转口港的历程。[①] 如果从渔业运销角度考虑,港口自身的发展对海洋渔业销售点的区域分布也有很大的影响。一般商业繁荣的沿海地区都是临港而居,其集中的人群与消费能力同时也吸引着渔业销售市场向其靠拢。晚清上海港的崛起就是一个明显的例子,随着上海经济发展,以前运销宁波港的渔船纷纷将渔产品卖往上海。沿海渔商

---

① 刘序枫:《清代的乍浦港与中日贸易》,张彬村、刘石吉:《中国海洋发展史论文集》第五辑,台湾"中央研究院"中山人文社会科学研究所,1993 年,第 187—244 页。

在收购渔产品之后,除了在本埠销售之外,更多的是长途运输到其他区域,以获取更多的利润(见表4-6)。随着渔行的出现和专业分工的深入,宁波海鲜不仅由沿海运销到本省内地,而且还远销苏南等地。宁波鲜鱼的出口,特别是黄鱼,每天都有轮船运往上海。鱼用冰保鲜,装在或大或小的箱子里,分别为300斤和60斤。一般在运上轮船后马上开往上海,在天亮之前到达,然后直接送到鱼市,由此使鱼产品的鲜度得以保持。19世纪末"用这种方法运输的鱼估计每年有5万担,价值100万海关两之多"①。而晚清时期宁波大量出现的天然制冰厂为鱼产品的保鲜提供了另一保障。如1877年8月4日《申报》报道:"二十二日下午宁江东冰厂有多人挑冰至鲜鱼船,一人因失足落水,便随波而去,至今尚打捞无着云。"②

表4-6　晚清宁波象山海产品运销市场

地名	船数(大/小)	作业时间	运销地
白　岩	1/10	清明至冬至	北洋及台衢
潭　头	2/4	一年	台衢及本埠
文　山	6/12	一年	北洋及台衢
杨澳山	0/7	一年	本埠
牌头门	籍船10,捕黄鱼、鳓鱼、鲳鱼、鲈鱼等	二月至十一月	运销各地
爵溪大目洋	本籍船140,客籍船2800	夏秋两季捕黄鱼、鳓鱼	黄鱼鲞运销绍兴、萧山及温州,又冰鲜运销宁波、上海、乍浦、江阴等处
怀珠乡			蟹运销宁波
松　澳	本籍船22,捕黄鱼、鳓鱼、白鱼等	一年	石浦、爵溪及就近城市
会通契港	本籍船6,捕黄鱼	一年	运销爵溪及内地
胡家屿	本籍船3,捕蛑蚌、蟹	一年	运销宁波、上海
岳　头	本籍签网船4,捕黄鱼、虾蟹等	一年	贩各城市
昌国卫半边山	本籍船5,产虾皮、鱼	一年	本邑石浦

资料来源:李涞修、陈汉章纂:《象山县志》卷13《实业考·渔业》,成文出版社有限公司1974年版,第1610—1613页。

① 陈梅龙、景消波译编:《近代浙江对外贸易及社会变迁——宁波、温州、杭州海关贸易报告译编》,宁波出版社2003年版,第63页。
② 《挑冰入水》,《申报》1877年8月4日。

在渔业保鲜技术不断提高的情况下,宁波海产品甚至远销至中国内地及境外(见表 4-7)。这里要指出的是,在宁波沿海渔产品销售境外的同时,大量境外的渔产品也进入宁波市场。

表 4-7　同治十三年至光绪四年宁波出口的墨鱼数量

年　份	同治十三年 (1874)	光绪元年 (1875)	光绪二年 (1876)	光绪三年 (1877)	光绪四年 (1878)
数量(担)	86688	37245	56667	17270	22769
价值(海关两)	260064	174586	258292	140882	204346

资料来源:徐蔚葳:《近代浙江通商口岸经济社会概况》,浙江人民出版社 2002 年版,第202 页。

为扩大宁波海产品在外埠乃至境外的销售量,当时宁波地方当局也曾有过积极的努力。如 1880 年初,德国定于当年 4 月在柏林举办渔业博览会,邀请中国政府参加。总理衙门将这一任务下达给宁波府办理。对此,宁波府相当积极,经过两个月的精心筹备,宁绍道亲往阅视筹备的展品。"壁上挂有浙海图及捕鱼各种情形,图画五十幅,海鸟海鱼俱备,又有中国渔家乐各种画轴细腻无匹,鱼共二百种,余一百三十种俱以酒浸,其余则腌之;鸟共五十种,皆极齐整,另一冰厂模形并煮盐场模形,另有渔船大模及网及渔人草房,皆与原物无别,另制渔人十二,大小相同,衣服皆备,又将各网各篓一并备齐,余外又有以鸟捕鱼之船,亦同大小,鸟与人亦立于其上。"①

此后,宁波又参加了 1883 年伦敦举办的博览会,但此次宁波只有限地展出了各种渔船、木筏、渔网及其他打渔工具的模型,还有一个作为捕鱼所必需的设备——冰屋的模型。② 冰屋的作用主要是用于海产品的加工与储存,从中我们可以看到,晚清时期宁波沿海渔民已经能运用天然冰来保存海产品,以保持其在运输中的鲜度。这也是宁波海产品受到国内外市场欢迎的一个重要原因。

① 《大鱼赛会》,《申报》1880 年 1 月 27 日。
② 陈梅龙、景消波译编:《近代浙江对外贸易及社会变迁——宁波、温州、杭州海关贸易报告译编》,宁波出版社 2003 年版,第 8 页。

第五章　近代宁波海洋渔业组织的建立与发展

海洋渔业的生产特点,决定其在海上需要团体协作,再加上政府在海洋渔业领域推行渔船保甲制度,这使渔民之间的生产关系更加紧密。在渔业环境和渔业竞争的双重作用下,明末起,宁波出现了渔民组织的最初形态——渔帮。当单个渔帮在渔业生产中的作用下降及渔帮突破地域限定后,产生了更为高级的渔业自治组织——渔业公所。

第一节　宁波渔民组织的初级形态——渔帮

同内地其他行业一样,宁波海上运输业、海盐业和海洋渔业都有自己的组织团体——帮会。船有船帮,盐有盐帮,渔有渔帮。宁波渔帮产生的具体时间已无法考证,不过从清初宁波存在大量渔帮的事实来看,再结合宁波海洋渔业经济的发展状况,宁波渔帮的产生应该大致在明嘉靖朝后期(1552—1566)至崇祯朝(1628—1644)之间。根据渔业生产的特点,尤其嘉靖年间不安全的海上形势,渔船一般是很少单独出海捕鱼的,尤其是在远离大陆的海域,面对汪洋大海的种种险境(比如狂风暴雨和海盗),单个渔船发生灾难时,其结果往往是船毁人亡。而且,宁波沿海的渔船船制较小,一艘渔船其载员往往不超过 20 人,总吨位在 15～30 吨之间。^① 这就预示其无法装载多种渔业生产设备。"当渔汛充足的时候,就需要专门的船只来进行海上加工,渔业内部的分工就此出现,而这一分工则需要大量船只之间的合作。"^②因此,在这种情况下,渔业行帮组织的出现就相当自然了。

渔帮最早的形态是按照血缘关系结成的。藤川美代子通过对中国福建九龙江口渔村的调查,指出所谓的"渔船帮"是指共享同一个根据港的几个同姓集团形成的,其成员有时会组织船队一起出海捕鱼。^③而当渔船结对出海捕鱼时,其共同的行业管理组织——渔帮的出现就成为必然。在总结嘉靖年间海防教训与经验后,万历二年(1574)正月,巡抚浙江都御使方弘静在"条陈海防六事"中向朝廷提议将浙江沿海渔民按船只编立甲首,以加强政府对海洋渔业的管理。

边海之人,南自温台宁绍,北至乍浦苏州。每于黄鱼汛生发时,相率赴宁波洋山海中打取黄鱼。旋就近地发卖,其时正值风汛,防御十分当严,合将渔船尽数查出,编立甲首,即于捕鱼之时,资之防寇。^④

该方案经兵部审议通过后在浙江沿海实施。此后,宁波渔民出海结队捕鱼通过国家保甲制度的规范而获得政府的认可。

一、渔帮的组织形态

在渔帮组织内部,每一队船中有类似于陆地保甲制度的甲长(另有称牌长)。《万历志》载:"沿海居民以渔为生,甲长管束","每年三月黄鱼生发之时,许其结□出洋捕鱼,五月回港"。^⑤而在单独一艘船中,渔业分工也开始产生。明末王士性在谈到浙江海洋渔业生产时就指出:"惟渔师、柁师与长

① 张震东、杨金森:《中国海洋渔业简史》,海洋出版社 1983 年版,第 112 页。〔清〕昆冈等修、刘启端等纂:《钦定大清会典事例》卷 120《吏部·处分例·海防》,《续修四库全书》第800 册,上海古籍出版社 2002 年版,第 125 页。

② 白斌:《清代浙江海洋渔业行帮组织研究》,《宁波大学学报》(人文科学版)2011 年第6 期,第 81 页。

③ 〔日〕藤川美代子:《闽南地区水上居民的生活和祖先观念》,第二届海洋文化与社会发展研讨会论文集,上海海洋大学,2011 年 12 月,第 179 页。

④ 《明实录·神宗实录》卷 21,万历二年正月乙酉条,台湾"中央研究院"历史语言研究所,1961 年,第 558—560 页。

⑤ 《乾隆温州府志》卷 15《物产》,俞光:《温州古代经济史料汇编》,温州文献丛书,上海社会科学院出版社 2004 年版,第 244—245 页。

年同坐食,余则颐使之,犯则棰之,至死不以烦有司,谓之五十日草头天子
也。"①从中可知,当时渔民之间已有上下等级之分,渔帮出现后,等级制度更
加分明。渔帮的头目称为"总柱",清代宁波渔帮的总柱,往往是豪富绅衿,
有的还捐得虚衔官职,如维丰南公所下属渔帮的总柱陈巨纲就是拥有五品
衔的生员。② 总柱下面还有各散柱。③ 如果算上政府在沿海实行的渔船保
甲制度,那么渔帮最少拥有三级组织(见图5-1)。

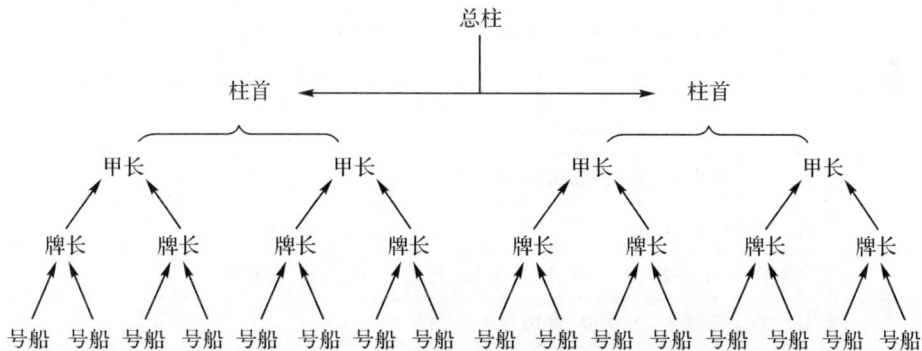

图 5-1　浙江渔帮内部结构

　　在渔帮内部,总柱和散柱不用参与渔业生产,而且还有薪水和夫马开
销,其费用由帮中渔民按期缴纳。如有盈余,"即由该帮存储"④。随着渔帮
规模的扩大,除了在海上捕鱼的渔民外,渔帮内部还有专门从事渔产品加工
和渔产品销售的人员,这点在近代宁波沈家门渔帮中最为明显。⑤ 宁波沿海
渔帮基本以地域来命名,其成员为该区域的渔民,从中也可以看出其具有
"帮"的特性。从地域区划可以看出,宁波沿海渔帮带有一定的区域性,其早
期渔帮的行业特征并不明显(见表5-1)。

① 〔明〕王士性:《广志绎》卷 4《江南诸省》,中华书局 1981 年版,第 75—76 页。
② 勒石永遵碑,2009 年在宁波市镇海区蟹浦镇岚山村海沙路碶闸桥发现。
③ 〔清〕沈同芳:《中国渔业历史》,《万物炊累室类稿:甲编二种乙编二种外编一种》(铅印本),中国图书公司 1911 年版,第 39 页。
④ 李士豪、屈若搴:《中国渔业史》,商务印书馆 1984 年版,第 35 页。
⑤ 陈训正、马瀛等:《定海县志》册 3《鱼盐志·渔业》,成文出版社有限公司 1970 年版,第 269—274 页。

表 5-1　清代宁波沿海各府县渔帮

府	县	渔帮
宁波帮、台州帮、温州帮		
宁　波	定　海	定海帮、岱山帮、长涂帮、秀山帮、梁横帮、螺门帮、钓门帮、高亭帮、沈家门帮、蚂蚁帮、胸山帮、梁衡帮、沥港帮、大平山帮、南峰山帮、东剑帮、西剑帮、六横帮、佛肚帮、湖泥帮、高亭帮、钓山帮、庙子湖帮、鱼山帮、尽山帮、衢山帮、泗礁帮
	鄞　县	湖帮、大嵩盐场帮、姜山帮、姜山伙飞庙帮、青滨帮
	镇　海	镇海帮、北乡帮、江南江北帮、新碶头帮、沙河头帮、蟹浦帮、大碶堰帮
	奉　化	奉化帮、栖凤帮、洞礁帮
	象　山	象山帮、东门帮、爵溪帮
	南　田	南田帮
	属县不详:定桥帮、茅洋帮、陈埠头帮、黄龙帮、横溪帮、南洋帮	
台　州	宁　海	宁海帮、东乡帮、合山帮
	温　岭*	松门帮、石塘帮
	临　海	临海帮、北岸帮、东乡帮
	黄　岩	黄岩帮
温　州	永　嘉	永嘉帮
	乐　清	乐清帮
	瑞　安	瑞安帮
	平　阳	平阳帮
	玉　环	坎门帮、江南帮、江北帮
绍　兴		绍属各帮
嘉　兴	平　湖	白沙湾滩墟各帮

注:* 温岭即台州府太平县。

资料来源:陈训正、马瀛等:《定海县志》册 3《鱼盐志·渔业》,成文出版社有限公司 1970 年版,第 269—274 页;〔清〕沈同芳:《中国渔业历史》,《万物炊累室类稿:甲编二种乙编二种外编一种》(铅印本),中国图书公司 1911 年版,第 37—39 页。

二、渔帮的分布区域与渔业生产

在渔业生产中,渔帮虽是按照地域来区分,但是其活动界限往往超过地域的限定,如台州各帮渔船不仅到宁波镇海、舟山等地捕鱼,有时还远赴崇明等地。① 同时,江苏与福建各帮渔船也会在渔汛期来宁波沿海捕鱼(见表 5-2)。

表 5-2 清代宁波沿海苏、闽渔帮

省府	县	渔帮
江苏苏州府	松江帮、金山帮、奉贤帮、川沙帮	
	崇 明	黄龙帮、泗礁帮
	南 汇	白龙港帮
福建泉州府	惠 安	崇武帮
	泉州帮、淡水帮、白界帮、建帮	

资料来源:陈训正、马瀛等:《定海县志》册 3《鱼盐志·渔业》,成文出版社有限公司 1970 年版,第 269—274 页。

随着渔业分工的细化,渔帮除了按区域划分外,由于所用捕鱼方法的不同,各渔帮在渔业生产中逐渐有了行业的分工。这种分工可能是不同渔帮之间的,也有可能是在同一帮会内部的,其区别主要是看渔帮所拥有的渔船种类(见表 5-3、表 5-4)。

表 5-3 清代浙江宁波府属各县拥有两种及以上渔船渔帮

县	渔帮	渔船种类
定 海	岱山帮	咸鲜船、大箭船、溜网船
	长涂帮	咸鲜船、溜网船、冰鲜船
	秀山帮	咸鲜船、溜网船
	沈家门帮	冰鲜船、大对船、大箭船
	高亭帮	溜网船、张网船
鄞 县	湖 帮	大对船、墨鱼船、冰鲜船
镇 海	新碶头帮	冰鲜船、元蟟船

资料来源:陈训正、马瀛等:《定海县志》册 3《鱼盐志·渔业》,成文出版社有限公司 1970 年版,第 269—274 页。

---

① 喻长霖等:《台州府志》卷 61《风俗志下》,成文出版社有限公司 1970 年版,第 901 页。

表 5-4　清代浙江宁波按渔船划分本地渔帮类别

渔船	渔帮
咸鲜船	梁横帮
大箔船	螺门帮、钓门帮、六横帮、佛肚帮、湖泥帮、大嵩盐场帮、栖凤帮、洞礁帮、象山帮
溜网船	高亭帮、胸山帮、梁衡帮、沥港帮、大平山帮、东剑帮、西剑帮、钓山帮、鱼山帮、沙河头帮、蟹浦帮
张网船	蚂蚁帮、南峰山帮、南田帮
墨鱼船	庙子湖帮、姜山帮、姜山伙飞庙帮
冰鲜船	江南江北帮
高钓船	大碶堰帮

资料来源:陈训正、马瀛等:《定海县志》册 3《鱼盐志·渔业》,成文出版社有限公司 1970 年版,第 269—274 页。

在宁波沿海渔帮渔业作业慢慢专业化和多元化的过程中,定海渔帮在水产品的保鲜和加工方面走在了前面。在七个多元化生产的渔帮中,定海占了五个,除高亭帮外,其余六个帮都拥有冰鲜船和咸鲜船。这意味着,其他渔帮捕鱼的海上加工要受制于多元化的渔帮。尤其岱山帮和沈家门帮拥有自己的陆上加工场地和渔栈,这使其在渔业产业中拥有领袖的地位。[①] 也正因如此,苏、闽外省渔船所捕海鲜基本上都是在沈家门出售。[②] 所以,沈家门港的渔业中心地位与沈家门渔帮的生产特点是紧密相连的。与沈家门渔帮侧重水产品加工业不同,有些船帮侧重于水产品的捕捞,实力雄厚。如鄞县东钱湖帮拥有 548 艘墨鱼船,而鄞县姜山饮飞庙帮的数量更高达 1200 艘。宁波沿海,仅墨鱼船就有 4000 艘,每年四月出海捕鱼,规模壮观。

墨鱼船帮庞大的数量,使浙江海洋渔业制度中的渔团编订章程需要专门辟出一条来规范。1896 年,由丰南公所董事刘孝思拟订的《浙江渔团章程》第 8 条规定:

墨鱼船帮:每船酌收照费洋五角。其洋提缴宁局一千元,以备制旗照并津贴局用之需;余归该帮司员柱首薪水伕马支销。倘仍有盈余,即由该帮存

---

① 陈训正、马瀛等:《定海县志》册 3《鱼盐志·渔业》,成文出版社有限公司 1970 年版,第 269—274 页。

② 〔清〕沈同芳:《中国渔业历史》,《万物炊累室类稿:甲编二种乙编二种外编一种》(铅印本),中国图书公司 1911 年版,第 39 页。

储,以备建造公所之用。每届渔汛已毕,将同帮船数并支销各款分项开列,榜示通衢,以绝浮冒。[①]

而各船帮在捕捞、加工方面的侧重,反映了渔帮之间出现专业化分工的趋势有所加强。

三、渔帮的作用

与其他地区一样,浙江沿海渔民建立渔帮的目的是"抵御海匪,互帮互救,共同寻找渔场和了解鱼情,共同承担并缴纳税金"[②]。渔帮在产生之后,对海洋渔业经济的发展和渔船出海作业的安全曾起到积极作用,而渔帮的集体化作业使渔业在后期的行业分工中愈发明显。在出海捕鱼前,渔帮柱首负责将本帮渔船自行书烙编号,开册报官,过口查验。1880 年 4 月 22 日《申报》刊登宁波鄞县颁布的《绥靖海盗告示》,明确了渔帮柱首在其中的职责:

鄞县正堂石抄奉浙江补用道特授宁波府正堂加三级纪录三次宗为出示晓谕事,奉头品顶戴兵部尚书巡抚浙江部院节制水陆各镇谭札开,照得宁台温州各属内外洋面时有行船被劫之案,叠经札饬严缉,报获者甚属寥寥。若不设法严杜盗□,何以靖海面而安商旅。夫盗匪不生于海中,必藉船只驾驶出洋方能伺劫。前据温处道以领照出洋船只往往影射为匪,请饬各属勒令封蓬烙号,俾资查察等情。即经通饬遵办,恐未实力奉行。查沿海各邑渔船多于商船,其中良莠不齐,较商船更难稽察。定例沿海一应采捕及各色小船,地方官取具澳甲邻佑甘结,一体印烙编号给票查验,方准出口,立法本极周详。现在盗风不靖,自应申明定例,认真编查一次,以清盗源。除委员前赴各属会同查办外,合再札饬札到该府,立即转饬管辖洋面各属遵照,会同委员查照定例,出示晓谕,将境内所有一应商船大小船只,刻日拘集查验,询明船户籍贯姓名,造册登记,编定字号,一律于蓬上船旁大书某号、某船及籍贯、姓名字样,以备稽考而资辨认。毋任匿漏抗延以及新造船只一体报官编写,方准出洋采捕营运,使匪无从影混,缉捕易于得手。仍责成巡洋舟师及守口兵弁并认真查察,如无编写字号者即以匪船论。本部院为绥靖海洋起见,该府务须严饬各属实力遵办,勒限半月内查编竣事,造册申报。本部院

---

① 李士豪、屈若搴:《中国渔业史》,商务印书馆 1984 年版,第 35 页。

② 吴敏:《民国时期江苏沿海地区海洋渔业研究》,2008 年南京农业大学硕士学位论文,第 31 页。

当于查阅海口之便,亲访抽查验视,毋任草率违延及纵书役需索滋事等因。奉此并奉抚宪札委三品衔升用道即捕府郭会同各地方官认真查办,除已札饬传集税行、鲜咸货行,责成催督商渔各船,务各一律于蓬上大书某县某船姓名,不准将字画缩小,编定字号并于船旁烙号书名,俾易辨认。其外来船只未及书烙者亦照温州办法,将该船籍贯姓名就近明白书写方准出洋外,合亟出示晓谕。为此示仰商渔各船暨税行、鲜咸货行并汛口兵役书吏人等一概遵照。凡未经书蓬烙号之船户,务各遵照赶紧书烙,其税行人等务各加紧催督。现奉抚宪通札沿海水师严密稽查,此后洋面遇有不书蓬不烙号之船户,即照匪船论。若各船户抗玩不遵,出洋后被舟师轮船因无书烙作匪船拿获,则身家性命不保,后悔莫及。故此举专为保全良□商渔起见,绝非平日之挂验取费可比。本府已严饬各口书吏兵役不准藉此需索分文,如有藉此需索,准赴本府衙门指控。至于各乡小船户之向不领照者,此次若不书蓬烙号更恐出洋后误认匪船被获。此等小渔船闻向不与税行等经手,应责成何人催督照办,本府已饬县商之抚宪委员妥筹办法。如各该小渔船情愿自邀乡间绅董柱首自行书烙编号,开册报官,过口查验放行,本府自必为之严禁需索分文,亦尽可自邀绅董赴府县具禀也,其各遵照毋违,特示。①

除了负责管理帮内事务之外,柱首还负责出面调解本帮渔民与其他渔帮渔民之间的矛盾。对于重大案件的发生,渔帮柱首需要主动自首,协助官府的调查。光绪十一年(1885)1月13日的《申报》就报道了一件奉化和象山渔帮渔民之间的纠纷,从中我们可以清楚地了解渔帮柱首在其中所起到的作用:

宁郡奉、象等渔户暴悍殊常,动辄恃强械斗,虽当道严申禁令,而若辈悍不畏死,终觉野性难驯。奉帮渔人石涨贵曾欠象帮渔人林阿华之钱,屡向索讨,未经归赵。日前林邀同中人沈鱼来、沈小伙往索,一言不合,石即纠集同帮胡美悌、杨阿乃各逞威武,互相斗殴。林鸡肋不足挡尊拳,以至受伤甚重,控诸定海厅,尚未集训,即由象帮董事蒋某与奉帮董事沈某带同各渔户到府自首。宗太守检查此案,谓本应由定海厅按名提审,姑念各具改过切结,尚知悔过自新,遂将石笞责五百板,胡杨各笞三百板。其奉帮之沈鱼来、沈小伙作中索欠,虽无不合,然听众互殴,致林受伤甚重,其在场逞凶亦可不言而喻,因[应]亦各笞五百,以示薄惩。林伤已告痊,从宽免究,随行文定海厅销案云。②

---

① 《绥靖海盗告示》,《申报》1880年4月22日。
② 《渔人闹案》,《申报》1885年1月13日。

作为渔业基础的组织形态,渔帮在后来渔业公所和渔团建设中起到的作用是不言而喻的。而没有各地渔帮的配合,政府仅靠官兵的力量想有效管理在汪洋大海上漂泊的渔船几乎是不可能的。随着浙江海洋渔业的销售中心由沈家门转移到上海,渔产品的销售市场逐渐被上海渔帮所控制。同时,随着渔业捕捞、加工、销售的发展和渔帮竞争的日益激烈,各地渔帮纷纷以地缘为纽带,成立更加严密的渔业组织——渔业公所。

第二节　宁波渔民组织的高级形态——渔业公所

经过康熙年间的恢复和发展,宁波海洋渔业趋于活跃,政府已难以通过对渔民生产的限制来控制渔民活动。政府除了加强对渔业的管理,同时也鼓励渔民组织对渔民的管理。与明清鼎革之际不同的是,随着海洋渔业经济的发展,渔船出海捕鱼已逐渐突破血缘的限制,同一区域不同渔帮往往会在渔汛期相互合作,而且地域接近的各个渔帮也逐渐联合起来,以协调渔业生产活动。就政府方面而言,与其逐一管理每个渔帮,还不如通过对渔帮联合组织的影响来管理渔帮。在这种情况下,渔业行帮的高级形态——渔业公所的出现就成为必然。

一、渔业公所的成立与分布

就现有文献来看,宁波乃至中国最早的渔业公所诞生于清雍正二年(1724),当时正处于清政府放开渔业生产的限制之际。[①] 当时宁波镇海、定海各帮在鄞县双街成立了南箭公所。同年,镇海北乡帮也在鄞县双街成立了北箭公所。由于其建立年代的久远,两个公所逐渐成为其后成立张网公所的总机关。渔业公所是渔帮在激烈的渔业竞争中加强联合的结果。宁波沿海渔业公所中,有七个是渔帮的联合体,其中四个是外地渔帮在宁波组建的公所,而且大部分成立的年代都是在清朝晚期。说明这一时期的渔业竞争比清初要激烈得多,要想在这个行业取得生存与发展,联合起来是必然的选择,这对外地在甬渔帮来说也是如此(见表 5-5)。

---

① 陈训正、马瀛等:《定海县志》册 3《鱼盐志·渔业》,成文出版社有限公司 1970 年版,第 269—274 页。

表 5-5　清代宁波渔业公所一览

名称	组织渔帮	创立年份	驻在地	渔船类别
南箫公所	镇海定海各帮	雍正二年(1724)	鄞县双街	为各张网公所之总机关
人和公所	定海各岛	光绪三年(1877)	沈家门	大对船冬四百余对春二百余对
品亨公所	定海各岛	光绪二十六年(1900)	舟山	张网船一百二十余只
越州公所	绍属各帮	宣统三年(1911)	吴淞	卤弹船
升平公所	江苏崇明南汇各帮	光绪二十三年(1897)	崇明枸杞南汇	张网船
八闽渔业公所	闽属各帮	同治初年	沈家门	钓冬船四百八十余只
北平公所	平湖白沙湾滩墟各帮	光绪二十二年(1896)	滩墟	张网船四十余只

资料来源:陈训正、马瀛等:《定海县志》册 3《鱼盐志·渔业》,成文出版社有限公司 1970 年版,第 269—274 页。

　　直至清朝灭亡,宁波成立的有年代记载的渔业公所共有 43 家(见表 5-6),其中光绪十八年(1892)到光绪三十二年(1906)十五年间成立的渔业公所就有 21 家,几乎占整个清代渔业公所数量的一半。

表 5-6　清代宁波海洋渔业公所成立年代分类

朝代	渔业公所
雍正(1723—1735)	南箫公所、北箫公所
乾隆(1736—1795)	太和公所、栖凤公所
嘉庆(1796—1820)	永靖公所、老渔商公所、义和公所、义安公所
道光(1821—1850)	
咸丰(1851—1861)	南安公所、临海渔业公所
同治(1862—1874)	协和公所、庆安公所、礼安公所、八闽渔业公所*
光绪(1875—1908)	爵溪公所、人和公所、新渔商公所、维丰南公所、维丰北公所、箫钓公所、镇定公所、北平公所、安澜公所、信远公所、升平公所*、仁和公所、兴安公所、保和公所、品亨公所、南平公所、定岱渔商公所、南汇渔业公所*、永安公所、南定公所、靖安公所、永泰公所、永庆公所、靖海公所
宣统(1908—1911)	元一公所、永丰公所、沥港渔业公所、宁海渔业公所、越州公所

注:带 * 号的为苏、闽两省在宁波创建的渔业公所。
资料来源:陈训正、马瀛等:《定海县志》册 3《鱼盐志·渔业》,成文出版社有限公司 1970 年版,第 269—274 页。

从雍正元年(1723)到民国元年(1912),宁波渔业公所在清代设立的时间横跨了190年。如果我们以十年为一个时段,那么我们可以发现宁波海洋渔业公所在清代有三个发展时期,分别是1723—1752年、1793—1882年、1893—1912年。其中第三个发展期,渔业公所成立的数量明显超过前两个时期,尤其是从1893年开始直至民国时期的4个10年,平均每年都有新的渔业公所设立(见图5-2)。

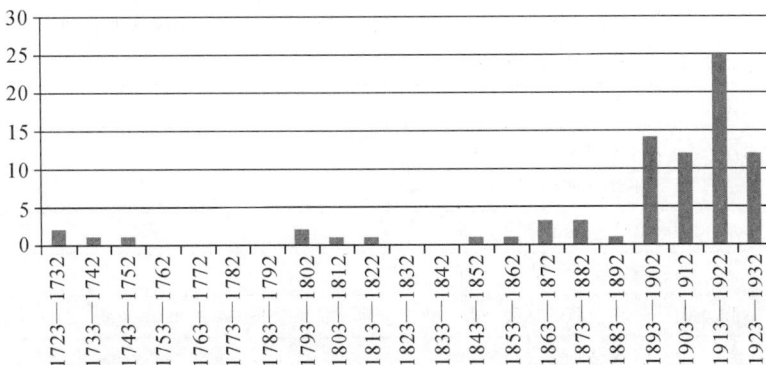

图5-2　宁波海洋渔业公所成立年代时间分布(1723—1932)

从区域分布来看,清代宁波地区的渔业公所主要分布在定海,其次是鄞县、镇海和象山(见表5-7)。设在定海岱山的渔业公所多达十一家。这十一家中有专门捕鱼的协和、庆安等公所,也有负责加工的新老渔商公所和定岱渔商公所。如果说沈家门是渔业销售中心,那么岱山就是渔产品最主要的陆上加工点,因为晚清宁波三个渔业加工厂家公所全部都在岱山。渔业捕捞、生产、销售的区域分布可见一斑。围绕着这两个区域中心的是胸山、珠山、尽山、高亭、象山等渔业销售集散地。

不过,仅凭此我们不能得出定海本地渔业实力和影响力。如果我们将表5-6、表5-7和表5-8仔细比对的话,可以发现最早成立的八个公所,有镇海渔帮创建的有四家,奉化三家,象山一家,而定海只能算半家(南箭公所为镇海、定海渔帮共同创建)。虽然光绪年间定海渔帮创建的渔业公所有十八家之多,但是在渔产品加工和销售环节的六家公所中,定海只占了两家,而且全部在生产环节,销售环节仍由镇海渔帮组建的爵溪公所把持。这种情况的出现,我们以为,渔业公所影响力的大小,不仅仅与其数量有关,更主要是与区域经济发展相联系。相比定海而言,清代宁波镇海、奉化等县的经济更为发达,这为渔业公所的扩张提供了很好的经济平台。当定海渔业公所在晚清如雨后春笋般涌现时,镇海、奉化等县渔业公所则朝向利润更高的加工和流通行业转移。

表 5-7　浙江宁波渔业公所所在地区域分布

县	镇、港	渔业公所
定海	沈家门	永安公所、人和公所、八闽渔业公所
	岱山	协和公所、老渔商公所、庆安公所、靖安公所、定岱渔商公所、新渔商公所、义和公所、义安公所、太和公所、礼安公所、临海渔业公所
	舟山	南平公所、品亭公所
	梁衡	永丰公所
	沥港	兴安公所
	青浜	永泰公所
	尽山	永庆公所、箭钓公所
	高亭	南定公所、镇定公所
	胸山	仁和公所、保和公所、栖凤公所、安澜公所、南汇渔业公所
	钓山	信远公所
	庙子湖	靖海公所
	鱼山	元一公所
鄞县		沥港渔业公所、爵溪公所
	双街	南箭公所、北箭公所
镇海	大衢头	永靖公所
	沙河头	维丰南公所
	蟹浦	维丰北公所
象山	石浦	南安公所、宁海渔业公所

资料来源:陈训正、马瀛等:《定海县志》册 3《鱼盐志·渔业》,成文出版社有限公司 1970 年版,第 269—274 页。

表 5-8　浙江宁波渔业公所归属地区域分布

县	渔业公所
定海	人和公所、庆安公所、靖安公所、定岱渔商公所、新渔商公所、南平公所、品亭公所、永丰公所、兴安公所、南定公所、镇定公所、仁和公所、保和公所、信远公所、靖海公所、元一公所、沥港渔业公所、南箭公所
鄞县	永安公所、协和公所、永泰公所、永庆公所
镇海	南箭公所、北箭公所、永靖公所、维丰南公所、维丰北公所、老渔商公所

县	渔业公所
奉化	栖凤公所、义和公所、义安公所、箭钓公所
象山	太和公所、爵溪公所、安澜公所
南田	南安公所
宁海	礼安公所、宁海渔业公所
其他	八闽渔业公所、临海渔业公所、南汇渔业公所

注:南箭公所为镇海、定海渔帮共同创建。

资料来源:陈训正、马瀛等:《定海县志》册 3《鱼盐志·渔业》,成文出版社有限公司 1970 年版,第 269—274 页。

　　清代宁波渔业公所的名称仍有以地域来命名的,如宁海渔业公所、临海渔业公所、定岱渔商公所,不过这一区域已经突破了渔帮名称的区域。而更多的公所名称已经突破了狭隘的地缘限制,开始向更加符合商业文化和行业特征方向转变。在清代创建的渔业公所,其名称大部分都带有礼、义、仁、信、安、和、泰、丰等商业吉祥用语。值得注意的是,还有些渔业公所是按照行业分工来命名的,如新、老渔商公所就属于厂家,而箭钓公所是专门从事钓船捕捞的(见表 5-9)。

表 5-9　宁波渔业公所名称分类

划分		渔业公所名称
地域	宁波	栖凤公所、爵溪公所、定岱渔商公所、南定公所、沥港渔业公所、镇定公所
	其他	宁海渔业公所、临海渔业公所、八闽渔业公所、越州公所、南汇渔业公所
文化		义和公所、义安公所、人和公所、安澜公所、信远公所、永安公所、协和公所、永泰公所、永庆公所、太和公所、南安公所、庆安公所、礼安公所、北平公所、升平公所、仁和公所、兴安公所、保和公所、品亨公所、南平公所、靖安公所、靖海公所、元一公所、永丰公所、维丰南公所、维丰北公所、永靖公所
行业	机关	南箭公所、北箭公所
	厂家	老渔商公所、定岱渔商公所、新渔商公所
	渔商	爵溪公所
	冰鲜	永靖公所、南汇渔业公所
	钓船	箭钓公所

说明:行业划分与地域、文化划分略有重复。

资料来源:陈训正、马瀛等:《定海县志》册 3《鱼盐志·渔业》,成文出版社有限公司 1970 年版,第 269—274 页。

二、渔业公所的职能与运作

关于渔业公所的职能，我们从奉化渔汛公所的成立过程可大致窥探一二。1907 年 5 月 18 日《申报》报道说：

奉邑沿海居民向以捕鱼为业，每届渔汛，各渔船均驶至定海所属之衢山、岱山、东沙角等处一带洋面网捕。近以海面多盗，该渔民等因自备资斧，置办号衣，雇勇巡护，并在该处分设渔汛公所，延董坐理，以免滋事。日前已公同会议举鄞县举人应朝光、宁海生员邬冠春、奉化廪生沈一桂充当董事，业由各渔民联禀奉化县，请给印谕矣。①

从上述报道可以看出，渔业公所是由地方渔民为防备海盗自发成立的，其董事皆为地方有名望的乡绅，这非常有利于政府对公所的管理。而对渔民而言，渔业公所的董事由士绅担任可以有效地提升其声望，协调与政府的关系。如宣统元年(1909)4 月，定海岱山渔民要求公所董事出面，请求政府将渔盐课由提标中营改为绅办。报道说：

定海岱山等处各渔船所需腌盐课两，向归提标中营营兵经收给引，嗣由各渔户邀请绅董出首，具禀运司改归绅办。近来运司又复札令标营仍照向章办理，各渔户因此集议，拟嗣后改归渔业公司经办，以免多所周折，未识运司能允准否。②

渔业公所职能主要有两方面：一是代表渔民与政府交涉；二是协调公所内部的纠纷，进而维护公所的秩序。

清代浙江沿海经常有海盗出没，为了保证渔业生产安全，除了政府加强对海盗的围剿外，渔业组织自身也雇佣武装力量来保护出海捕鱼的渔船。就宁波地区而言，每年渔汛期，渔业公所就会自行"自雇船保护，名曰护洋船"③。同时，渔业公所还要积极协助政府处理本公所内部违反国家法令、治安及其他危害海洋安全情事。正如时人所言："内地外海设立公所，设有渔船被盗以及斗殴各事，只须就近报明公所即为缉捕。"④在配合政府维护渔业秩序、解决渔业纠纷方面，渔业公所无疑起到了重要作用。这从 1909 年五、

---

① 《渔业公所举定董事》，《申报》1907 年 5 月 18 日。
② 《渔盐又须改章》，《申报》1909 年 4 月 19 日。
③ 《捕鱼防盗》，《申报》1878 年 5 月 7 日。
④ 《东湖月波居士来书》，《申报》1884 年 2 月 5 日。

六月间《申报》的三则报道中可见一斑：

定属岱山南平渔业公所董事沈君禀称，屠仁美等二人黉夜割网送案，请即究办。经史司马研讯，屠仁美等供称本山渔户前月新设登和公所，延聘镇邑刘绅崇照为董事，身等均系该所丁役，梭巡后岙地面，南平公所系巡前岙。昨夜该所巡丁数名过船，诬为割网窃贼等语。司马得供后，知系同行嫉妒，即将屠仁美等交差取保，限令邀同刘绅来定讯断。①

甬郡某渔船于上月杪汛毕回湖，载有盐渍多斤，突被关员查获，照章完税五两以充公川。该渔船心有不甘，遂赴岱山等处扬言关员勒索渔税，亟宜设法抵制。当经渔民会议与洋关为难，并约定于初三月一齐开驶至关前停泊，约计四百余号。果有洋员入舱搜查，该渔民等遂鸣锣掷石，洋员见势不佳，转身上岸饬丁飞报导辕，由桑观察率领卫队驰往弹压不散，并要求道宪勒石永免，势颇嘈杂。观察当即传同该处乡，约董事谕令静候办法，毋得暴动，所有税罚一概免去，各渔船遂解缆而去，其事始寝。②

在维护内部秩序方面，渔业公所最重要的职能就是救济在渔业生产中伤残的渔民及其家属。如甬江渔业柱首于式荣等拟设渔业公所，就要求"凡渔人所售之鱼抽钱汇存所中，作为渔船遭风失足等情抚恤之费，具词禀请宁绍台道立案"。道宪批示云："据禀拟设渔业合顺公所，抽钱汇存，以作渔船遭风失足等抚恤之费，事为善举起见，似尚可行。惟称售鱼每口抽钱二十八文，有无一定斤数，该处渔船约有若干，是否众情允洽，必须确查定议，以杜流弊。"③

2009 年 4 月，宁波市镇海区第三次全国文物普查队在对蟹浦镇古渔港进行调查时，发现了渔业维丰北公所、维丰南公所遗迹，以及《公禁》碑、《勒石永遵》碑④，从而为研究清代宁波渔业公所历史提供了珍贵的实证资料。⑤

维丰南公所和维丰北公所都是由镇海渔帮在光绪十八年(1892)建立

① 《诬控巡丁之理由》，《申报》1909 年 5 月 2 日。

② 《渔民因税滋闹详情》，《申报》1909 年 5 月 9 日。

③ 《月湖打鱼歌》，《申报》1897 年 4 月 20 日。

④ 原文为《勒石永禁》，笔者实地考察后，发现应为"勒石永遵"，本书引用中已改正。

⑤ 信息中心：《蟹浦镇古渔港发现古遗迹揭开渔业公所之谜》，2009 年 4 月 21 日，http://www.zh.gov.cn/zwgk/zhyw/jrzh/200904/t20090421_27991.htm。

图 5-3　《公禁》碑

的。据史料记载,维丰南公所位于镇海沙河头,拥有溜网船 80 余只。[①] 文物普查队在现在的镇海区蟹浦镇岚山村海沙路碶闸桥发现了其遗址,渔业公所及公所议事和渔民出海祭神的张老相公庙已被湮没无存了。不过在这里,有一块立于光绪二十二年(1896)三月的《勒石永遵》碑(见图 5-3)。该碑保存十分完整,高 2.7 米,宽 1 米,厚 0.15 米,合计 807 个字。碑首副题"署理宁波府镇海县正堂加三级记录十二次毕",末款为光绪二十二年三月的告示。告示全文如下:

> 勒石永遵
> 署理宁波府镇海县正堂加三级记录十二次毕
> 出示晓谕事:缘前绪乡维丰南公所董事举人刘孝恩、总柱五品衔生员陈巨纲等禀称,前绪沿海地方,渔船出洋采捕,雇用舵工水手在船帮驾,有失足落水及盗伤病故等情,在所不免,本应各安天命。无如人心不古,遇有前项情事,尸亲人等,往往听人唆惑,藉端吵扰图诈。前经议立章程,称前县示谕有案。[②] 唯当时所议条章,尚有未详,今参酌分项开列,帖送叩请,给示晓谕,并谕庄保遵照等情。到县据此,除批示并谕绪乡各庄保护照外,合行出示晓谕,为此示仰渔户人等知悉。尔等当思受雇出洋,遇有不测,本宜各安天命,

---

① 陈训正、马瀛等:《定海县志》册 3《鱼盐志·渔业》,成文出版社有限公司 1970 年版,第 271 页。

② 这里要说明的是,当时宁波地方有关渔业的法令和判案结果,在相关人等请求下,都会刻在石碑上,以免"诈扰"。而从碑文内容看,这种诈扰情形应非常普遍。因为有关渔业意外伤亡的补偿,由于没有具体的标准,经常产生纠纷。1885 年 1 月 18 日《申报》就报道了宁波一个渔民意外死亡的事件:"宁波渔户陈甲雨笠烟蓑,生涯不恶,日前伙伴某乙临流举网,网余偶不小心落水身死。陈照章给以丧葬之资,奈伙之家属并不感恩,只图诈扰。陈因邀集众渔户集资会议,嗣后凡遇此等事酌给妻子月钱若干,其无子者寡妻赡助终身,据情赴府领求给示泐石。宗太守阅禀之下,嘉其仁至义尽,准其所请,泐石遵守,禁止诈扰,并行县立案云。"《渔户推仁》,《申报》1885 年 1 月 18 日。

不得藉端滋扰。今该董柱等议定妥章，死则有棺殓之费，而生则有养赡之资，洵属仁至义尽。自示之后，各宜恪遵定章，听候公所给领。如仍敢听唆诈扰，一经该公所董柱等指名禀告县，定即钤提到案，从严究办，决不宽贷。其各禀遵毋违，特示：

计开

一、渔船出洋，共糜安澜，诚为幸事。万一舵水人等，有失足落水毙命者，如尸身已获，由船主带同尸亲向公所领衣棺盛殓钱贰拾千文，并领埋葬棺魂钱贰拾千文。倘尸身无获者，虽毋庸棺殓，而其情可悯，应共给钱三拾千文以示区别。

一、遇盗戕命，情形颇惨，除给衣棺盛殓埋葬招魂等钱肆拾千文外，另行给钱拾千文以示体恤。

一、在船病故与别项死事有别，除给衣棺盛殓钱外，本无庸再给钱文。然或无资埋葬，情亦可悯，应酌给钱拾陆千文。

一、船人两失，论章不给分文，盖以船主船已乌有，安有余力再给恤钱。惟念同是殒命，因船失而无钱可领，实属向隅。今每名由公所酌给钱拾贰千文，庶几一视同仁，无遗憾焉！

一、舵水人等遭风遇险，以及失足落水，遇盗殒命，业经议定章程，给发棺殓埋葬等钱，然此等特为死者计也。而其父母妻子艰苦无依，言之更觉悚然。今于照章给发之外，每月再给钱伍百文，以资养赡，其领月钱执照，由公所给发，详明登册，每年分陆月贰拾、拾贰月贰拾两期，凭执照向公所领取，扣足伍年为满，满后不给。如死者并无父母妻子，不给月钱，由公所加给钱拾千文。有父母妻子而不愿领月钱者，亦由公所加给钱拾伍千文。

一、议给前项钱文，除月钱系公所筹款散给，其余棺殓埋葬等钱均由船主先交公所，然后公所照章给发尸属收领，倘船主意存观望不先交钱，则公所置之不问。

光绪贰拾贰年三月

告示

根据整个碑文的内容来看，我们对清代渔业公所的运作有了较为直观的了解。首先，渔业公所的负责人为董事，其次为总柱。董事和总柱都是由拥有较高文化层次的士绅担任，这样就便于和官府进行沟通，因为其与官府的联系比渔帮更为紧密。其次，就告示的出台过程来看，公所先拟定章程，经县府认可后颁布施行。作为渔民生产的组织者，渔业公所对生产中的一些意外事件,承担一定的连带责任,并提出解决办法,以免影响正常的渔业生产。另外,渔业公所与其他行业公所一样,都承担了地方"公益事业管理职能"①。不过从碑文的最后一条我们可以看到,渔业公所的规章并没有硬性的约束力,如果船主有意违反规定,公所并未提出一个切实可行的监督方案,碑文的规定只是一个行业性的指导意见。此时的渔业公所,还仅仅是维系政府和渔民的一个中间组织,对渔业生产管理和渔业秩序维护更多的是靠公所董事个人的威信,而不是行会规定。一旦董事的威望下降,其执行力便会大打折扣。如 1909 年 6 月 14 日《申报》报道说:

> 定属岱山地方渔民王某,近因鱼胶被窃,鸣捕追查不允,即纠众将捕技殴伤,厅主赴岱弹压,缉获到案。该帮渔民数百人蜂拥至公堂大肆咆哮,司马手持长刀厉声嘶喝,如敢聚众滋闹,格杀勿论。该渔民惧,始有稍稍散去。事后由公所董事张瑞甫向官乞释,而王某等业经厅主严惩,已属不及。于是该帮渔民以谓张董毫无势力,又聚众将公所捣毁一空,张亦致受殴辱云。②

同时,地方官吏为了自己的私利,也会做出损害公所形象的事情来。如1879 年 12 月 9 日《申报》报道:

> 宁关道书吏黄甲,近在沙井头杨姓娼家包娼开赌,又私立护渔公所,惯放渔户之债。其弟黄乙倚仗兄势,平日欺诈渔户,无所不至。兹闻有某甲等被黄甲诱至娼家聚赌,旋因勒索赌欠,彼此争闹。经地保绅民等出为排解,不致酿成人命。当即禀诸府宪,邻人王兆山亦赴府具禀。宗太守立即详明道宪,请将书吏黄甲发县外,仰鄞县即提黄甲黄乙,传集王兆山等并该图地保,严究如何聚赌索欠,私立公所索诈渔户情由,再行详办云。③

光绪三十年(1904)六月,政府就发现浙江台州协标候补守备张鸿飞"捏造府示,私设公所巡船,诈扰商民、渔户"④。因此,强化对渔业及渔民的管理,仅仅依靠渔业公所的力量是不够的。

① 周执前:《清代前中期的行会、行会法与城市管理》,《湖南文理学院学报》(社会科学版)2009 年第 3 期,第 78 页。
② 《渔民聚众之强横》,《申报》1909 年 6 月 14 日。
③ 《革办书吏》,《申报》1879 年 12 月 9 日。
④ 《清实录·德宗实录》卷 532,光绪三十年甲辰六月丁巳条,中华书局 1986 年版,第82 页。

第六章　晚清政府对宁波海洋渔业的管理

　　1840 年鸦片战争之后,随着政府对海洋控制能力的减弱,明清时期的海盗问题变得再次严重起来,影响到正常的海洋渔业生产安全。与此同时,日本、俄国等中国邻国开始深入中国沿海掠夺渔业资源,抢夺中国海洋渔业销售市场。面对这些新的因素,在清廷日益衰弱的晚清时期,政府开始逐渐引进西方的先进管理方式,并结合已有的传统管理模式,力图寻找到更加有效的方式以应对内忧外患的海洋渔业危机。

第一节　晚清时期海洋危机与政府应对

　　晚清时期宁波海洋渔业危机主要包括日益严重的海盗与外国渔船的侵渔问题。对于前者,政府除了加强对海洋军事力量的投入之外,在国家防卫力量还比较薄弱的时期,允许地方组织武装船只保护海洋渔业的生产安全。而面对西方列强的侵渔问题,在有识之士的建议下,政府开始支持商业性渔业公司的组建,同时积极参加世界级的博览会,加强与世界各国的联系与交流,以推动海洋渔业领域的近代转型与发展。

一、晚清时期的海盗问题与政府应对

　　清代浙江沿海海盗经过清康熙末年的一段沉寂之后,自乾隆末期起再次大规模爆发,并借助鸦片战争之后中国政府对海洋控制力的减弱而呈愈演愈烈的趋势,成为晚清时期威胁国家政权与地方海洋社会稳定的重要因

素。与前代相比，近代宁波的海盗活动更加猖獗。对此各类人群均有见闻，如据著名传教士丁韪良自述：咸丰五年（1855），他从宁波回到普陀岛时，看见有十五艘海盗的平底船从眼前经过，并向停泊在港口里的一些清军兵船开枪，以示藐视。后者装模作样地起锚前去追赶，但很快就回到了停泊处。① 对此，同治间担任宁波知府的段光清也有记载，"洋面多盗，省中行文饬水师护商船出洋。水师畏之，提军叶绍春亦赴镇海催之，仍不出口"②。对于宁波沿海的海盗问题，记录于1891年的《宁波海关十年报告（1882—1891年）》就有详细的记载与分析：

> 沿浙江海岸线，海盗每隔一段时间就很猖獗。在这一时期的最后两三年，这种不幸事件又发生了。1890年12月一群海盗把石浦附近的一艘军舰错当成商船进行袭击，在他们撤退前，有6个海盗被捕获，他们的头被砍下后带到宁波挂在城门外。在台州府海盗有他们的据点。他们在海上大肆掠夺，在陆上也一样，袭击渔村，入室抢劫，还残酷地虐待村民。这些事件引起省内高层官员的重视，但直至1891年，仍没有采取一致的决定，而且没有小炮艇用来把海盗赶入水湾并抓获。③

近代宁波海盗问题的恶化与鸦片战争中国沿海水师受到重创有直接关系。宁波是浙东门户、军事要地，自清初起清廷就加强宁波一地的海防建设，设有卫所哨汛。雍正年间设有昌国卫、爵溪所、石浦前后所、大嵩所、郭巨所、穿山后所、舟山所、中左所。象山、定海还设有游哨、南哨、北哨。另外，穿山、郭巨、大嵩、瞻岐、盐场、足头、应家棚等地设汛数十个。卫、所、汛都有炮台、烽堠桩、寨和战船，设目兵巡岸，并编传烽歌以相互警备。余姚在康熙二年（1663）设有赵家路、道塘、胜山等10个炮台。镇海郭巨所辖三塔山台，有盛乔、高山、观山、眉山、虾□□5个烽堠。穿山后所辖神堂台，有西山、碶头、所后、锅盖、白峰、嵩子山、岭山、撩虾埠、黄崎9个烽堠。象山的游哨，有哨官1员，大小战船34只，兵士730名，东游钱仓、爵溪，西游昌国、石浦，往来巡逻。当然，这些力量主要是对付沿海的抗清势力，兼及海盗。鸦片战争期间，宁波沿海防卫力量遭到毁灭性打击，其沿海水师损失殆尽。其

---

① ［美］丁韪良：《花甲记忆——一位美国传教士眼中的晚清帝国》，沈弘、恽文捷、郝田虎译，广西师范大学出版社2004年版，第82页。
② 〔清〕段光清：《镜湖自撰年谱》，清代史料笔记，中华书局1960年版，第100页。
③ 陈梅龙、景消波译编：《近代浙江对外贸易及社会变迁——宁波、温州、杭州海关贸易报告译编》，宁波出版社2003年版，第8页。

后，宁波沿海虽又调集驻军，但与驻军配套的巡防舰船并没有配备，这就意味着，国家与地方政府对于在海上活动的海盗几乎束手无策。其后，随着第二次鸦片战争、太平军进占宁波及其后的中法战争，清廷加大了对宁波沿海炮台的投入，从附近省份调集海岸防卫官兵。但是对于海洋社会秩序稳定至关重要的水师到光绪初年才得以恢复。同治八年（1869）浙江创建红单水师，不久即遭裁撤。到光绪初年，宁波沿海海盗活动已严重影响往来商渔船只的正常运营，朝廷遂下定决心重组红单护商水师，其兵额为每船兵士 32名或 48 名。光绪十九年（1893）由浙江提督直辖，分中、南、北三路，由管带统领。北路管带驻镇海。光绪二十一年（1895），水师巡防队购置永定、永福、永安、永清小兵轮 4 艘。光绪二十七年（1901）水师由镇海总兵吴杰兼统，并将治海各标营营船改编为三营，分别在宁波、温州、台州驻防。同时，设中、南、北三路分统为辅，其中北路分统驻镇海。宣统二年（1910），水师改编为浙江海外水师巡防队，其兵额减至每船 18 名。①

对外战争导致国家海上防卫力量的极度虚弱，而海军力量的重新建设又需要一个很长的周期。因此在渔汛期，对出海作业的渔船提供保护的重任不得不由国家转向民间。作为宁波海洋渔业生产组织者的公所承担起这一重任，它们纷纷在这一时期募集资金，雇佣护洋船，以保护渔船海上作业。关于民间组织护渔的事件，2007 年奉化市档案馆从莼湖镇桐照村一个渔民家里征集的一批清代档案资料中，发现了同治三年（1864）奉化、象山渔商自筹经费，雇佣船只防护南洋的缴费凭证。② 可见，在沿海水师无法保证海洋渔业安全的情况下，海洋渔业公所组织填补了政府管理的空白点。反之，当国家海洋力量增强能够保证渔业区域安全时，公所自发护渔行为也会自动终止。19 世纪 70 年代，宁波沿海渔业公所纷纷裁撤护洋船就缘于中国海上军事力量的恢复与发展。如 1878 年 5 月《申报》就刊登了对于宁波民间拟增添护洋船被地方政府拒绝的两则报道：

向年宁波之渔船出洋，必另自雇船保护，名曰护洋船。在后因红单船在洋捕盗颇资得力，海面肃清，故护洋船皆置之不用。上年红单船已裁撤，现在各渔户将次放洋，采捕黄鱼，深恐猝遭盗劫，意欲在镇海口设立护洋局，置备枪船梭巡，已挽绅士具禀道辕，尚未知能批准否也。③

---

① 乐承耀：《宁波通史（清代卷）》，宁波出版社 2009 年版，第 22—25 页。
② 1864 年（同治三年）渔民捕鱼交费凭证，奉化市档案馆藏。
③ 《捕鱼防盗》，《申报》1878 年 5 月 7 日。

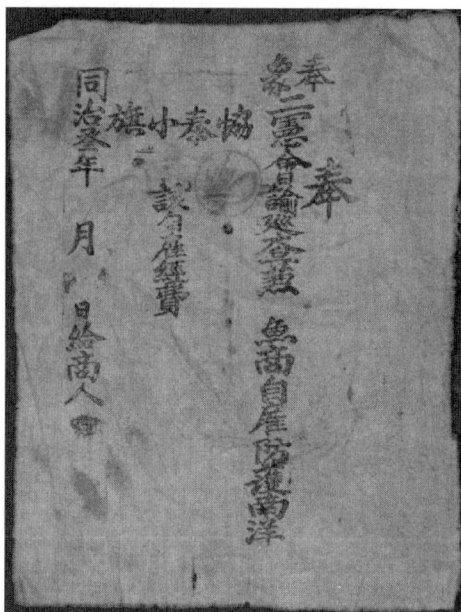

图6-1　1864年(同治三年)奉象山渔民捕
　　　　鱼交费凭证

图片来源:奉化市档案馆提供。

现在采捕黄鱼乌鲗放渔船纷纷出洋,前经绅士禀请设立护洋局藉资保护,具禀道辕未蒙批示。又上年晋捐将次告竣,而豫捐明文又到,不能不竭力筹办。鄞绅陈鱼门太守现在卧病月余,谢客不会公事,即诸多掣肘。前日瑞观察具筵一席,送往陈宅,必欲请见。太守感其意殷力疾入座,观察告以护洋局之设似近垄断,不若任听渔民自雇自护,费虽稍大,较为有益。至豫捐一层,总须仰仗大力佐理。太守谓心欲效劳,其奈病躯不支何,倘得稍瘳,无不竭力也。闻上年晋捐银宁地共二万七千两,颇仗太守之力,今观察踵门与之商议,护洋事小,豫捐事大也。①

　　而国家也在这一时期重新承担了对海洋渔业作业的保护职责。光绪十八年(1892)六月初八日,宁绍台道吴福茨就因近日各渔民相继出洋捕鱼,恐被海盗抢劫,特意乘坐超武兵轮,"巡缉洋面,缉盗卫民"②。对于光绪后期宁波地方政府与海盗的较量,《宁波海关十年报告(1892—1901年)》也做了记述,报告说:

　　尽管有严厉的惩罚措施,但沿海的海盗仍很猖獗,特别是在台州附近。大多数事件发生在来往于这里和上海及长江港口的三桅帆船上,且所受袭击的情况几乎相同。海盗手持武器,上船搬走大量货物,离船时抓走二三名水手作为人质,其他水手驾船开往目的地。遭海盗袭击的事件一次次地报告给本地政府。最近在三门抓住14人,被押至镇海处死。③

　　① 《势绅可靠》,《申报》1878年5月25日。
　　② 《关道巡洋》,《申报》1892年6月5日。
　　③ 陈梅龙、景消波译编:《近代浙江对外贸易及社会变迁——宁波、温州、杭州海关贸易报告译编》,宁波出版社2003年版,第76—77页。

可见其打击效果并不如意。这一时期宁波海盗集团的组织者和资助者也有沿海富户。如道光二十三年(1843)浙江提督在给朝廷所上奏的奏章中就指出："闽洋盗匪近来伎俩,愈出愈奇,竟有滨海殷实之户,合伙出资整理船只,私制枪炮药铅,招集滨海穷民,结为伙党,令其出洋行劫,得赃均分。此风沿海多有,近来即浙省台州府属海滨亦然,而泉州府属各厅县之马巷厅,同安、惠安两县之滨海乡村为尤甚。"①其次,很多海盗就是平时靠打渔为生的沿海渔民。这些渔民在出海捕鱼的时候,如果遇到其他地域比它弱小的船只可能就会变成海盗。当时的浙海关报告就指出,在浙江沿海"墨鱼的捕捞业状况和沿海的不安全有很大关系,许多称之为海盗的人,平常是渔民"②。时任宁波浙海关税务司的佘德(Schjoth,Fredrik 1846—1935)就认为宁波沿海"捕鱼条件的恶化是造成沿岸不安全的因素,这些所谓的海盗只不过是些渔民,因接连几个捕鱼期都一无所获,因此无法继续生存"③。所以他们才会铤而走险,加入海盗的队伍中去。

中日甲午战争,中国海军再次受到重创。为进一步加强对沿海渔民的管理,在清政府的督促下,时任浙江巡抚的廖寿丰于光绪二十二年(1896)下令宁、台、温三府所辖厅县于同年三月一律开办渔团,其章程中就允许各帮渔船自雇船组织护渔。④ 不过在实际操作中,一般是由各帮所在公所出面与渔团、地方政府协调,共同完成渔汛期护渔任务。在渔汛期间,府县札委地方有名望者出面配合渔团局收取保护费,以雇佣护洋船护渔。⑤ 同时渔民也会自备资斧,置办号衣,雇勇巡护。渔业公所董事(通常由地方名望重者担任)则出面协调,以免滋事,并与地方政府沟通,共同维护渔业作业秩序。如1907年5月18日《申报》报道:

奉邑沿海居民向以捕鱼为业,每届渔汛,各渔船均驶至定海所属之衢山、岱山、东沙角等处一带洋面网捕。近以海面多盗,该渔民等因自备资斧,

① 中国第一历史档案馆:《鸦片战争档案史料》第7册,天津古籍出版社1992年版,第374页。

② 杭州海关译编:《近代浙江通商口岸经济社会概况——浙海关、瓯海关、杭州关贸易报告集成》,浙江人民出版社2002年版,第56页。

③ 陈梅龙、景消波译编:《近代浙江对外贸易及社会变迁——宁波、温州、杭州海关贸易报告译编》,宁波出版社2003年版,第77页。

④ 李士豪、屈若骞:《中国渔业史》,商务印书馆1984年版,第34—36页。

⑤ 〔清〕黄沅:《黄沅日记》,桑兵:《清代稿钞本》第一辑(第21册),广东人民出版社2009年版,第227页。

置办号衣,雇勇巡护,并在该处分设渔汛公所,延董坐理,以免滋事。日前已公同会议,举鄞县举人应朝光、宁海生员邬冠春、奉化廪生沈一桂充当董事,业由各渔民联禀奉化县,请给印谕矣。①

从当时宁波渔团局的支出看,除了正常办公之外,相当部分经费用在雇佣营船护渔上了。其护渔力量包括海军兵轮一艘、渔团局自有船只一艘及另雇佣小轮船一艘②(具体支出见表6-1)。这里值得注意的是,作为具有官方背景的渔团局在渔汛期已雇佣现役海军兵轮执行海洋护渔任务。

表6-1　宁波渔团局收支情况　　　　　　　　　　(单位:元)

收入项		支出项	
牌费	14000	局用	5500
验费	4400	营船护渔	1400
总计	18400	总计	6900

资料来源:〔清〕沈同芳:《中国渔业历史》,《万物炊累室类稿:甲编二种乙编二种外编一种》(铅印本),中国图书公司1911年版,第39—40页。

二、外国侵渔活动与政府应对

进入20世纪以来,中国海疆危机进一步加深,法国、英国、日本、俄国分别入侵中国沿海,掠夺海洋渔业资源。由于海关的低税率,大量国外海产品纷纷涌入中国,占领了相当一部分市场。同时,中国频繁的战乱与生产方式的落后导致传统渔业的衰落,而大量渔民由于生活贫困加入到海盗行列,使海洋渔业生产环境进一步恶化。

20世纪初期中国的海洋渔业危机,始于德国、日本侵犯中国主权、掠夺山东海洋渔业资源。光绪三十年(1904)三月,江苏在籍翰林院修撰张謇上书朝廷,希望筹办新式渔业公司,"由各督抚就各省绅商集股试办"③,以新法抵制外人拖船捕鱼,"保卫海权渔界"。同时,在国外水产品还没大举入侵之

---

① 《渔业公所举定董事》,《申报》1907年5月18日。

② 〔清〕沈同芳:《中国渔业历史》,《万物炊累室类稿:甲编二种乙编二种外编一种》(铅印本),中国图书公司1911年版,第39—40页。

③ 《清实录·德宗实录》卷528,光绪三十年甲辰三月壬午条,中华书局1986年版,第25页。

时,先做全局布置,保障渔民收益。① 其建议很快被朝廷批准。光绪三十一年(1905)四月,张謇在商部支持下在上海筹办江浙渔业公司总局,另设江苏、浙江分局各五处,订购德国轮船,用西方新式方法捕鱼。② 作为政府支持下的渔业公司,从其组建之初,江浙渔业公司的轮船就担负舟山群岛海域巡海护渔的重任。从《江浙渔业公司简明章程》中,我们就发现其第1—6条皆是涉及海洋渔业安全的条款:

1. 现购胶州青岛德公司万格罗捕鱼轮船一艘,改名为"福海",以后增船,皆以"海"字排次;

2. 此船现系官款垫购,作为渔业公司保护官轮,由官发给快炮一尊、后膛枪十枝、快刀十把,管驾大副定时督同水手操练,藉以保卫江浙洋面各渔船;

3. 渔船在洋面捕鱼之时,各渔船相距在目力能到之地,设或遇盗,日间悬红白旗于桅顶;夜间悬红白灯于桅顶为号,本轮一见,即速往救;

4. 渔轮保护渔船安全,定章不许丝毫受谢,倘缉获盗船,时将船盗解交就近该管地方官惩办,一面报明本公司;

5. 渔轮三年救护被盗渔船几次随时报明公司存记,汇请南洋大臣奖励管带及水手,原有官阶者酌予保升,平民给予功牌;

6. 向来抛钉大捕张网船捕鱼之处均在海岛附近,渔轮避礁,绝不相犯;溜网船所在,渔轮亦让开地位,决不侵占,其余各船,向来网地销路,一切照常,并无侵扰。③

从上可见,为有效护渔,"福海"轮船装载了重武器,并制定了日常训练与奖励制度,以及海难求救信号。至此,在参考西方经验基础上,中国一整套完备的海上救援制度开始建立起来。同时,章程充分考虑到现代渔业与传统渔业作业海域的划分,以尽量减少发展新式海洋渔业的阻力。光绪三十二年(1906)出台的《江浙海洋渔业股份有限公司详细章程》中,除了肯定渔业公司的护渔职能外,还细化了其经济活动的规定。其中值得我们注意的是,按照该章程的规定,江浙渔业公司总局可以根据"洋面安静与否,随时

---

① 《商部头等顾问官张殿撰謇咨呈两江总督魏议创南洋鱼业公司文》,《东方杂志》1904年第1卷第9期,第147—150页。

② 《清实录·德宗实录》卷544,光绪三十一年乙巳夏四月丙午条,中华书局1986年版,第225页。

③ 《江浙渔业公司简明章程》,《东方杂志》1904年第1卷第12期,第189页。

另调兵轮游弋,协助保卫"①。换句话说,就是渔业公司具有要求海军配合护渔的权利。由于海军重建工作的缓慢与清政府不久被推翻的原因,我们无法得知其规定是否得到有效执行。不过进入民国后,海军介入汛期护渔已成为海军部职能的一部分。

除此之外,在张謇的建议下,清政府对于海洋渔业主权的认知得到加强。渔界海权的确立发端于海防。明代嘉靖年间,政府在商渔船只泊碇出入之地及传统的珠池设汛立墩,"因之有各自独立的海道与内外洋面的概念"②。在晚清海防及海洋渔业危机加深的形势下,政府确定渔业作业区域以作为护渔依据的做法,不仅事关海洋渔业自身发展,也与国家领海主权紧密相连。因此,当时学者对此也做了详细的考察与记载,成书于光绪二十五年(1899)的《江浙闽沿海图说》对于中国江苏、浙江、福建沿海岛屿、海域及渔业区域做了详细说明。③ 其后《中国渔业历史》一书在此基础上对全国海洋渔业区域进行了细致划分。④ 光绪三十一年(1905)意大利政府邀请清政府参加1906年举办的农业赛会,张謇即以"渔业与国家领海主权关系至密,建议政府按英国总兵伯特利所成海图官局第三次原本中国方向书核定经纬线"⑤。就官方而言,中国海洋渔业区域的划分则要到民国时期。

晚清政府采用公司这种民间经济组织形式,一方面引进先进海洋渔业生产技术,提升远洋捕捞能力;另一方面以此为载体,试图替代传统渔业公所及渔团在渔汛期组织护渔的角色。相比半官方的渔团组织,渔业公司的经济职能得到大大加强。在政府支持下,其拥有先进的护渔船只,并且可以得到国家海上力量的支持。就制度建设而言,已经具有了现代护渔体系的雏形。即以官方支持下的民间经济组织为海洋护渔的组织与实施者,而国家海上力量则充当后备力量。在护渔形势严峻的情况下,渔业公司可以以民间行为雇佣军舰从事海上护渔。这不仅有利于提升海洋渔业护渔力量,同时也降低了在外国侵渔情况下产生军事冲突的可能性。

---

① 《江浙渔业股份有限公司详细章程》,《东方杂志》1906年第3卷第6期,第127页。
② 余汉桂:《清代渔政与钦廉沿海的海洋渔业》,《古今农业》1992年第1期,第68页。
③ 〔清〕朱正元:《江浙闽沿海图说》,上海聚珍版印,光绪己亥年(1899)版。
④ 〔清〕沈同芳:《中国渔业历史》,《万物炊累室类稿:甲编二种乙编二种外编一种》(铅印本),中国图书公司1911年版。
⑤ 余汉桂:《清代渔政与钦廉沿海的海洋渔业》,《古今农业》1992年第1期,第68页。

第二节　半官方的渔业组织——渔团

关于渔团的内容,李士豪和张震东两人将渔团归入渔政管理机构。如果从全国而言,这一分类是没有问题的,因为大部分地区的渔团领导是由政府官员担任的。不过具体到各个地区,情况就会有所不同。在浙江,渔团的组建是由政府推动的,但是实施的主体是地方的渔业公所和渔业帮会,这源于当时浙江地方公所势力的强大。就其日后的具体活动而言,渔业公所扮演了不可替代的角色,而地方政府所做的是将渔团的所有活动纳入政府的管理序列而已。因此,笔者以为,浙江的渔团从某种意义上来说,更像是渔业公所的联合,是渔业公所的一个放大版。其管理主要还是按照渔业公所的方式进行,相比之下更具有合法性而已。

一、渔团的建设

渔团建设问题出现在 19 世纪中后期,当时中国出现严重的海防危机,如何动员沿海民众参与海防建设,成为中央政府和地方官员非常关注的问题。晚清早期改良派人士陈炽认为渔人也是一般的平民老百姓,其"畏死贪利之心,亦与常人等耳。平日置诸度外,一旦有事,遽欲编之卒伍,置之前敌,驱之于枪林弹雨之中。虽黄金满前,白刃在后,犹有畏避不遑者,岂区区一纸公文,遂能作其忠义之气乎"[1]。因此,他提出要发挥沿海渔民的作用,就要将其纳入政府常态化的军事管理制度中。而政府在参考乡团制度的建设后,提出在沿海举办类似乡团的地方防卫力量——渔团。光绪六年(1880)八月乙丑,在朝廷首肯下,山东巡抚周恒祺将山东省沿海团练"寓于保甲之中,变通办理。并饬沿海州县,挑选渔户,协防口岸"[2]。光绪八年(1882),两江总督左宗棠奏准在江苏沿海州县渔民中创办渔团。[3] 随后,他任命苏松太道员为沿海渔团督办,"设总局于吴淞口,设分局于滨海各县"[4]。

---

① 〔清〕陈炽:《渔团》,赵树贵、曾丽雅:《陈炽集》,中华书局 1997 年版,第 121 页。

② 《清实录·德宗实录》卷 118,光绪六年庚辰八月乙丑条,中华书局 1986 年版,第 726 页。

③ 〔清〕左宗棠:《饬办江海渔团札》,〔清〕盛康:《皇朝经世文续编》卷 90《兵政 16·海防》,光绪二十三年刻本,第 7 页。

④ 赵尔巽等:《清史稿》卷 133《乡兵》,中华书局 1976 年版,第 3960—3961 页。

光绪九年(1883)七月甲申,左宗棠汇报江苏"筹办海口防务,创设渔团,精挑内外洋熟悉水性勇丁,以资征防"①。光绪十年(1884)初,清政府要求沿海各省举办渔团,浙江省即以大对渔船帮永安公所董事华子清为渔团总董,"稽查渔民,编列保甲,给照收费,以供局中经费开支"②。当年 2 月初,宁波知府宗源瀚带同邑绅查看渔团举办情况,并将弹压局勤参军调回宁波,协助渔团工作。③

　　但当时浙江渔团仅仅办了九个月,因华子清以渔团经费办理本帮大对渔船的护洋工作,不顾其他渔帮的利益,各处绅士联名控告,渔团即被撤销。④ 同年三月,新任两江总督曾国荃下令"上海道速撤渔团"⑤。其原因亦与渔团局人员扰累地方有关。⑥ 第一次江浙地区渔团的组建就这样夭折了。从这次创建过程可以看出,各地情况有所不同,宁波渔团的创办是由渔业公所负责的,而曾国荃下令处分的渔团领导江涵秀本身就是江苏省的一个候补知县。如果说这次渔团建设有所启示的话,那就是渔团的建设离不开政府的支持,但是政府的背景又往往容易滋生弊端。

　　虽然省政府撤销了渔团,但是地方对于渔团的探索仍在继续。1885 年4 月 15 日《申报》发表评论文章,指出宁波开办渔团的必要性和可能性:

　　……孤拔(中法战争镇海之役时法军首领)在宁,以西人之引港者索价四万至七万,嫌其太巨,因电致巴德诺脱,请其在沪代雇宁波轮船之引港。巴使误会,雇得之后,迄无所用。彼之欲雇引港至于如是之急,设有汉奸引诱,告知法人,以此种人深知水性,熟谙海道,法人因而悬重利以啖之,则此

①　《清实录·德宗实录》卷 166,光绪九年癸未秋七月甲申条,中华书局 1986 年版,第326 页。

②　李士豪、屈若搴:《中国渔业史》,商务印书馆 1984 年版,第 33 页。

③　《东湖月波居士来书》,《申报》1884 年 2 月 5 日。

④　李士豪、屈若搴:《中国渔业史》,商务印书馆 1984 年版,第 33 页。

⑤　《清实录·德宗实录》卷 185,光绪十年甲申闰五月丙辰条,中华书局 1986 年版,第590 页。

⑥　《清实录·德宗实录》卷 188:"曾国荃奏:'赣榆县渔团分局委员江涵秀、纵勇滋事。迨经喊控到局。辄敢迁怒旁人。将附贡生董云琕违例刑责。监生董云琪等控县。验明伤痕属实。由县移令交滋事勇丁。复敢始终庇护。延不交案。经委员会同海州提讯明确。'请旨革职究办等语。江苏候补知县江涵秀、于勇丁滋事一案。事前既不能约束。事后复一味偏袒。并将无干之附贡生董云琕擅行刑责。实属任性妄为。亟应从严惩办。江涵秀即行革职。勒令交出首先滋事勇丁。归案究办。以肃军律。"光绪十年甲申六月辛丑条,中华书局1986 年版,第 639 页。

辈正在无可为生之时,忽有此绝处逢生之地,岂有不为所诱者? 虽曰法人在口外,若辈在口内,一时不易联络,然暗中潜煽,安知无人? 一或内变,其患滋大。故讲前者早经着为论说,谓沿海居民凡有谙于海洋业为捕渔者,皆当援照左侯相在两江时兴办渔团之法,编其丁口,籍为保甲,教以步武,使之守望相助,或竟招入兵籍,以防他变,原亦虑此辈或有意外之虞。今镇海沿海各居民至于无可谋食,不能迁避,而犹能坚忍不动,则其人亦类多略知大义,不肯蠢动,于以益见本朝德泽之厚,与夫官宪教化之深,实皆可怜而更可感者也。……①

光绪十九年(1893),王炳钧在浙江台州创办渔团局,"废司营进出号金,并临海县渔商牌照"②。光绪二十一年(1895)二月,朝廷再次命令沿海府厅州县及各防营,"督同地方绅董查明渔户,编立渔团","藉以保卫海疆,免致为敌所用"。③ 其命令的出台恰逢中日甲午海战之后中国军队的惨败。在东南沿海海防空虚的背景下,政府为了重建海防体系,开始组织沿海渔民组建渔团,以期稳定海上秩序。正因为如此,光绪二十二年(1896),浙江巡抚廖寿丰下令宁、台、温三府所辖厅县于同年三月一律开办渔团。由[维]丰南公所董事刘孝思[恩]拟订具体办法,经省府批准后立案施行。其章程如下:

(1)勤编查:合属各帮渔船,散处海滨,非在渔汛之前认真分别编查,不能尽归约束。应由各员董先期分赴各乡村,督率司巡,挨户编册。凡渔船每十船为一牌,立牌长一人;十牌为一甲,立甲长一人。由局重选其干练诚朴者专任之。其偏僻小村,渔船不满十艘者,听其四五艘或五六艘为一牌,务求实际,不必拘定成格。

(2)严互结:渔船领照,必令取具互结,以别良莠。如无互结,即由局董将该牌照扣押,取亲邻确实保结,方准给照出洋。

(3)严连坐:渔船中有作奸通匪者,起初形迹未露,偶被遮瞒误保,后经察觉,当具词禀局,该船犯事,始可与互结之船无干;但不许于犯事之日始行呈报。

(4)定赏罚:渔船出洋,如有奸通匪类等情,其同牌有能擒其首到官者,

---

①　《论镇海施赈之善》,《申报》1885 年 4 月 15 日。

②　项士元:《海门镇志》,临海市博物馆打字油印本,1988 年。

③　《清实录·德宗实录》卷 361,光绪二十一年乙未二月癸丑条,中华书局 1986 年版,第 711 页。

审实后即以该匪奸之船货,酌量赏给,以示鼓励。

(5)严稽查:渔船进出口岸,为鄞、奉、镇、象、定各厅及石浦、乍浦、沈家门等,均由各局董事,督率司巡,切实查验,并按船书篷烙号以专责任,而绝弊窦。

(6)牌照:由局移厅县会印,然后给董收领,凭给渔船,庶厅县既不得置团务于事外,而胥吏亦无从索浮费于渔民。

(7)裁减规费俾渔民乐从:凡渔民向厅县领印照,缴费若干,现照减去二成,实收八成,从前未领厅县照现始编给者。即比较向领县照之船,一律酌减,其大船核收大洋二元,中船一元五角,小船一元。如墨鱼船小对船等,再减收五角,以示区别而资体恤。其各帮牌甲长旗号及墨鱼全帮旗号,均由局办给,不取分文。至查验规费,照营台向收原数,减收五成,以充公用。此外不准司巡需索留难,及勒取羹鱼,以除积弊。

(8)墨鱼船帮:每船酌收照费洋五角。其洋提缴宁局一千元,以备制旗照,并津贴局用之需;余归该帮司员柱首薪水夫马支销。倘仍有盈余,即由该帮存储,以备建造公所之用。每届渔汛已毕,将同帮船数并支销各款分项开列,榜示通衢,以绝浮冒。

(9)宁、定、镇三处:各立县局,以资办公,其沿海各乡村及海岛,有另设分局办理者,有就渔业公所兼理者,因地制宜;选派司巡编查,以资周密。惟奉、象二邑,渔船较少,办理简易,毋庸特设县局,但就沿海渔户繁盛处所,设立分局编查,以节经费。

(10)渔户牌甲名册:并各局董收支清据,每年于十二月间汇造呈送。

(11)渔帮自雇护船:原属渔户等万不得已谋保护生命起见,然误被匪类私护,恐致抑勒之害,嗣后渔户禀请各宪,给发护照,应饬各局董确切调查,并无私护抑勒情弊,始准由局禀请给谕,派弁督带。

(12)经收减成照验各费:除各局支销外,余款俟年终提解宁波支应局专款存储,以便渔团要功之用。①

甲午战争之后,政府对沿海地区的控制力大大下降,而沿海渔团的组建恰好可以弥补这一不足。为此当时清廷对于各地筹备渔团之事予以重视并加以督促。所以,光绪二十四年(1898)九月己卯、十一月戊辰,朝廷先后两

---

① 李士豪、屈若搴:《中国渔业史》,商务印书馆 1984 年版,第 34—36 页。从章程内容看,应只是对宁波渔团局的规定,台州、温州等地的渔团是否也采用这一章程,仍需进一步的文献证明。

次谕令沿海各省督抚将本省筹办渔团情形据实上奏。① 光绪二十五年(1899)正月丙辰,浙江巡抚廖寿丰上奏:"浙江宁波、绍兴、温州、台州与嘉兴府属之乍浦,沿海渔团,办有端绪,以卫海疆。"②至此,浙江沿海渔团的筹建工作全面完成。

二、渔团的职能和作用

渔团开办后,宁属渔团委员为毕贻策、胡钟黔、李炳塈和刘凤岗等 4 人,其经费最初由宁波支应局提供,其后就按照渔团章程向辖区渔民征收,征收项目主要是牌照费。③ 在机构运行初期,渔团局的收入相对较多,除负担自身的运行外,往往还有结余(见表 6-1),并颇为当局注意。如 1910 年 10 月 26 日《四明日报》以《催解渔团验费洋元》为题报道说:

> 宁属渔团盈余照验各费,自从颜令接办以来,未据分文缴解。现在造报期限已逾,万难再延。爰经府宪札催该局委员颜令,将宣统元年分经收前项照验各费洋元,连同销册克日解府,立等核收,报拨请销,毋再迟延,致干差提云云。④

就台州海门渔团局而言,其剩余的护渔经费常常会划归政府办公及慈善经费项下。⑤ 而宁波一地渔团费有拨充官办学堂的记载,如 1910 年 10 月 9 日《四明日报》报道说:"本郡师范学堂前经府教育会职员禀准抚学宪,仍留渔团费洋四千元及厘捐局洋一千元,以充经费。"⑥可见作为渔业重镇的宁波,当时渔团费收入相当可观,而且支出也相当多样。

从浙江渔团局的规章制度来看,显然第二次浙江筹备的渔团过程更加成熟:一方面廖寿丰将渔团纳入政府的管理部门体系,但是又给予其极大的

————————

　　① 《清实录·德宗实录》卷 430,光绪二十四年戊戌九月己卯条,中华书局 1986 年版,第 653—654 页;《清实录·德宗实录》卷 434,光绪二十四年戊戌十一月戊辰条,中华书局 1986 年版,第 700 页。

　　② 《清实录·德宗实录》卷 437,光绪二十五年己亥春正月丙辰,中华书局 1986 年版,第 749 页。

　　③ 《清实录·德宗实录》卷 394,光绪二十二年丙申八月己丑条,中华书局 1986 年版,第 147 页。

　　④ 《催解渔团验费洋元》,《四明日报》1910 年 10 月 26 日,第 2 版。

　　⑤ 〔清〕黄沅:《黄沅日记》,桑兵:《清代稿钞本》第一辑(第 21 册),广东人民出版社 2009 年版,第 206、227 页。

　　⑥ 《拨充师校经费》,《四明时报》1919 年 10 月 9 日,第 2 版。

自主权。就宁属渔团委员而言,毕贻策即为当时的鄞县知县①,李炳堃隶属于浙江水师营②,分局则由各渔业公所董事兼理。宁波渔团局开始是由毕贻策负责,光绪二十五年(1899)三月三十一日转为"镇海县周大令兼办"③。就宁波渔团局的设置来看,宁波渔团局在宁波、镇海、定海、沈家门、蟹浦和石浦设置了分局,沿海各乡村及岛屿渔船较少的地方则由渔业公所代办相关事务。

除了征收渔业税费外,渔团局的责任主要是在渔汛期保证渔业活动安全,而这与当时海上安全形势的恶化密切相关。晚清由于内忧外患,海盗猖獗,而政府水师在洋务运动中开始向近代海军演变,近海安全主要由地方负责。面对海盗活动,浙江沿海负责渔业安全的官方船只,不但无法与海盗抗衡,反而经常敲诈渔船。如1873年4月11日《申报》就有政府炮船抢劫渔船的报道:

仆于上月下旬由上海至普陀山,藉瞻名胜,觉是处重岩峻岭,怪石迭出,得经所未见,往来进香者络绎不绝,诚胜地也。游览数日,即作归计。于本月初一日路过舟山岛一处名沈家门者,为渔舟聚集之所。予过其地,见有中国炮船二只,即所谓太艨者泊焉。是时适有渔船三只,由海外而来,将往定海。炮船上人即下小舟一叶,鼓棹而前,舟中约有五六人,直至首先之渔船前傍船而停,问渔人讨鱼焉。渔人不服争之,诇料寡不敌众,遂得饱恣其欲,而渔人心未平也,一路诟骂不已。其次来之船亦被凌虐。其第三只则船上人多,风力亦大,虽近其船而未能遂其欲,竟将鱼网夺去,复为鱼船中人夺回。当是时也,见之者无不呼以为贼,议论纷纷,而船中人若不知耻,置众论于不闻,徐徐以赃载至船中云。余见其状,亦代为不平,而亦无可如何也。窃思朝廷所设炮船,正为保护商民、缉获盗贼也,岂有保护商民者而反劫商民耶?亦岂有缉获盗贼者而敢为盗贼耶?况船上勇丁皆有钱粮,乃阳为吃粮之人,而阴为殃民之贼,未免有损国威、有伤国体,而深负朝廷恤民之至意耳。夫渔人冲风破浪,经历百苦,聊为糊口之计,乃被若辈抢劫,其中之苦情有不可胜言者矣。④

---

① 《清实录·德宗实录》卷448,光绪二十五年己亥秋七月癸丑条,中华书局1986年版,第904页。

② 项士元:《海门镇志》,临海市博物馆打字油印本,1988年。

③ 《四明官场纪事》,《申报》1899年3月31日。

④ 白眼观世人:《记沈家门停泊炮船抢劫渔船事》,《申报》1873年4月11日。

　　到 20 世纪初,这一情形并未得到扭转,1908 年 8 月《申报》就有两则宁波沿海渔船遭到沿海营兵抢劫的报道:

　　镇海吴统领日前接奉抚宪来电,准端制台电开,上月二十九日、本月初三日,有匪船驶至徐贡山桁地,强抢渔货。船上挂戎字旗,匪十余人,皆身穿号衣,有岱山著匪邱阿法在内,并开枪炮拒捕。事后有船停泊马迹山,经永安兵轮盘查,得腌渍余货,及炮子弹甚多。匪称此船系奉南汇营艇船戎贵清派发。当由兵轮将在船四匪,连船带入关内,请浙洋水师吴统领移县讯办,究竟为兵为匪,必须确查等因。希即将获匪讯供情形,从速禀报,并查拿岱山著匪邱阿法等务获,仍即电复等因。统领接电后,当即遵验,提犯研讯矣。[①]

　　镇海县胡令,日昨接奉浙抚来电后,当即会同吴统领杰将所获之徐阿汉、范金根、徐德顺、戴驼贵四名到案。供称均江苏人,现充南汇水师营勇。四月间,由哨官戎贵清派令巡护马跖积冰鲜船只。内有定海厅岱山人数名同船当勇,两次因遭风,船泊徐贡山洋面。攫鱼放枪,均岱山人所为,伊等实未动手,船上亦无邱阿法之人。次传程阿生等质讯,供词相同。当即饬令还押。旋据吴淞营参将张炳泰等禀称,此船系戎贵清派护冰鲜,因遭风乏食,向张网船讨鱼口角,恳将人船一并释回惩办。后由吴统领移县请释。胡令乃将人船军装点交戎贵清领回讯办,一面据情会衔电禀浙抚察核。[②]

　　正是在海上渔业生产安全日趋恶化的情况,渔团的组建一再被提及,宁波渔团局专门购买了大船作为护渔之用。在这里要注意的是,渔团局的护渔船主要是保护有牌照的渔船。就政府而言,为了加强对渔民的控制,同时保证海上安全,要求出海渔船必须向渔团局领取牌照。如 1903 年 5 月 11 日《申报》报道:"江北渔团局胡明府查自接办以来,各渔户多有未领牌照出洋渔捕,一遇劫夺之事,玉石难分。现届渔汛,诚恐渔民无知,仍蹈故辙。日前特出示谕,凡各渔户出洋捕渔,须先赴局领取牌照,无得违抗,致干查究。"[③]

　　就渔团的其他功能而言,除了第三章提到的战时对沿海渔民的组织和动员作用外,平时还负责与渔业有关的数据统计工作。光绪三十二年(1906),宁波渔团局就对当时宁波府渔民人数做了统计。总计渔民数为

---

　① 《电饬提蕃强抢渔货之营兵》,《申报》1908 年 8 月 6 日。

　② 《讯明营兵强抢渔船》,《申报》1908 年 8 月 7 日。

　③ 《甬郡官场纪事》,《申报》1903 年 5 月 11 日。

7019 人,具体情况如表 6-2。

表 6-2　光绪三十二年宁波府渔民统计

县名	组织	渔民人数	县名	组织	渔民人数
鄞县	25 甲	2435	象山	7 甲	562
镇海	15 甲	1312	定海	25 甲	2038
奉化	8 甲	672	慈溪	—	—

资料来源:《甬属渔民总数》,《申报》1908 年 1 月 16 日。

渔团的各种规约和办法,从实际办理的情形来看,多数地区流于形式,少数办得较好的地区,初期由渔团一家公开向渔民征收费用,对于减轻渔民负担有些作用。而在渔汛收获不佳的时候,渔团局也会酌情减免牌照税。如 1904 年(光绪三十年)9 月 26 日《申报》报道:"宁属各渔户因今岁墨鱼收获不佳,齐赴船局领请暂免照费,俟来年一律呈缴局员胡大令禀请宁波府尊喻太守转详省宪,现已邀准,遂于某日出示晓谕矣。"①

不过,时日一久,渔团局的弊端也逐渐显露出来。首先是内部的贪污腐败问题,如 1905 年(光绪三十一年)3 月 10 日《申报》一则报道:

宁属渔团局前由省宪檄委宁府合办,府尊因委员到局,同资赞襄。去年各渔户豁免墨鱼照费。先由众渔户禀求府尊,后经委员详请照办。今有镇邑职员陈某等联名赴府禀揭委员私图中饱,一面请认是项费款,已经府尊喻庶三太守批驳不准矣。②

1911 年 6 月 25 日《申报》也有一则关于渔团腐败的报道:

宁波洋关稽征委员候补知县颜恭叔大令韬系前方伯之子任,行邓太守兼护道篆时,重以上峰委托,特别加委,兼办镇海渔团局优差,以资调剂。闻稽征差月支夫马七十两,杂费倍之,为分府人员所眼热,今又遥兼渔团优差,骤加阔绰,花丛和酒,挥霍更豪。前月下旬纳郡城名妓林四宝为妾,缴身价一千六百金,藏之金屋。不料河东狮吼,床第间屡起风波,甚至无日不闹,五月十八日竟酿成嫡室吞金如君投水,家人哗救,幸免巨祸。十九日下午,林四宝乘轮逃回郡城,在江北岸澄清楼茶肆对众哭诉如何被颜哄骗,如何受其

---

① 《甬江杂志》,《申报》1904 年 9 月 26 日。
② 《宁波》,《申报》1905 年 3 月 10 日。

荼毒,现将金银衣饰三千余元概被霸吞,狼狈脱身,力求座客代为申诉。适有旧欢正在,劝其赴审判厅起诉。间颜大令已偕其弟老五单放兵轮赶到,得悉情形,老羞变怒,喝令豪奴立将该妓横拖倒拽而去,不致出乖露丑,亦云幸矣。①

　　渔团内部腐败的再次出现,直接导致渔团局在渔民中领导地位的下降,很多渔船开始拒绝领取渔团局的牌照。如1905年5月17日《申报》报道:"现届渔汛,各乡渔船纷纷出口。向章捕黑鱼之船,每艘须赴渔团局领取船照,现局员诚恐各渔船抗不遵领,特于日前移请鄞县高子勋大令派差,由大石碶地方押令各渔船户到局领取船照,始准放行出口。"②而渔团中不办事的"尸食者"越来越多,收入不敷开支。正如当时人们评论的那样:"所谓渔团,已失其原有之本意,而仅成为政府收取税捐之机关,绅董索诈之工具而已。"③最主要的,渔团从渔民手中收取的大量费用,其大部分并没有投入到渔业建设,而是被地方政府挪作他用。如1906年10月8日《申报》关于《改办渔船经费拨充乡约学堂经费》的报道:

　　鄞邑举人郑彬瑞等日前联名具禀宁府署,呈请将宁属渔船牌照余款改归渔户承办,以便将照费分充该处乡约、学堂两项经费。府尊喻庶三太守批示云,此项余款向由局员经收,拨给永安会充作善举,现该绅等拟将此项余款改归渔户承办,并由绅等经理,移缓就急,分充乡约学堂两项经费,同一正用,自应准行,候札饬渔团局遵照可也。④

　　而据1908年8月9日《申报》报道:

　　邓太守日前具禀宁道,略谓印山偿款,除在渔团项下尽数提拨,仅得洋二千一百余元,不敷尚巨。现拟于去岁绅富借款办米项下,暂拨洋五千元,又于临海志书存款内,借拨洋三百元,足成七千四百元之数。惟绅富借款、临海志书两项均须归还,仍拟将渔团款截存,分年摊还。俟各款还清后,所有渔团存款拟即截留,拨作当年印山学款及警察经费之用,将来尚求宪台主持,批准立案。并谓此次印山偿款,交付天主堂,应请宪台派员来郡,会同临海县孙令,将偿款学堂两面一齐交点,掣取李教士收据签字为证。其收据如

①　《红分府妻妾争宠》,《申报》1911年6月25日。
②　《派差押领船》,《申报》1905年5月17日。
③　张震东、杨金森:《中国海洋渔业简史》,海洋出版社1983年版,第32页。
④　《改办渔船经费拨充乡约学堂经费》,《申报》1906年10月8日。

何收法,并恳颁定程序,以便遵行云云。日前喻道据禀已电邀台府来署商办矣。①

　　可见当时渔团局征收的经费被挪作他用,并非个案,而是有一定的普遍性。这种情况当然有损于渔团主要职能的履行。

----

　　① 《筹拨印山学堂赔款》,《申报》1908 年 8 月 9 日。

第七章　民国前期宁波海洋渔业的曲折发展

　　民国时期,相对的和平与国家形式上的统一为宁波海洋渔业的发展提供了较好的外部环境。这一时期的宁波海洋渔业除了大规模的传统海洋帆船捕捞渔业之外,政府还在大力推广机帆船捕捞及近海养殖技术。与此同时,渔民的渔业生产成本也随着税收的加重而提高。民国时期的宁波海洋渔民面临鱼行、渔业公所和政府三方的税收压力。在渔业销售价格被鱼行把持、传统渔业生产方式日趋衰落的情况下,大量沿海渔民开始破产,渔村的衰败逐渐蔓延。为此,政府一方面在上海推行鱼市场的国家统制,另一方面在各地建立渔业教育与技术组织,以推广新式海洋生产技术,并倡导渔业合作组织的建立,浙江省立水产学校及水产试验场先后成立。尽管如此,由于多种因素的制约,特别是随着 20 世纪 30 年代世界经济危机引发的农村经济衰败及日本侵渔活动的日趋频繁,加之日本全面侵华战争的爆发,宁波海洋渔业的衰败态势并未得到遏止。

第一节　宁波海洋渔业生产

　　民国时期宁波海洋渔业生产在传统海洋渔业发展的基础上,开始出现现代化的捕鱼方式。相比前代而言,这一时期的宁波海洋渔业已有了成熟的渔汛期,海洋渔业生产工具日趋精细化,分工也愈发明确。除了传统的海洋捕捞外,大规模的海洋渔业养殖也在这一时期在宁波沿海推广开来。但总体而言,民国时期的宁波海洋渔业仍旧以传统的帆船捕捞渔业为主,新的生产方式占的比重相当微小。

一、民国前期宁波海洋渔业资源开发

民国时期浙江沿海渔业,几乎全部集中于宁波舟山群岛海域。因其岛屿棋布,又有钱塘江之有机物质流入,寒暖二流交汇其间,所以浮游生物甚富,鱼类多栖息于此,故渔业资源极为发达。最重要者,为大黄鱼渔业、小黄鱼及乌贼、带鱼、鳓鱼渔业等。兹分述如下:

(1)大黄鱼渔业:大黄鱼栖息于浅海沙泥之内,春夏之交到近海产卵。初因水温尚低,居于下层,等水温较高时则逐渐上浮。冬季则潜伏外海之下层。其渔期自春分至小满,尤其以谷雨至夏至为最盛。渔场在衢港及黄大洋鱼山、羊山一带,因其地产大黄鱼特多。台州洋及石浦附近,亦为大黄鱼渔场。渔船以临海之红头对,宁海之花头对,温岭之白底对为主。宁属各帮亦不少,均集中于岱山。每年渔汛时,岱山各帮渔船在万艘以上,渔获额每年四五百万元。渔获之大鱼,大都在洋面售于贩鲜船,运至上海、宁波。由岱山、衢山之鱼厂收集制鲞者亦不少,直接间接以大黄鱼渔业为生活者不下十万人。

(2)小黄鱼渔业:小黄鱼渔业为近年来渐行注意之渔业。小黄鱼春季来游近海,以海底平坦之沙泥质,水深约十㖊之处,为最适宜。其洄游状况,自南而北,大都群集而游。故其采捕地点,亦由南而北。冬季至春季渔场在桃花、六横及浪岗之南方,大都集中于沈家门。至清明相近,乃以嵊山附近为根据地。普通在佘山洋捕捞之渔船,以大对船拖网为主,渔获额约在七八百万元。

(3)乌贼渔业:舟山群岛之乌贼渔业,亦占重要之地位。乌贼栖息于海底岩礁之间,四、五月间游至沿海岛屿产卵。渔场北自马鞍群岛,南至桃花岛近海,以中山列岛、青滨、庙子湖一带为最盛。渔期以四月至五月底止为盛期。渔具分乌贼拖网及墨鱼笼、照船、墨鱼排等数种,产额年达二三百万元。晒干制鲞名螟蜅鲞,销江西、福建、广东及南洋。

(4)带鱼渔业:带鱼栖息于远洋之深海底,八九月间,至内湾产卵,其洄游状况大都由北而南,游于水之中层。渔期自九月上旬至十一月中旬。尤以九月下旬至十一月上旬为多。渔场在定海、长涂等处,每年渔获额约两百万元。

(5)鳓鱼渔业:鳓鱼初夏时群游于沿海产卵。渔场以岱山附近为最著名。渔具为摇网、流网、张网。衢港一带,鳓鱼流网颇盛。渔期自清明至大

暑,约一百二十日,产额约十万元之谱,大半销往嘉兴乍浦。

以上为各种主要渔业之大概。兹复以其所使用渔船、渔具为主,将各种渔获物状况列表见表7-1。

表 7-1　浙江各种渔船、渔获物状况统计

渔业种类	船数	人数	渔期	渔具	渔场	渔获物
大对船渔业	约千对		长船:八月至次年五月;短船:八月至次年三月;春船:正月至三月	对网属船洮网类	北起江苏吕四洋,中经嵊山、泗礁、黄龙、马迹、大戢、浪港、衢山、岱山、青滨、庙子湖,南迄东霍东南及韭山洋面	大黄鱼、小黄鱼、乌贼、带鱼、鳓鱼、米鱼、鲳鱼、蟹等
小对船渔业	2500 余对	每船四人至八人	清明至夏至	大对网	衢港、黄大吞及岱山、长涂港等处	黄鱼、带鱼、鳗鱼为主,鲳鱼次之
大箭网渔业	1400 余艘	四人至五人	秋季三月至六月端午最盛	大箭网属敷网类	舟山群岛衢港、洋山、黄大洋一带	大黄鱼,次黄花鱼、鲳鱼、墨鱼、鳟鱼、鳗鱼、鳓鱼、海蜇
溜网渔业	约 2100 艘	每船七八人	四月至八月	流网(大流及小流)	洋东南大小用山、衢山、岱山、乌沙门、庙子湖,舟山群岛马迹及吕四洋	黄花鱼、鳓鱼、鲽鱼、蟹等
张网渔业	1100 余艘		清明至夏秋季	黄鱼张网(即墨鱼张网)及海蜇张网	舟山群岛、台州列岛、乌畇江、南韭山、金漆门、蛇幡等	大黄鱼、墨鱼、鳓鱼、鲳鱼、马鲛鱼、海蜇
乌贼渔业	约 440 艘		四月初至五月底止	笼捕或网捕(拖网)	舟山群岛、中街山群岛,自大西嘴至东伏山止,分东嘴、米拉、花阿张、小板、黄兴、庙子湖、青滨、西鹤、东伏等处	乌贼

续表

渔业种类	船数	人数	渔期	渔具	渔场	渔获物
钓鱼渔业	拉钓30余只；小钓90余只；福建钓船	六七人；十八九人	全年以春秋二季为盛	鲨鱼钩钓	坎门、石浦、青滨庙子湖；沈家门一带	带鱼、黄鱼、鲨鱼、鳗鱼；带鱼
串网渔业	260只		终年		舟山群岛	黄花、虾、蟹、杂鱼
虾罗渔业	70只		二月至六月；八月至二月		上下大陈—江东西廊	杂鱼、虾

资料来源：李士豪：《中国海洋渔业现状及其建设》，商务印书馆 1936 年版，第 97—98 页。

宁波地区因海洋渔业资源丰富，因此外销水产品很多，鄞县、定海、象山、南田等地每年均有大量水产品输出，水产品成为近代宁波对外贸易的重要商品。早在民国初年，宁波就被认为是"在世界上渔业中心名单中排名在前的"①。

二、渔业生产工具的变迁

进入民国以后，宁波海洋渔业渔船有了更加细致的划分，按照其驾驶形式和渔具种类可分为"对船""网船""钓船"和"箭船"。在民国时期宁波沿海渔民根本无力置备机动船，只有行会把头的渔业团体或研究水产机关才有能力作为试办之用。根据抗战前国民党政府实业部调查统计所得，将宁波渔船构造情况略加叙述：

（1）大对船。船长 46.75 尺，阔 7.5 尺，深 4 尺，首高 8 尺，尾高 8.75 尺，中部分做三大舱一小舱，用以盛鱼，大梁前面有四小舱，为渔民安息之所（供有神佛），驶风梁的前面也有三舱，为贮藏食物和饮水之用。桅高 49 尺，舵长 8.25 尺，阔 2.25 尺。造船原料，横材用樟木，直材用松木。根据1935年浙江省水产试验场的统计，为定海 500 对，鄞县 106 对，镇海 6 对，共计 612 对。

（2）小对船。船长 23.75 尺，阔 4.75 尺，深 3.25 尺，有梁三道，□骨八道，首高 1.5 尺，尾高 1.75 尺。根据1935年浙江水产试验场的统计，为定海 40 对，临海 836 对，宁海 320 对，南田 124 对，镇海 10 对，瑞安 31 对，平阳 230 对，乐清 114 对，永嘉 122 对，玉环 628 对，温岭 680 对，黄岩 18 对，象山 120 对，共计 3273 对。

---

① 徐蔚葳：《近代浙江通商口岸经济社会概况》，浙江人民出版社 2002 年版，第 73 页。

（3）大钓船。为母船式延绳钓船，船的大小不一定，船上有舢板船四只。到远洋捕鱼，其作业全靠舢板船，操作者大多数是福建人，浙江以玉环人最多，其他各县很少，因其以浙江的玉环和温岭为根据地而在浙江海面捕鱼，所以也可以说是浙江渔船和渔具的一种。据 1935 年的调查，在玉环的有 157 只，在温岭的有 84 只。

（4）小钓船。为本船式延绳钓船，这种船强固耐用，堪航力大，浙江渔民仿造的很多，船长约 36 尺。据 1935 年的调查，共有 1396 只，计在温岭的 678 只，在定海的 32 只，在玉环的 686 只。

（5）流网船。船长约为 46 尺，据 1935 的调查，计定海为 460 只，临海为 360 只，宁海为 260 只，平阳有 175 只，玉环 175 只，镇海 63 只，温岭 30 只，乐清 25 只，永嘉 27 只，共计 1575 只，其中分为大流、中流、单流三种。

（6）大箍船。又名大捕船，其构造和大对船相同，但船幅比较阔 1～2 尺，可以载重 10～20 吨。根据 1935 年的调查，定海为 240 只，奉化 470 只，鄞县 39 只，象山 94 只，镇海 4 只，宁海 44 只，共计 891 只。

（7）张网船。分为三种，大规模的可载重 10 吨，小规模的可载重 5 吨左右，海蜇张网可载重 5～6 吨。据 1935 年调查，定海 498 只，临海 35 只，温岭 122 只，象山 48 只，南田 46 只，玉环 356 只，宁海 72 只，镇海 49 只，瑞安 197 只，平阳 518 只，永嘉 53 只，乐清 60 只，共计 2054 只。

（8）墨鱼船。有大小两种，大的相当于小对船，惟船身比较长 3 尺左右，多一道梁，小的就是舢板，笼捕船就是"台州小白底"，船长 16.75 尺。据 1935 年调查，全省共有 2610 只：计鄞县 990 只，定海 420 只，玉环 350 只，温岭有笼捕船 240 只，网捕船 422 只，平阳有笼捕船 188 只。

（9）舢板。舢板是一种作业上的辅助船，长约 20 尺，构造简单，造价很低，内河的"落水船""巡荡船"，所谓"渔舟"均属于这一类，在东海大约有 6000 只。

（10）冰鲜船。是一种加工和运销的杂用船，约有 1000 只，分别在上海、南京、乍浦、宁波、临海、永嘉各地，大小不一样。[①]

宁波渔船的差异主要体现在船只所载网具的不同，不同渔船本身的形制差别不大。一般船只长 50～56 尺，阔 10～13 尺，深 4.5～5 尺，载重300～360 担。船壳甲板等直材，多用杉木；而肋骨横梁等材，多用桑据。全船共分十二舱：（1）淡水舱；（2）网舱；（3）出水舱；（4）脱鱼舱；（5）鱼舱；（6）鱼船；

[①]　曾寿昌：《浙江渔业史料述要》，浙江省政协文史资料委员会：《浙江文史资料集粹·经济卷》上册，浙江人民出版社 1996 年版，第 93—95 页。

(7)网舱(贮干网);(8)出水舱;(9)绳舱;(10)火舱(11)淡水舱;(12)卧舱(位于(9)(10)(11)三舱之上,另加棚盖,作为全船人员卧室)。渔船桅杆共三枝:大桅一枝,备桅一枝,各长50尺余;小桅一枝,长40尺余。另外还有大帆一领,小帆一领,舵一个,备舵一个,橹二支,大锚一个,副锚一个。锚索长40㖔,重40斤,三股□合,每股以大麻为心,外包铁皮,索径3㖔,共计三根。①

三、渔业生产方式的进步

宁波地区捕鱼业起源很早,采用国外先进技术也早于其他地区。早在1905年,宁波地区就出现了官商合办的江浙渔业公司分公司。该公司从德国进口拖网渔轮,名曰"福海"号,以新式拖网捕鱼技术代替传统捕鱼方式。后来江浙渔业公司又陆续购置"富浙""裕浙"号渔轮。江浙渔业公司宁波分局地址就设在今宁波市区的江北岸。由于率先采用新式捕鱼方法,起初江浙渔业公司拖网捕鱼效果颇佳。但由于经营不善,最终衰落。此后宁波又有源源渔轮公司的设立,公司地址也设立在宁波江北岸,购置"铁宁"号渔轮,从事拖网渔业,后也因船只过少,效益不佳,1932年1月该船因超载而沉没,从此宁波乃至浙江省内再无轮船拖网捕鱼之举。因此,民国时期宁波地区的捕鱼业主要还是以传统的旧式捕鱼方式为主。

首先是大小对船渔业。大小对船属于木制帆船,两艘为一对,共同出海捕鱼。一艘船专门负责载运粮食、饮水等物,称煨船,另一艘则专门从事下网捕鱼等事宜,称网船。两艘船尺寸大小和载重量相同,长约42尺,宽约8.4尺,载重量两万余斤。一艘吃水3尺,载重时吃水4尺。《经济学季刊》中所载《中国沿海之渔民经济表》一文,对浙江舟山海域大小对船的生产组织有比较详细的记载:

(甲)小对船　小对船每船四人,两船共为八人。每年所需的粮食,及其他费用约计为四百元,每人平均出资五十元,这一年所获的利益,就由八人平均分派,这是硬脚船的办法。长元船的全年经费(即粮食杂用支出四百元)由船东一人或二人(每船一东)支出。其他七八人为伙友。照例这一年所获的纯利益,船主得三成,伙友得七成(即每人得一成),不过伙友的全年饭费,照例由船东在伙友应得的纯利中扣还。如果遇鱼荒的年份,获利要是不敷扣还饭费,或者只够扣除饭费而没有余利的,那末这项饭费就不扣还,只由船东赔垫罢了。可是这种年份也少得可怜。

---

① 朱通海:《镇海县渔业之调查》,《浙江建设月刊》1936年第4期。

(乙)大对船　大对船原是一个总名,分析起来有下面三种:

(1)长船　上年八月出门,次年五月回洋。

(2)短船　上年八月出门,次年三月回洋。

(3)春船　本年正月出门,三月回洋。

大对船由一人或二人独资兴办的叫长元船,由船东召集各弟兄(渔伙)组织几个人合股兴办的叫硬脚船,那是渔民自己集合组织的。船的内部组织,纪律十分严密,对于职务上像母船(土名喂船)上的抛锚、老大、副老大、副桨、二桨、多人等和网船上的老大、副老大、出网、出袋、拖下网、拔头片、多人等每人各有专责,各有职守,同舟一命,不能缺一,也不能替代。如果少一人便不能出洋捕鱼。所以渔船对于告假问题,非常重视。①

大对船船员的职别和任务如表 7-2 所示。

表 7-2　大对船船员职别与任务

船别	职别	任务
母船	老大	掌舵驶风总司二船之令
	多人	为本船之副手代理老大之职
	头多人	驶风兼拔车关等
	烧火	司伙食兼拔车关摇橹
	抛铁锚	抛锚起锚竖头桅摇橹拔篷
	扳三桨	放网绳扳车关摇橹咸杂鱼
	扳二桨	搭撑风解大柱挑水洗鱼鳖
网船	老大	掌舵停橹驶风摇橹下网
	出网	下网起网拔车关摇橹
	多人	起网驶风摇橹拔篷
	出袋	下网起网掬鱼值缭拔车关
	拖下网	下网起网拔篷搭撑风拔车关
	拔头片	抛锚起网拔篷搭竖头撑桅
	头多人	摇对桨扳车关拔篷

资料来源:张震东、杨金森:《中国海洋渔业简史》,海洋出版社 1983 年版,第 83—84 页。

---

① 　张震东、杨金森:《中国海洋渔业简史》,海洋出版社 1983 年版,第 83—84 页。

　　这些渔民的分配方式共有以下几种：一是资本主义性质的，渔工是被雇佣的工人，渔船是资本家的。新兴的机轮渔业多是这种资本主义性质的雇佣关系。二是封建主义性质的，如长元船，分配方式是把渔获物分为若干份，按船东与伙友分配，船东占有较多的份额。三是合作性质的，渔获物平均分配。

　　这种专事海上捕鱼的大小对船，捕鱼效果甚佳。每次渔汛期间，每对大对船捕鱼收获达六七千元之多，除去捕鱼成本和其他费用，经济效益相当明显。民国时期，仅属于宁波帮的大对船就多达 400 余对，定海各岛也有大对船 500 余对。如果按照每对船每次收获六千元计算，仅宁波地区的大对船一年的渔业收入就高达 600 万元左右。宁波地区除大对船外，还有所谓大箭网船，大箭网船的船身比大对船长，主要在大潮期尤其是在端午节期间捕鱼，主要捕捉大黄鱼，以及黄花鱼、鲳鱼、墨鱼、鳗鱼、海蜇等。这类渔船在民国时期的宁波地区共有 600 艘左右。

　　溜网渔船船身坚固，耐大风浪，经常于每年 4 月至 8 月在外海捕鱼，这种渔船在镇海沙河头约有 70 艘，蟹浦约有 80 艘，舟山群岛约有 1180 艘，临海和宁海约有 650 艘。

　　张网渔业主要是以小对船或大型舢板为主，用来捕捉黄鱼和海蜇。民国时期在定海各岛的张网渔船多时达 950 多艘，在南田的张网渔船有 50 艘，在定海的张网渔船有 70 艘。除此之外还有捕捉乌贼的渔业船和镇海、舟山等地的串网渔业，规模也不小。

　　为了提高海洋渔产品的附加值，捕捞上来的海产品，除被冰鲜船运销鲜鱼分往各埠外，更多的是被送到加工厂进行精细的加工，以提高其销售价格。宁波的鱼鲞制造业极为发达，仅舟山东沙角鱼鲞制造厂，大小计有一百余家之多，有土帮、客帮之分。不过值得注意的是，其中资本大者极少，而且连年亏本，停业颇多。鱼鲞制品以大黄鱼鲞最为大宗，其他如小黄鱼、鲥鱼、乌贼、鳗鱼、海蜇、鲚鱼等亦不少。制时普通每百斤用盐三十斤，每百斤鲜鱼晒干后，可得鲞七十斤，然皆不尽干燥。销路以杭州、绍兴、宁波、上海、温州等处为多，亦有销广东者。①

　　民国时期宁波海洋渔业生产除了传统的近海与远洋捕捞业之外，开始积极采用先进的捕捞方式。如 1916 年，由镇海绅商陈子常等发起组织的浙海渔业公司，拥有"富浙""裕浙"两艘轮船，每年捕取的海产品，价值 30 万余

---

　　①　李士豪：《中国海洋渔业现状及其建设》，商务印书馆 1936 年版，第 101—105 页。

元,时人称"是项渔轮,既可增加海产出品,并可在外海保护渔船,巡缉海盗,救护风险,而其效用不可谓不大也"①。但此种进步并非普遍现象,不少改善渔业生产的努力往往因经费原因而告流产。如1922年间,定海外海渔业局在评议会主张下,为改良渔具拟向省财政厅"息借公款伍千元,改用线结网,先由宁属试办",财政厅却以"公款异常支绌,实无余款堪以拨借"为由,将此建议予以搁置。② 值得一提的是,期间宁波一地近海养殖业在政府的倡导下有明显的进步。宁波地区的近海养殖业早在明清时期就已经出现,但上规模的水产养殖则形成于晚清民国时期,尤其是西方海洋养殖技术传入中国之后,相当一部分渔民由远洋捕捞行业转入风险相对较低的近海养殖业。当时宁波的海水养殖业集中在镇海、宁海、奉化、舟山等地,主要利用涂地养殖蛏子和毛蚶。如镇海20世纪30年代每年毛蚶的产值就有数万元,而养蛏业仅投入资本就达7.5万元。③

　　镇海地区的养蛏场区域包括昆亭、三山、慈岙、合岙、梅山之里岙等处海滩泥涂。其养蛏场面积为:昆亭,纵1里,横6里,面积6方里;三山,纵1.5里,横6里,面积9方里;慈岙,纵2里,横5里,面积10方里;合岙,纵3里,横5里,面积15方里;里岙,纵0.5里,横6里,面积3方里;共计面积43方里。养蛏户数为昆亭300户、三山400户、慈岙400户、合岙500户、里岙50户,共计1600户。蛏苗资本为昆亭每户10元至200元,共计10000元;三山每户10元至400元,共计12000元;慈岙每户10元至500元,共计15000元;合岙每户10元至500元,共计35000元;里岙每户10元至50元,共计300元;总计蛏苗资本75000元。而蛏苗价格则是蛏苗愈小,其价愈昂,盖小者数量增多,每斤约在两千个以上,价为一角至四角;普通中号每斤一千四百个,价约六角至七角。蛏苗一般由苗商至象山、奉化、宁海、海门等处购买,后转运至内地,转卖养户。小苗每亩放养5斤,大苗放养15斤,普通放养10斤左右。放养时节一般在清明至谷雨节。初放养数月内,每日须派人至苗地视察,如有水流回沟及蛏苗倒覆时,应立时处理妥当,以免蛏苗死亡。四、五两月,天气和暖,水温适宜,泥涂油肥,生长最快。如系极肥泥涂,一年即可出售,劣者则需三四年,普通为两年。普通一年,每斤约30只,壳纹圈一个;二年每斤16只,壳纹圈两个;余类推。其年产额如图7-1所示。

① 《宁台温海外渔业谈》,《时事公报》1922年12月18日。
② 《借款改良渔具之困难》,《时事公报》1922年6月5日
③ 朱通海:《镇海县渔业之调查》,《浙江建设月刊》1936年第4期。

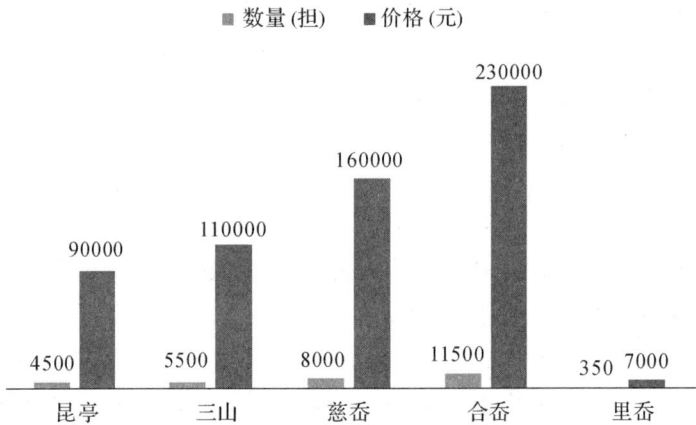

图 7-1　1936 年镇海地区养蛏业年产额统计

资料来源：朱通海：《镇海县渔业之调查》，《浙江建设月刊》1936 年第 4 期。

镇海养蛏业大多采用雇佣工制，放苗工资，每日每人五角；捕捉大蛏工资，每捉一斤取得一分。长成之蛏由蛏商收买，用竹篓装运至柴桥，再以汽车转运宁波，或至穿山运沪销售。

除养殖业外，镇海沿海一带人民，无论男女，自清明至立冬节，每届低潮泥涂露出水面之际，均纷纷下海，拾捕泥螺、蛤蜊、黄蛤等。贫苦者提至市上销售，普通人家多留家充作肴馈。据沿海渔民估计，每年可获二千余担，每担价 5 元，计值万余元云。①

第二节　渔业生产成本与渔民生活

渔民在整个生产过程中的生产成本除了负担船只自身的运营费用外，还包括在整个生产过程中向鱼行、公所、政府，甚至海盗缴纳的各种税费与保护费。就渔民个体而言，其支出见图 7-2。

渔伙工资连老大在内、船钞、网具费、修船费、公所会费、饭食费（以全家五口计算）、船伙食费（以四人五个月计算）、衣服费（每人每年 5 元）、交际费（亲友应酬及赌博消费）、婚丧费（平均每人八年一次，每次 250 元）、住房修理费（以自有房屋三间计）、借款利息（以每年 300 元月息 2 分计）、杂费（子

---

① 朱通海：《镇海县渔业之调查》，《浙江建设月刊》1936 年第 4 期。

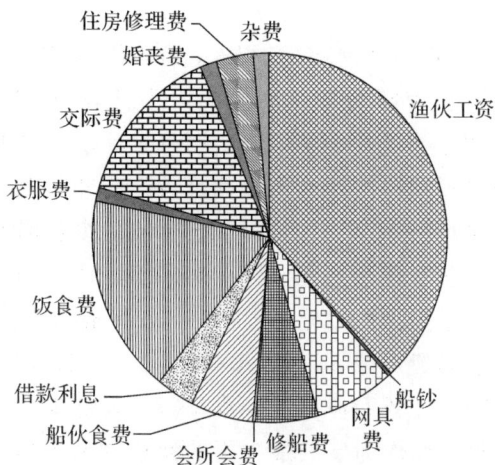

图 7-2　20 世纪 30 年代舟山渔民支出分布

资料来源:李士豪:《中国海洋渔业现状及其建设》,商务印书馆 1936 年版,第 181—183 页。

女教育费在内)。在这些支出中,除了杂费以外,其余的支出可以分为两类:用与渔业生产本身的支出,用于渔民日常生活的支出。前者包括:渔伙工资、船钞、网具费、修船费、公所会费、船伙食费、借款利息;后者包括:饭食费、衣服费、交际费、婚丧费、住房修理费。根据 20 世纪 30 年代政府对舟山渔民的调查数据,我们可以看到各种支出的比例关系。从图 7-2 中,我们可以看到,渔业生产本身的支出占到总支出的一半以上甚至 2/3,而用于子女教育的支出则相当微小。

一、渔业生产成本

渔民生产成本包括渔民生产的直接成本和间接成本两类。前者由渔伙工资、船钞、网具费、修船费、船伙食费组成,而后者包括公所会费与借款利息。在这里我们主要讨论的是公所会费与借款利息这两项间接费用。公所会费其实是有渔业公所所征收的运营费用及由渔业公所所代收的其他费用。而借款利息指的是渔民在从事渔业生产过程中向鱼行的借款所要支付的利息。对于这两项渔民支出,我们可以从渔业公所与鱼行这两个渔业组织入手并加以分析。

(一)渔业公所

民国时期政府渔业税收相当部分是通过渔业公所来征收的。这一时期政府征收的渔业税收主要包括渔船牌照费、渔船进出港口的报关费用和沿海护渔水警费。

牌照费从清末宁波举办渔团的时候开始征收,初期主要是为了方便管理渔民。到民国时期,牌照费按照渔船的大小征收,梁头8尺以上者为大号,收费2元;7尺以上者为中号,收费1.5元;6尺以上者为小号,收费1元。张謇举办江浙渔业公司时,按照渔汛时间征收。每年以四五月为旺月,余皆衰月。旺月每船完纳税银5两。孙传芳统治时期按照渔获物收税,南京国民政府时期,建立江浙渔业事务局,按渔获物价值的5%征收渔税。实际的征收情况是:渔获物每担作价8元,征税2.5%;每条渔船征税30元;冰鲜船进上海、宁波港的报关费每船15元。1927年11月18日,南京国民政府以财政部名义公布《修正江浙渔业事务局章程》,仍规定按渔获物价值的5%征税,以县为单位征收。而作为宁波最主要的渔获物销售地的上海,渔船进出上海港口的课税是非常繁重的(见表7-3)。

表7-3　抗战前上海口岸渔船捐税

官署名称	纳费名称	数目
浙江建设厅	船舶牌照费	春冬二季每季四元
江苏水警队	旗照费	春冬二季每季一元
实业部渔业管理局	牌照费	每年一次三元二元一元不等
交通部航政局	定期检查登记费	每年一次交十一元,外加刷号费一元
上海市公安局	登记费	每年一次交三元三角
上海市财政局	月捐	每月交四元三角五分
海关	刷号费	每年一次交一元六角
法捕房	月捐	每月四元五角
盐务稽核所	盐捐	每担三角

资料来源:李士豪:《中国海洋渔业现状及其建设》,商务印书馆1936年版,第195—196页。

为了保障渔区的安全,清末以后沿海地区就一直存在着护渔船队,负责管理渔民、缉拿海盗。北京政府时期,正式的渔业警察成立,进入南京国民政府时期这一组织更加规范。按照1931年6月25日南京国民政府实业部公布的《渔业警察规程》来看,渔警的主要任务是:缉拿海盗,保护渔民安全;维护和执行政府"保护水产繁殖或取缔渔业等命令"和法规;制止越界捕鱼者;接收"测候报告","如系暴风并应用紧急信号警告渔民"。按照《渔业警

察规程》的规定,渔民请求警察保护,要承担水警费。"呈请渔业警察官署派
遣巡船或巡检保护,前项巡船或巡舰在保护期内一切费用由渔业公司担任
之"。而这些钱最终是由渔民来承担的。例如,江浙两省水上警察派舰保护
渔船,每次都要由申请保护的渔帮,交纳煤及士兵津贴费二三千元。而有些
地方是按照船只大小征收的。

　　渔业公所自身征收的杂费包括专护费、栈费、码头费、公会费、公川费、
公益费、保险费等一二十种(见表7-4)。其中一部分费用确实用在了保障渔
业海上安全的支出上,但总体而言,渔民的生产成本和负担也因此加重。

表 7-4　宁波各渔业团体抽收捐税

团体名称	所在地	负责人	规费名称	征收方式	每年抽收费	用途
人和公所	沈家门	朱云水	水警专护费	以护渔名义由水警队向各帮渔船征收	五万元	为宁波各帮护洋费
鱼栈公所	沈家门	刘寄亭	公川资及栈费	由各鱼栈在售出代价内扣百分之二	三万元	不明
永安公所	沈家门	史仁航	护费,办理护渔公费	向该帮出渔嵊山一带之船征收	八千五百元	办理护洋
靖和公所	沈家门	陈人宝	护费,办理护渔公费	向该帮出渔嵊山一带之船征收	13000元	办理护洋
建帮八闽会馆	沈家门	李胜纪等	护费,会馆费	每年征收一次,由14元至28元,附带一成会馆费	18000元	带鱼护洋费,会馆费
渔商协会	岱山东沙角	汤尔规等	公益费及护费	由会规定征收	5000元	公益及护洋
老渔商协会	岱山东沙角	陈莘庄	公益费及护费	由会规定征收	8500元	公益及护洋
维丰渔业公所	镇海蟹浦	蔡汝衡	水警专护费及报关费	由水警队征收,每年两次,816元	24000元	镇海各帮护洋费
永丰公所	鄞县江东后堂街	张由之	护洋费与报关费	以冰鲜船为主,每船816元	24000元	保护冰鲜船经费

续表

团体名称	所在地	负责人	规费名称	征收方式	每年抽收费	用途
北箭公所	鄞县城内后街	孙光传	公益费	随时向本邦渔船征收	4000 元	半数交水警,余不明
太和公所	石浦	胡常英	公益费及码头费	由各栈代扣	1500 元	不明
对船渔业公会	沈家门	刘谷人	公会费	每对船一次收 8 元	12000 元	护洋及公会基金

资料来源:李士豪:《中国海洋渔业现状及其建设》,商务印书馆 1936 年版,第 192—193 页。

对于渔业公所,渔史专家李士豪颇有微词,他认为此种公所,"表面虽为渔民组织,然渔民知识幼稚,实际常为豪绅渔棍操纵其间,勾结官厅,从中剥削渔民,利未见而害已随之。其后政府公布渔会法,公所制度,已成为非法组织,但仍散存各地,隐具势力。国民政府成立后,各处渔会组织,渐次发展,社会上反对声浪,亦颇为猛烈,故此种团体,已稍削其活动之力量。今浙江方面,除有一二改为合作社外,余均如旧,他省则久已不闻公所之名矣"①。据《实业统计》所载,浙江沿海的上述公所,一直在沈家门、鄞县、温州等地活动,向各种渔船抽收名目众多的费用,成为渔民负担最大的非法杂课机构之一。②

(二)鱼行

鱼行,《汉语大词典》的解释为贩卖鱼的店铺,它从渔民手里买来鱼货物放在市场上贩卖,是连接渔民和消费者的纽带。唐宋时期就有鱼行的存在,清末民初时期,鱼行发展尤为迅速。在嵊泗列岛,据有关资料记载:"30 年代上半期,崇明县属嵊泗列岛中仅嵊山一地就有鱼行 14 家,沈家门鱼行 4 家,福建帮鱼行 5 家,台州帮数家,渔汛过后则各回原籍。30 年代后半期,崇明县属嵊泗列岛和泗礁两个小岛就有鱼行 36 家。"③据 1936 年朱海通的调查,宁波镇海县有鱼行 20 家,总资本达 18.5 元,营业额为 118 万元(见表 7-5)。

---

① 李士豪:《中国海洋渔业现状及其建设》,商务印书馆 1936 年版,第 193 页。
② 张震东、杨金森:《中国海洋渔业简史》,海洋出版社 1983 年版,第 75 页。
③ 《嵊泗列岛视察团报告书》,上海市档案馆档案,全宗号 Q464,目录号 1,案卷号 568。

表 7-5　1936 年宁波镇海鱼行统计

行名	地址	各行人数（人）	资本（元）	佣金（%）	营业额（元）	过秤主要鱼类
公　顺	镇　海	15	15000	9	150000	大黄鱼、小黄鱼、带鱼、墨鱼
通　茂	镇　海	9	10000	9	130000	同上
恒　源	蟹　浦	20	20000	5	140000	鳓鱼、鲨鱼、带鱼、大黄鱼、小黄鱼
鼎　兴	蟹　浦	16	15000	10	100000	同上
新公泰	蟹　浦	14	15000	10	90000	同上
源　茂	蟹　浦	10	10000	10	50000	同上
永　升	蟹　浦	8	8000	5	40000	同上
合　盛	蟹　浦	6	5000	5	20000	同上
椿　记	蟹　浦	4	2000	5	10000	同上
永　泰	穿　山	22	20000	10	100000	大黄鱼、小黄鱼、墨鱼、带鱼、鲻鱼、鲳鱼
公　顺	穿　山	16	10000	10	60000	同上
祥兴祥记	穿　山	23	15000	10	90000	同上
隆　记	新　碶	18	15000	10	120000	同上
瑶　记	柴　桥	12	2000	10	20000	黄鱼、□鱼、□鱼、带鱼、墨鱼、□鱼、鳗鱼
顺　记	柴　桥	10	2000	10	30000	同上
长　丰	柴　桥	8	1500	10	20000	同上
新　丰	柴　桥	6	1000	10	10000	同上
万　利	柴　桥	7	15000	10	15000	同上
全　记	柴　桥	8	2500	10	20000	同上
丰　昌	柴　桥	6	1000	10	10000	同上
总　计		238	185000	8.9	1180000	

资料来源：朱通海：《镇海县渔业之调查》,《浙江建设月刊》1936 年第 4 期。

　　民国时期宁波海洋渔业的销售主要由旧式鱼行和官商合办的鱼市场所控制。鱼行利用自己特殊的地位,游走于渔民和消费者之间牟取利益,其经营方式主要是两种：一是借贷给渔民并控制水产品专卖；二是征收各种杂费。

　　当时渔民的生产和生活资金,绝大多数是需要向鱼行借贷的。鱼行借此取得利息及渔获物的专卖权,由此得到双重高额的收益。同时,鱼行在回收鱼货物的过程中,还采取压秤、压价等形式剥削渔民。宁波鱼行剥削渔民的方式主要由以下几种:一是采取预支给渔民款项(称为行头)的办法,取得专卖权,任意操纵鱼价;二是收取佣金,沈家门鱼行一般向渔民收 5％ 内佣,向冰鲜船收 10％ 外佣,而镇海鱼行也大致如此,绝大多数为 10％,少部分为 5％(见表 7-6);三是巧立名目收费,如公益金、公积金各 3％;四是埋称欺骗渔民;五是拖欠付款,甚至歇业倒闭,逃避、赖账。渔民称鱼行为四六行,即渔民只能得到渔获价值的 40％,鱼行和冰鲜船等则得到 60％。[①]

　　除巧立名目收取各种杂费外,鱼行还代替其他收费机关收费,从中扣取手续费。兹将浙江省鱼行收取各种规费的情况列表如下(见表 7-6、表 7-7),从中可以窥见一二。

表 7-6　浙江省行商抽收规费一览

征收人	规费名称	抽收方法	每年总数额	备考
各地鱼商	扣规	每百元扣 1～2 元不等	每年在 15 万元以上	鱼商向渔户取鱼时以 99 元为 100 元
上海各鱼行	码头捐、公川费	以每百元抽 1 分 5 厘为标准	约 5 万元以上	一部分为码头捐,余皆为鱼行私有
沈家门、定海、石浦、乍浦各鱼栈	神捐、天打捐	在货价内扣除	至少在 3 百万元以上	大部分以借神为名,为鱼行及鱼栈所有
镇海、正茂、协顺鱼行	神捐及公用费	每百元抽 2 厘	约 3 万 5 千元	借神之名而肥私

　　资料来源:张震东、杨金森:《中国海洋渔业简史》,海洋出版社 1983 年版,第 90 页。

表 7-7　鱼行代扣鱼商各种费用名目

1.行佣	每元抽 8 分	系行家应得权利
2.报关费	每船每次 6 元	供鱼商报关办事处之用
3.插花	每船每次 10 元	由鱼行方面津贴渔伙
4.公川费	每元抽 1 厘	为鱼行组织之会费
5.打蒿拔桅	每元抽 1 厘	为鱼行组织之会费
6.*	每元 1 厘	由各行栈司分作杠力

---

　　① 张震东、杨金森:《中国海洋渔业简史》,海洋出版社 1988 年版,第 88 页。

续表

7.长生会费	每船每次 1 元 5 角	此为迷信捐
8.灯塔费	每船每次 1 元	作善举用
9.永丰公司	每船每次 1 元 5 角	永丰代扣
10.台州公司	每元抽 8 厘	台州公所代扣

＊:原文空白。

资料来源:张震东、杨金森:《中国海洋渔业简史》,海洋出版社 1983 年版,第 91 页。

　　从上述表中可以看出,鱼行向渔户取鱼时,不仅压价剥削渔民,以 99 元充 100 元,还利用一些莫名的由头来收取各种费用,如为神献供,每年扣取上百万的费用,实则中饱私囊,借敬神之名而肥私。对于当时鱼行的这种经营方式,受其剥削的不仅仅是一般渔民,还有相当部分的渔业公所。1930 年初,对于鱼行要进一步增加佣金的行为,各渔业公所群起反对。1930 年 2 月 28 日和 3 月 2 日,《申报》报道了双方"口水之战":

　　戊辰社云,宁台鱼商为各鱼行增加佣金事,昨发出节略,请各界援助。其文云:窃我冰鲜鱼商,常在嵊山岱山等处洋面,贩运鲜鱼至沪甬等处,分投各鱼行代为出售。上海之敦和公所各鱼行,对我鱼商售出之货价,照向例扣取佣金,名目繁多。先扣九九,再于九九内另扣九八八,由九八八再扣九三,名曰行佣。又另扣一厘,名曰栈力。其尤不近情理者,各行所组织之公所,其经费不由各行负担,而一并取给于鱼商。在上列行佣栈力之外,再扣一厘曰公川。故鱼商应得之货价,每百元仅收得九十元零三角。民国十五年,各行借口于生活增高,开支浩大,又加行佣一分,由是每百元只收到八十九元七五三矣。嗟我鱼商,小本营生,出没重洋,冒风险又冒盗险,因无智识无团结,任人宰割,忍痛而已。乃各行尚不知足,本年二月起又突加行佣一分,据云业已呈准社会局。我鱼商忍无可忍,不得已始为最后之挣扎。谨述反对理由,唯我仁人君子,垂怜幸察。第一,各行此次加佣,复以生活增高为词,不知十五年业经加佣一分,计各行共同□入,较十五年以前,每年可增至十万元左右。相隔仅三年,忽又加佣,在鱼商何能忍受。且生活增高,不仅各行为然,鱼商亦感生活增高之痛苦,不特无可取偿,且须对各行新增负担,于情于理,宁得谓平。此不能承认者一。第二,数年来,因日本鱼货侵入市场,鱼商多半耗折,此有事实可证,即各行亦知之甚悉。今以每鲜船营业四万元计,每年加佣之损耗,即须骤增四百元。鲜船除折耗者外,即幸而获盈,每船亦不过三五百元,然则我鱼商尚有不折耗之希望乎? 此不能承认者二。第三,鲜船营业,以每年九月至次年八月为起讫,领用行本,招雇伙友,均自九月始,营业继续与否,亦以此时决定。各行加佣,如在上年九月以前宣布,则我鱼商对于继续营业,是否合算,尚有自由审量之余地。今事前绝不宣布,朦禀官厅,以为取盈之计,使鱼商欲进不能,欲退不可,非听其一网打尽,别无办法,迹近诱骗,此不能承认者三。第四,各业公所,其开支由各业自行负担,上海一埠,无业不然。今敦和乃取给于鱼商,使鱼商负担意外之义务。自抽取公川,迄今十余年,以每年万元计,我鱼商对敦和公所负担,殆逾十五万以上,即谓此公所为鱼商所有可也。汗血之宝,任其取求。而鱼商对公所绝无丝毫可享之权利。此一厘之公川,徒以供公所铺张迷信及各行经理每星期宴会之用,世称有被压迫阶级,殆我鱼商之谓乎。此不能承认者四。综上所陈,各行之骤加行佣,抽取公川,是否合理,可以共见。我鱼商为弱者,惟有竭诚呼吁于各界诸公之前,庶悯其艰苦被压,而赐拯救焉。和泪陈词,不尽百一,无任迫切待命之至。①

　　阅二月二十八日申时两报所载宁台鱼商呼吁各界新闻,一则该鱼商所述各节殊多指鹿为马,有意淆惑听闻,敝公所以事实所在,难安缄默,不得不举其谬妄之点一一驳斥如下,查敝同业各鱼行对于各鱼商代客卖买所取佣金历来较之他埠同业为轻,如南京、苏州、杭州、宁波等处大都以九折、九一、九二扣佣不等,此外如本埠各业行商所取佣金亦率在九折、九一、九二之间,惟敝同业则深知鱼商之困难,故以九三取佣,勉忍痛苦支持有年。近因生活高昂,开支激增,实处于无可弥补之境,不得已始酌加佣金一分以资挹注,此敝同业所以加佣之缘由也。至该鱼商谓取佣名目繁多,如先扣九九,再于九九内另扣九七七(原文误指九八八)云云,殊属附会之至,查是项折扣系属鱼商方面船伙及鱼客向例所回取,名之曰插花、打篙、拔舵、轮川以及全船伙友之酒饭等项,所有扣折之款作为供给鱼商上项之用,并非行家所取,不过代为经手而已。若言栈力一厘系渔船上货时劳动栈司苦力之工资,向来出自鱼商自愿,亦非行家所取。总之敝同业除九三改为九二扣佣外,有实无其它繁琐之名目,此其可驳斥者一也。又云民国十五年间又加行佣一分之举,假使确有是项加佣,则合诸此次所加,以向例九三计之,何止九二之数,其为捏词可知,此其可驳斥者二也。更就生活增高而言,既同处于环境之中,固彼此皆然,殊不知佣金至此始加而鱼价则早已逐渐增长,今独以生活同感增高为辞而不计鱼价之收入,亦已今非昔比,责人何厚,责己何薄?此其可驳斥

---

① 《宁台渔商之呼吁声》,《申报》1930年2月28日。

者三也。所指抽收公川一厘而论,查上海各业公所,无不以同业营业经售项下抽收之,即他埠亦然,况敝公所对于鱼商方面所抽者不过一部分而已,此外非鱼商客货如本行行货以及本行自设庄客与自营渔船亦属同样抽收,何得谓完全抽自鱼商乎?是项公川年以拨充公费用尚属不敷,甚至负债累累,均有各行垫借,亦可谓至公无私者矣,至鱼商出此一部分之公川公所固亦尽一部分之义务,如疏浚江岸淤泥,设置带缆巨椿以利渔船停泊,雇佣码头巡丁巡查偷窃鱼货,复于停泊渔船距离之处装兜棕网以预防船伙失足落水之患。凡此种种设施莫不需巨金,今乃谓鱼商对公所绝无丝毫可享之权利,试问上述各项是否为鱼商所享受者乎,此其可驳斥者四也。综观原文,架词虽工,事实难逃,如上所述,敝同业此次加佣是否为取盈计抑系不得已而出此,当能邀各界之明鉴也。①

当然,仅根据以上两则通电,孰是孰非难以辨别,但重负之下的渔业行业困境可见一斑。

二、渔民生计与渔业教育

民国时期渔民的生活状况和晚清相比并没有大的改善,相反随着海洋渔业人口的增加和渔业资源的相对减少,加之外部渔业环境的恶化,这一切导致宁波沿海渔民的生计一度陷入困境,乃至不少渔村开始破产。为此,30年代前后政府当局为改善渔业生产与渔民生计也做出了一些努力。

(一)渔民生计

随着民国时期海洋问题被关注度的提高,一部分有识之士开始重视中国的海洋渔业问题,特别是20世纪30年代不少沿海渔业的调查报告先后问世,使我们对这一时期的宁波沿海渔民状况有了比较真实的了解。

对宁波沿海渔业的大规模调查是从20世纪30年代开始的。30年代先后有较大篇幅的鄞县、镇海及定海渔业调查问世。就镇海而言,"滨海渔民,勤勉敏捷,不惮劳勤,操舟海外,所得颇丰。但于渔隙之时,则多沉湎于酒,或从事赌博,此为各地渔民一般之恶习,非独镇海如是也。民风崇尚俭朴,而迷信颇深,对于卫生,尤所忽视。近年来因时与外界接触,俭朴之风,不如往昔,而渐趋奢华矣"。就渔业经济发展状况而言,"昆亭至合岙一带,因养蛏业颇为发达,每年收入甚丰,总计出产达六七十万金,而以合岙为最著。近年来因潮流关系,海水盐分增多,致合岙、慈岙养殖之蛏,多数死亡,渔民经济

---

① 《上海渔业敦和公所对于宁台鱼商呼吁之驳覆》,《申报》1930年3月2日。

大受所困,渐趋窘迫,而昆亭尚足维持原状。经营沿海一带杂渔业者,其所得仅足供全家之温饱。蟹浦流网渔业,近年来因遭海匪之蹂躏,及社会之不景气,渔民经济已呈一蹶不振之势。总之,各地渔民经济之衰落,极为普遍"①。

而当时宁波海洋渔业最发达的舟山,其情况和镇海也大同小异。据抗日战争胜利后的调查资料显示,舟山地区共有渔业劳动力 2.5 万多人,连家属在内共约 10 万人。陈瑛在《舟山群岛渔业现貌》一文中,记述了 20 世纪 40 年代舟山渔民的生活。现将该文中关于渔民吃、穿、住、文化生活等方面的文字,转录于下:

首先说吃。渔民的食物主要靠买,自己生产的很少。这是因为出渔时间多,无力多事农业生产;而且许多便于出海捕鱼的海岛,山岩荒瘠,不利于农耕。贫困渔民的收入极少,无力购买充足的食物,因而终年不得温饱。陈瑛在《舟山群岛渔业现貌》中说:"由于渔捞收获的微薄,米饭成为奢侈品,随着经济能力的不同,在米饭里拌着不同成分的薯丝(甜薯刨丝晒干),或完全以薯丝充食的,菜蔬除了自己种些之外,没有地方买,也无力买,有鲜鱼咸菜吃的是好人家,穷的只好到岩礁上采些海苔贝介,或是煨盐下饭的。"

再说穿和住。糊口尚难,哪有钱买好衣服穿。"捉鱼大哥的服装在船上就像叫花子差不多,这一面是防盗,一面也是节省,到岸上才穿得好些。"渔民的住房绝大多数都是破烂的草房。整个抗日战争期间,渔区几乎没有增添新房,住房拥挤不堪。

最后说文化生活。渔民不但生活贫困,文化也极为落后,绝大多数渔民都是目不识丁的文盲。在与民众找个会打算盘的人很难,算账是很有意思的:"他们分账,有二百十万块钱,八个人分受……他们每人先拿二十万,余下来的,再由每人拿六万,尚余二万,再由大家摊分。"舟山地区也试办过渔民小学,经费由渔民掏腰包,能够上学的都是"温饱之家"的子弟。

渔村的娱乐活动主要是二项,一是赌博,二是庙会。庙会算是较好的活动,赌博则使许多人倾家荡产。"有许多渔民是在这个上面丧失他们的光阴和金钱,而愈加成为贫穷和无赖。"

神权束缚着渔民的思想,使他们愚昧落后。他们出海捕鱼要祭海神风神,生病长灾主要的救治办法是烧锡箔、问灶仙、求菩萨。

渔民不但生活贫困,文化落后,生命也无保障。由于船只较小,又无气

① 朱通海:《镇海县渔业之调查》,《浙江建设月刊》1936 年第 4 期。

象保证,出海捕鱼凭命由天,十分危险。据调查,舟山地区的渔船遇难,长灾千分之五到千分之十左右,每年都有大批渔民葬身鱼腹。"捕鱼大哥出海捕鱼,是过着神仙、老虎、狗的生涯,'风色既好潮又顺,此时快乐如仙神;风暴起处浪花涌,眼明手快显威风;荒天漂泊无悚宿,嗒丧如狗落汤中'。他们全凭经验来推算气候,偶一着(差)错,生命就危险了。比如 1948 年 7 月 6 日舟山台风一下子就击沉了渔船一百艘,淹死了渔夫一百五十人,造成非常大的损害。"①

　　渔民自身船只运营及维持自身生活保障的成本在民国的各个时期随着区域整体经济形势的变化而有所波动。20 世纪 30 年代,舟山渔民的收入由两部分组成(见图 7-3)。

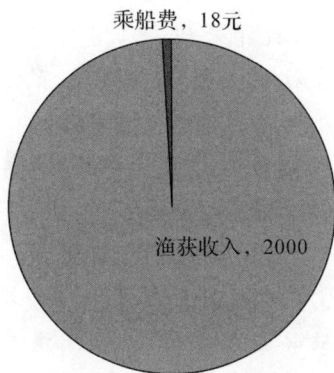

乘船费,18元

渔获收入,2000

图 7-3　20 世纪 30 年代舟山渔民收入分布

资料来源:李士豪:《中国海洋渔业现状及其建设》,商务印书馆 1936 年版,第 181 页。

　　从图 7-3 中我们可以看到,当时舟山渔民的收入 99% 是依赖渔获收入,乘船费用只占其中很少一部分。可见渔民的收入与其所捕渔获物的数量及海鲜价格的高低有非常紧密的联系。在海产品价格下跌及渔获数量减少的情况下,渔民家庭很容易陷入贫困。因此要提高渔民收入,改善渔民生活,就必须要保持海产品价格的稳定,增加渔业生产力。为此,首要的就是要加强对海洋渔业生产的资金投入,以保证渔业生产的正常进行。但是由于受世界经济危机的影响,当时浙江的金融业也受到极大冲击而难以顾及。面对即将崩溃的渔业经济,江浙沿海渔商于 1936 年初向政府申请发行公债以救济渔业。对此,1936 年 3 月 9 日的《申报》报道说:

―――――――――

①　张震东、杨金森:《中国海洋渔业简史》,海洋出版社 1983 年版,第 93—94 页。

本市渔轮业同业公会,上海鱼市场筹备委员会,宁波旅沪同乡会委员长虞和德,定海旅沪同乡会委员长刘鸿生,以及苏省常熟、盐城、南通、崇明、南汇、东台、松江、海门等沿江海二十余县渔会等,以我国沿江海各省市地方人民,直接间接持渔业为生者,不下千余万人,每年渔产价值达三万万元以上。近年农商凋敝,社会金融枯竭,渔村组织亦随之崩溃,如果不筹商救济办法,则将来不特渔船不能出洋作业,盖将任外轮任意侵渔,危害地方安宁,影响社会经济,故纷起呈请实业财政两部,特请中央发行渔业公债,或妥谋一根本救济之方。兹探志各渔会及各公团所拟办法及意见如次:

浙省渔业经济状况

浙省定海渔业,冠于全国,而沈家门地方,尤为渔民荟萃之区。每届冬汛,有大对船一千二百余对,放洋采捕。每对生产平均以五千元计算,统计所获,不下六百万元。惟在放洋之先,必须筹集渔本,如人工、船租、柴米、桐油、麻拷、绳网等物,每大对船需用渔本一千五百元,共计约需一百八十余万元。此项渔本,向由甬沈两地银钱两业贷予渔栈,再由渔栈转贷渔民,候渔获物售出后,算还本息,已成惯例。

公团集商贷款救济

迩来银钱两业,因遭受现社会不景气影响,金融停滞,放款紧缩,渔栈无从周转,渔汛因而坐失。数百万元之渔业生产,遗弃海中;数十万户贫苦渔民,末由生活,甚至为饥寒所迫,沦为海盗,流祸地方。故经各公团集商之下,拟仿照财部救济工商业办法,请中央筹拨公债或渔业公债二百万元,组织贷款基金保管会,贷予渔商。贷放期间,限定一年,暂以黄花鱼生产金三百万元为保证金,到期由鱼栈负责收回。贷放之时,除以市区动产不动产为抵押品外,并取殷实铺保,务使基金稳固,款不虚糜。

贷款渔民不忧损失

又各地渔会等,则主张请由政府就已发行之公债,或准备待发之何项公款项下,提拨数百万元,分存办理农村贷款之各银行,贷给渔民,以作渔船出海捕渔之资本。至于渔村生活,不比农民安定,每岁出海渔船,不免间有遇风遇盗之险,此类损失,贷款者当谋抵偿。此则拟请财部于盐税项下,每担加收一角或九分,以便抵补渔民贷款损失之用。此盖为救济之稳妥办法,且可为渔民贷款者,保留一信用之立场。

护渔弭盗有赖海关

关于渔业衰落之总因,固不仅渔捞方面之一端,即如运输制造等等,亦极关重要。似亦应由政府设法救济,方能谋彻底之振兴。拟请政府仿照水灾附加办法,于海关水产物进口税项下,带征附加百分之一二,以作沿海渔村振款,以作救济及改进渔业技术之用。如此,则不特渔民既可安居乐业,利赖滋生,亦即无形中消弭海盗,维护沿海贸易安全,海关谅亦乐予赞助。闻财实两部,以如上所陈,纯为现时救济渔业之切要方策,故拟派员会同计划办法云。①

除了发行公债外,成立于 1937 年的浙江渔业管理委员会还拟定计划成立渔业银行,以推动渔业经济的复苏。1937 年 7 月 25 日《申报》报道说:

浙沿海各渔民,类皆资金缺乏,每逢渔汛,资金多仰给于渔栈,而渔栈又取给于钱庄,因此重重剥削,渔民鲜能获利,苦不堪言。定海一带重要渔区,年来虽有渔民借贷所之设立,但范围不大,难以普及。浙渔业管理委员会有见及此,已拟定计划,决除根据上年度行政计划已与农民地方两银行订立二百万放款合同继续贷放外,更拟筹设渔业银行,以便渔村经济,得以周转灵活。该项计划,决于本年度内实行,在杭州设立总行,各县重要渔区,设分行或办事处,并举办储蓄等业务,将储存利息提高。至该行资金方面,正由当局筹商中,将采官商合办,一切章程及储蓄规则,即将着手草拟。②

当然,远水救不了近火,筹议多时的浙江渔业银行受战乱影响并无下文。尽管此前还有宁波、定海等地渔业银行的发起筹备,如 1925 年间,定海外海渔业总局局长周丙祥等联合绅商发起组织中华渔业银行,定资本金 50 万元,分作 10 万股。③ 甚至 1914 年镇海渔业银行还一度正式成立,但显然金融资本对改善宁波渔业经济并没有多少作用。

图 7-4　1914 年镇海渔业银行发行的兑换券

---

① 《江浙沿江海鱼商请发公债救济》,《申报》1936 年 3 月 9 日。
② 《筹组渔业银行》,《申报》1937 年 7 月 25 日。
③ 《渔业银行组织之进行》,《时事公报》1922 年 1 月 29 日。

（二）渔村举隅

渔村是渔民生活之所在，渔村状况如何无疑是当时渔民生活状态之集大成者，也是渔业经济状况的综合体现。鄞县是近代宁波除舟山外渔民数量最多的县份，该县渔民又集中于东钱湖、姜山镇、咸祥镇三地。现转录刊登于 1936 年 10 月出版的《浙江建设月刊》第 10 卷第 4 期上《鄞县渔业调查》一文有关三地渔村的介绍，以见其一般：

鄞县无单纯由渔民组成之乡村，所有渔民，多零落散居各处。今为便利起见，特将各渔村，由地理及习惯上，分为东钱湖、姜山镇、咸祥镇三区，分述其概况如下：

东钱湖

地位形势　东钱湖位鄞县之东，距县城三十五里，四面环山，全湖面积七十一方里，湖水自七十二溪流而来，鄞、奉、镇三县之田，均受其灌溉。环湖有下水乡、韩岭镇、陶公乡、大堰乡、殷家湾、莫枝堰镇等六乡，陶公、大堰二乡在其西南，殷家湾在其西，此三乡居住渔民甚多，即所谓湖帮渔民也。

交通　该地交通颇便，水道有帆船及小龟船可与县城及各乡村来往。陆道有宁横路在其西，宁穿路在其北。由县城乘搭宁横路汽车，三十分钟可抵冠英站，再徒步三里可抵陶公乡。为欲免徒步之劳，可乘宁横车至莫枝堰，换乘小艇，可直达各村，但所费时间较多。此外陶公乡、大堰乡等处，尚有电话线可与各地通话。

人口　环湖居民共有八三三〇户，人口三〇五六九人。中以陶公乡最大，占二三四六户，九一二六人；莫枝堰镇一七〇七户，六四三三人；大堰乡一三八八户，五〇一七人；殷家湾乡一一〇七户，四九五五人；韩岭镇一七八二户，二六四七人；下水乡六九四户，二一四七人。

职业　该地诸乡，概属山地，无可耕之田，故居民除外出经商或营工者外，大都以捕鱼以业。渔业概分之为外海渔业及内湖渔业。外海渔业最主要者，为大对网渔业。此业在民国廿一年时，共有二百五十余对，今所存者，仅一百二十余对，计陶公乡六十二对，大堰乡二十七对，殷家湾三十五对，其余各乡每乡一二对。其次为乌贼拖网渔业，以殷家湾为最多，共八十四只，其次为大堰乡，五十四只。廿一年时，直接从事此业者达五千余人，今直接从事此业者仅二千人。在湖内从事捕鱼者约一千三百余人；所用网具，多为旋网类及刺网类。总计环湖居民直接间接以渔为生者，为数总在一万以上。

渔民生活　该地渔民居住之家室，较各地渔村高大整齐，由表面观之，生活似颇安适。然考其实际，前数年捕鱼尚足自给，近年收入锐减，故工作较之往前愈加辛劳，除在渔汛期间，必须度其海上生活；在休渔之四月中，或在湖中捕鱼，或帮同修理船只，或往山中采樵割草等，虽无确定之工作，仍仅劳不怠。妇女则专在家料理家务。

渔民经济　渔民所居之家室及渔船渔具外，概无恒产，其全部收入，岁悉赖捕鱼。今以大对船为例，平均每年每对之渔获金为五千元，除去三千元之资本外，平均每人所得不过一百四五十元，此为强壮青年每年工作之收入。如以该地人口计算，则每四人中仅有一生产者，故此一百四十五元之数，即一家四口生活之所。以此数维持三人一年及一人四个月之伙食，即在生活最低之乡村，已感不足；况该地均属山乡，杂粮之种植不易，故其日常所食，概以米为主，其生活程度较能产番薯等杂粮之地为高，故入不敷出，一届渔汛，非借贷不能出海也。

合作事业　合作事业在外国已收到伟大之效果，然在我国尚不多见。渔业上之合作更绝少，而该地竟能于去年成立东钱湖外海渔业捕捞合作社。该社最初得社员二十五人，共认二十五股，计共收股票五百二十元。时因事属创举，渔民之认识尚浅，且限于能力，无显著之成绩；且因创立未久，基础未固，难取得外界之信用，故以前每向银行借款，多无结果。本年得县政府从中向各银行接洽，并以该社十六名理事之船只房屋为抵押，借款三万元，为补助各社员出海捕捞之用。近年该帮各渔船得出海捕鱼者，赖该社之力不少。

教育　该地各乡村，小学教育尚称普及，且各校之收费办法，多视学生家庭经济而定，故贫家子弟亦得入学之机会。陶公、大堰二乡之失学儿童为数不多；渔民子弟亦岁有半数得受小学教育之机会。大堰乡且有建筑良善之乡村图书馆一所，足见当地对于乡村教育之重视。统计六乡中，共有高级小学四所，初级小学十四所，共有学生一千四百余名。各校学生，亦多适合法定学龄，各生年龄大小之差甚微，故施教颇易；惜因经费关系，各校教室设备甚多简陋，对于光线空气及桌椅之高低，不能加以兼顾，此其最大之缺点。

卫生　该地各乡村，对于公共事业之提倡，颇为努力，然对于乡民卫生之指导，尚有无限缺憾。渔民在海上之环境尚佳，而乡居之情形则大异。乡道二侧，茅厕垃圾随地皆是，臭味逼人，不独有碍观瞻，又为传染病之媒介。对于饮水，亦不注意，不论用为洗涤抑为饮料，均取给于湖水。如能在乡中，开掘水井，或设沙滤池，其对乡民之健康，当不无补益。乡民尤有一种更坏之习惯，棺木多不肯掩埋地下，露置于乡村附近，小孩死后多仅将草席裹其尸体，悬诸树上。以上种种，实有望办理乡政者切实注意改良之。

风俗　该地居民,朴素勇敢,对宗族观念甚深,喜聚族而居;且地处湖泽,人人深识水性,尤善操舟,故从事渔业者颇众。渔民富于服从性,对于领袖之信仰极深,故乡政之办理颇易。至于婚丧之礼,一如县城,惟对于婚礼之费用,尚嫌其过奢,每办一婚事,非三四百金不可。

信仰　本地庙宇随处可见,居民迷信颇深,尤以渔民为甚。每对大对船用于敬神之款,年达七八十元。其所信仰者为太保少保菩萨,过风涛时则呼天上圣母娘娘。查信仰在渔民社会中,作用甚深;盖渔民从事海上生活,至为危险,倘非深信生死祸福悉由神主,则凡遇风波之来,必至举动失措,故其信仰,能在险恶环境中,安其心,壮其胆,使其不致失去操舵之术,于渔业上不无小补。惜其所信非属高尚之宗教,又因此耗费若许之金钱,故仍有加以指导改正之必要。

咸祥镇

位置地势　咸祥镇在鄞县之东南,即在宁横路将修之一站,距县城七十六里,距横山六里。横山之东即象山港也。其所管辖区域,计有滨海、球南、咸祥、临海、蔡墩五乡,中含大小乡落五十余。各乡面积总占地七十二方里,除滨海、临海二乡附近有少数盐田外,余则山乡水田各半。

交通　陆道交通专赖宁横路,由宁波至咸祥镇,需时一时十五分;水道有大嵩江,然在交通上不甚重要,仅足供各乡小艇之往来,其余外方水道交通,悉由横山。横山有新得安、新永安二电船,往来象山间各处,每日往来数次;此外尚有帆船可与奉化沿海各乡交通,与定海交通亦甚便利,或由象山乘轮,或乘宁横路车至盛垫站,转购宁穿联运票,可达舟山各岛。

人口　该镇所辖各乡,除滨海、球南、临海、蔡墩数乡较大外,其余均系小村落,统计居民共三五五九户,一三六五五人。

职业　该地为鄞县唯一通海之路,以形势论,应占该县渔业上重要之地位;然近年来渔业在本镇上所占之地位渐微,前赫赫有名之大箱船,今年存者,计外塘二十六只,化巴袋五只,横山三只,山茅岭四只,统计全镇共三十九只;此外尚有空钩钓艇八只,篙建网船五只,地曳网四顶;在内河捕鱼者,有缯网四十四顶。统计全镇直接从事捕鱼者,为数仅有四百人。其余居民大部都以耕田及晒盐为生,尚有少数经商及业小贩。

经济　自鱼价低跌以来,渔民经济之窘迫,已成为普遍现象,观其渔船之逐日减少,已可知之。即其日常之生活,亦专赖借债以维持。此地渔民唯一借债之途,为岱山鱼行之放款;今鱼行方面因放款多无保障,故亦不敢多放。前大箱船信用较著者,可向鱼行举债六百元,普通可三百元。今则无论其信用显著与否，欲举百元之债，已难如登天；且百元之债，则六个月须缴利息十一元，并须将所捕获鱼类，交行售卖，取佣四分，条件甚为苛刻。

渔民生活　大箱船上半年往岱山捕大黄鱼，下半年则在象山港附近捕什鱼，故其从事海上之时间较多，与家庭之关系甚少，对于家庭之观念甚浅；尤以一般无妻室子女之渔民为甚，每于渔汛期间，一有收入，则烟酒嫖赌无所不至。在休渔期间，有多数以耕田为副业，其大多数则无所事事，游手好闲之风气并随之而养成。

风俗习惯　居民尚称敦厚朴素，独渔民则远不如农民，颇有今朝有酒今朝醉之概，故微有收入，莫不尽量浪费，而嗜酒如命尤为渔民共同之习惯。

教育　该镇教育，不论其在量上或质上，远不如东钱湖。全镇计有小学六所，学生不满四百人，而渔民弟子之得受教育者尤属寥寥。除一所镇立小学稍备规模外，余者均为私塾式之初级小学，校址多借用庙堂，既无专设之课室，又乏分担教务之人，仅以一人之身担校教二务，学生济济共聚一堂，授课时则此班听讲，彼班自修，仅有学校之名耳。

卫生　该镇街道，污秽异常，每遇天雨，则泥泞不堪，污水随地淤积，牛猪鸡犬与人杂处，而家室矮小，各具杂陈乱堆，塞得水洩不通，阳光空气更不用谈。有时固限于经济，不可奈何，然全数居民毫不知卫生为何物，竟安之如素，不肯稍加整理清洁，此实习惯上之问题也。

信仰　该地庙宇较少，然仍不能灭却渔民迷信之心，其所信仰者，仍以天后宫（圣母娘娘）为主。

姜山镇

位置地势　姜山镇在鄞县之中部，地多平原，位于东钱湖之西，宁波之南，距宁波二十六里，距东钱湖二十二里，与甲村相距十里。

交通　从宁波至横溪甲村等处，有汽船可通，而姜山附近河流交错，可用小艇与各地互相来往；惜各小河多生水草，故舟行颇或不便。陆道原计划筑宁道线，自宁波江东起，经姜山、甲村、横溪，以达与奉化境毗连之道岭，计长七十里；惟此线至今尚未与筑，故陆道交通仍赖步行也。

人口　全镇居民共一六三六户，人口为六八五五人。

职业　姜山各乡概属平地，而水田甚多，居民大半业农，故此各地各乡毫无渔村气象，除外海帮从事捕鱼之时间较长外，余者每年仅出渔二月，不过为其副业之一种。计庙前乡、桥江镇、张黄村及姜山镇等处，共有墨鱼船八百三十余只，其直接从事人数为三千四百五十余人，故斯业在该地仍能占相当低位。

经济　该地居民大半收入为农业，平均各人之收入，亦不能超于渔民，不过其日常生活所需，多由自给，故其生活可较各地渔民为低；且知节约，故其经济虽形窘迫，尚可勉强度日也。

教育　该镇教育，在质上言，实超越东钱湖之上，如校舍之建筑，课室之布置，地方之整理，学生之整齐清洁，尚可予人以一种比较满意之印象；然在量上未免少得太可怜，全镇仅有县立、私立小学各一所，学生未满三百名。

卫生　该镇对于公共卫生，虽无特种之设备，然尚有相当注意，如对于居民卫生之指导，街道沟渠之清理，尚有相当成绩：居民对于卫生常识虽尚未能完全了解，然对街道沟渠之清洁，尚能遵守实行。由此可见乡民并非生来污秽，实由于指导不得其人，至养成一种习惯，负乡镇行政之责者，当知有所留意矣。

渔民生活　该地渔民，分内海外海二种。内海渔民，年仅捕墨鱼二个月（由立夏至端午节），其后便度其日出而作日入而息之田园生活。此项渔民，对于海上生活不甚熟悉，故该地墨鱼船老大，多雇佣湖帮，此等渔民以其称为渔民，勿宁称为农民。外海帮则一年四季均从事海上工作，一年中仅于新年时节归家一行，其余时间，或捕墨鱼，或采淡菜、耙辣螺、钓□鱼等。

合作事业　民国廿一年时，县府曾派员往各渔区调查，认各渔村有组织合作社之必要，并已拟具筹办姜山螟蜅鲞运销合作社指导计划，派合作事业指导员会同该镇办事人员负责筹备；惜该地人民对于合作事业尚无认识，故迭次召集会议，每告流会，搁置至今，尚无法筹办。

信仰　该地多属农村社会，故其对于迷信不如各地渔村之深刻，渔民所信之神与咸祥镇同。

（三）海洋渔业教育

任何事业的发展都离不开人才，渔业也一样，兴办水产教育即着眼于培养渔业人才，为其发展奠定坚实的基础。19世纪以前，中国没有专门的水产教育机构，近代水产教育机构直到清末才开始创立。鸦片战争之后，一些头脑清醒的封建官吏，开始提倡新学，掀起一场学习西方的热潮，如向英、美、日、法等国派遣大批留学生，中国水产教育正是在这样大背景下建立起来。

20世纪初，我国沿海已有一些专门的渔业小学，如光绪三十一年（1905），烟台渔业公司设立的渔民小学，招收渔民子弟并在其学习五年。这是一次非正式的水产教育尝试，后因缺少教材和教员而停办。中国第一所真正意义上的水产学校是1911年在天津创办的直隶省水产学校。

就宁波一地而言,水产教育起始于1918年由农商部支持开办的定海渔业传习所。该所举办的目的就是为了提高渔民的生产技术水平,普及新式捕鱼方式,增加渔民收入。传习所由著名渔业技术专家李士襄主持,借用定海城北县议会地点作为该所传习之处,由县布告招收渔业子弟授以捕鱼良法,教制新式渔具。一面在所传习,一面实地试验,既不收取学费,又不耽误生计,经费悉由农商部支付。但由于渔民子弟本来多不识字,再加上定海渔民均散处沿海各村镇,往来县城诸多不便,因此其所招学生并不是很多。①但作为定海乃至整个浙江渔业技术传播的首次尝试,当年的《申报》对定海传习所的成立及运行情况做了大量的报道:

定海县渔业传习所由部拨款开办,兹闻该所业于四月八号开学授课,先期由农商部田总长特派渔牧司汪扬宝君道定举行开校礼云。②

农商部以部款就浙之定海县设立渔业技术传习所,本月十九日上午十时行开所礼,已纪前报。兹闻当日部派渔牧司长汪扬宝演说,中谓渔业之发达固在技术,而活动渔民金融亦属切要之图。本部拟仿外国组合法,对于渔业信用购买等组合条例次第颁布,惟开创之始不能不详细调查,使合于民风习惯。所望当地关系者联络本所,详切讨论,再由所中呈部,以期订出一妥善可行之条例,使渔民金融活泼,本部设所之目的实不仅限于技术云云。又闻该所准二十二三号派技术员携带渔具乘实习船出海矣。③

定海渔业传习所技士李士襄君,以定邑沿海渔民狃于习惯对于改良渔具人所传习之举颇多不信,碍难强制,应即改变方针,拟具办法特于二十四日柬邀各机关职员筵宴,后以渔汛转瞬届期,由该所自赁渔船1艘,雇同渔伙七八人,先期开驶产鱼洋而出,共所学如法试验,以为改良之渔具之先导,并以立异时招收渔民传习之观念业将开办情形缮禀邮寄农商部察核备查矣。④

定海渔业传习所技士李士襄君,以改良渔具全资实地见习,俾凭促进,以收实效。业经赁妥帆船,雇同渔伙六七人,乘兹渔汛,偕同放洋,试用新渔具,以示先导。李技士于四日先将该船所需渔具配置妥洽,并示知各渔伙,某种宜用浅水,某种宜用深水及如何收纵法,一一详细指明,以便放洋采捕

---

①　《渔业传习所近况》,《申报》1918年3月6日。

②　《渔业传习所开课》,《申报》1918年4月11日。

③　《渔业传习所开办之余闻》,《申报》1918年4月26日。

④　《渔业传习所变通办法》,《申报》1918年4月27日。

一切鱼鲜,免致临时贻误。定于七日启碇,开驶岱山,俟渔汛起水向产鱼洋同时下网云。①

实业厅云厅长训令宁温台各县知事,文云准农商部函开,定海渔业技术传习所函称本所现届渔港传习之期,业派技术员宋连元、黄鸿骞、王传义等三员前赴旧宁温台三属沿海各县渔业地方巡回讲演,相应函请令行各该县知事于该技术员等到境时妥为接洽,实纡公谊,并希见复等因。准此,除函复外,合亟令仰该知事遵照,务于该技术员等到境时,妥为接洽。②

定海渔业传习所,前奉部饬筹办,委任部员李士襄到地相定县学公屋为所址,自本年四月间示招渔民子弟入所传习,以期改良渔具。旋以无人应招,旋改为实地传习,于夏渔汛期,赁得钓船一艘,雇用舵工渔伙数人,本其所仿造渔具,随同放洋采捕。而所用棉纱网,究不如各渔户沿用之旧具为合宜。现当秋渔汛届,沿海渔民,行将钓秋,该所技正,不知何法以善其后也。③

定海城内农商部渔业技术传习所主任李士襄君,因现值渔汛期间,各帮渔船出洋采捕,非实行劝导,不足以收效果。特租得大捕船一艘,三月为期,派技术员张某,于六号出发,至黄大洋从事网捕,俾一般渔民知所观感。其旗帜蓝实黄章,中绘铎形,盖寓木铎警众之意云。④

浙江作为重要沿海省份,早在民国初期就建立了水产学校,培养海洋渔业等方面的人才。1916年浙江省设立了省立水产学校,校址在台州临海县。1927年迁往定海,与省立水产品制造厂合并,同年改称为浙江省立水产职业学校。1931年改为高级水产学校。1934年因学校发生风潮停办。后来经过学校校友和水产界同仁的奔走呼吁,1935年2月1日改为浙江省立水产试验场,继续培养渔业人才。此外,1935年,国民党"镇海县执委会电请实业部拨发专款,于嵊泗列岛筹设国立水产专门学校,一面明令恢复浙江省定海水产学校,并在沿海各省设立分校"。对此实业部的反应相当积极。实业部回复说:"水产学校之设立在国内为数寥寥,该会所请筹设国立水产专科学校各节,不无相当理由,足供教部参考,事关教育行政,业经据情并附具本部意见,咨请教育部查核办理,仰即知照。"⑤

---

① 《渔业所出海实习》,《申报》1918年5月8日。
② 《传习所之讲演》,《申报》1918年9月9日。
③ 《渔业传习所之虚设》,《申报》1918年9月21日。
④ 《渔业技术员出发》,《申报》1919年10月10日。
⑤ 《嵊泗列岛筹设水产专门学校》,《宁波民国日报》1935年12月29日,第2张第3版。

如上所述,浙江省水产试验场创办于1935年,它是在已经停办的浙江水产学校基础上建立的。当时省教育厅称,浙江省水产学校"于民国二十三年十月因易长纠纷而告停办,浙省水产教育,功毁垂成。渔村破产,达于极点,倘再不设法补救,渔民颇有铤而走险之危。乃为急谋改进全省渔业复兴渔村起见,设立水产试验场于定海,以原有水产学校校舍为场址"①。浙江省水产试验场创建以后,着手开展了一系列的工作。如对全省沿海渔区进行调查,开展渔业养殖试验和研究。1935年4月,试验场场长为指导改良咸鱼制法,还"亲赴香港澳门,调查咸鱼制法,求其于短期不致败坏,以扩销路"②。在调查研究学习的基础上,试验场计划"开辟东钱湖为养殖场,置备渔轮四艘,并设立制罐厂与盐藏场"③。1936年,试验场"为增加捕获上之便利起见,拟建筑人工渔场"。具体方法如下"以岩石、泥包、米糠等搭载于板旧之大船上,沉没海中,以引诱鱼类集中于一处,然后捕获"。据称,这种人工渔场益处极多,"不独对于捕获增加便利,且能成为鱼类栖息之所,或产卵场"④。同年,浙江水产试验场还申请开办冷藏运输。对此,6月16日的《申报》报道说:

(定海通信)浙省水产试验场成立以来,对于发展及改良渔业基本工作,进行不遗余力。兹为促进渔业建设,使沿海渔业生产增加,推广鱼类销路,并谋浙赣特产之互换,与经济之合作起见,拟具详细计划,呈请举办冷藏运输。闻当局将采纳施行,兹将其计划书录下:

我国渔业受不景气之影响,因而渔村经济日益困难,鱼价日趋低落。盖水产品一方面既受外货倾销之压迫,而一方面又因其性质不易保存,无法运销他处,故其价格之跌落,较其它商品尤为惨酷。欲图挽救,必须设法提高鱼价;而提高鱼价最切实之办法,莫如阻止外国水产品之输入,与推广国产鱼类之销路。前一法因我国关税尚未达完全自主之程度,难收效果;后一法当属吾人能力所能做到,似应急速进行,以救渔业之危亡。关于此项,本场前经拟具改良罐头制造计画,呈奉核准施行有案。兹为贯彻此项主张,普及鱼类市场起见,再行拟具冷藏运输办法,保持鱼类不变原质,用以运往远地

---

① 《浙省许教育厅长拟具实施渔民训练推进渔民教育计划书》,《上海市水产经济月刊》第5卷第6期,1936年7月25日,第9页,《早期上海经济文献汇编》第31册,全国图书馆文献微缩复制中心,2005年,第541页。

② 《水产试验场长赴港调查制咸鱼法》,《时事公报》1935年4月24日,第2张第1版。

③ 《浙水产场发展计划开东钱湖为养殖场》,《时事公报》1935年3月31日,第2张第1版。

④ 《省水产试验场拟建筑人工渔场》,《宁波民国日报》1936年3月5日,第2张第3版。

销售。人皆知有冷藏之法,惟经营者,限于沿海,绝少在内地设厂者。若冷藏运输更不发达,此实鱼类销路不畅,鱼价低落之一大原因也。以事实言之,本省内地如金华、衢县等地,因海鱼无法运入,仅有淡水鱼类,鱼价高至每斤二角以上。而沿海之咸水鱼价,则仅七八分,相差竟至数倍。他如沿海之永嘉等地,亦因离渔场较远,其鱼价较定海、宁波等地为高。苟举办冷藏运输,使价廉之海鱼可以遍输各处,则一方面鱼类之销路已广,渔获物之价值自高,鱼民直接受益无穷;一方面内地居民,均可享受价值较廉,养分丰富之海产食品。本省牲畜产品不多,而水产品则极丰富,今举办冷藏运输,则人民可采食鱼类以代牲畜,于一省经济上之收效,当非浅鲜。兹列举办法及经费预算如下:一、在宁波、杭州、金华、南昌四处各设冷藏库一所,合本场原有之定海冷藏库,共计有冷藏库五所,每所平均容量约三十万斤,共可藏鱼一百五十万斤;二、每届鱼汛,鱼价低廉,在定海、宁波两处,收集大帮鱼类,运往冬冷藏库储存,待价而沽;三、定海及宁波两库所藏之鱼,除随时运往杭州、金华、南昌三库外,并于鱼价高涨时运往江浙沿海各地销售;四、杭州冷藏鱼专销钱塘江下游;金华库之鱼则销于钱塘江上游;南昌库之鱼销于赣省各地;五、运销方法,沿海各地暂时利用普通轮船,各库之陆上运输,则拟请杭甬及浙赣铁路共同设置绝缘车一辆,约可载鱼四万斤,至于内地市镇间之运输,则拟于杭州、金华、南昌三库,各设置绝缘汽车一辆,以运输鱼类;六、经费预算,开办费:共计支出二一七,二〇〇元,经常费及营业费,共计支出二四七,三六〇元,营业收入,共收入二八五,〇〇〇元。[1]

除了将调查研究的成果付诸实践以外,该试验场还出版了《水产汇报》十余册,具有一定的学术水平。直到抗战爆发,由于受日本海军骚扰侵略,试验场的工作难以为继,一度迁到绍兴,最终停办。

浙江水产试验场尽管存在时间不长,但在推广海洋渔业生产技术方面的作用还是有所成效的。1936年2月1日该场成立周年纪念时,为普及水产常识及唤起人民对于水产实业的关注,浙江水产试验场在2月1、2两日举办巨型水产宣传会,设有设备展览室六间,并开放全场各工作部分,供民众参观。据报道,1日上午9点钟举行宣传会开幕仪式,到会的嘉宾除了当地各机关长官、团体代表及士绅外,还由浙江省建设厅第三科科长陆桂祥参加指导。开放展览时间为1、2日上午9点至12点,下午1点至4点。参观

---

[1] 《浙水产试验场请办水产冷藏运输》,《申报》1936年6月16日。

人数第一天有 1000 余人,第二天有 2800 余人,总计约 4000 人。会场中分赠该场推广丛书约 2000 册,并由该场职员分别负责讲解。其中展览物品分六室陈列,分别为:水族馆、渔村建设、渔会设施、养殖及水产、渔捞及水产博物馆等。① 鉴于此次水产宣传会的效果,1937 年 4 月浙江水产试验场还与宁波青年会相继在宁波、定海联合举办水产展览,参观人数达 10000 多人。《申报》为此还专门做了报道:

> 省水产试验场去岁在定海举行水产展览会,成绩甚佳,观者达四千余人。今岁决定与宁波青年会合作,即在该会会所举行,日期已定为四月一日至四日,并拟于本月二十、二十一两日在定海举行展览,展览设计有鱼苗、蛏子养殖、紫菜养殖、浙江四大渔业、大黄鱼生活史、渔盐等等,并闻有名贵热带鱼多种,斑斓五色,为甬人士所少见。②

> 宁波青年会与省立水产试验场合办之水产展览会于八日上午在青年会举行开幕式,陈列品中之最引人触目者,为水族箱饲养之热带鱼。此外设有水产场制品出售部,出售紫菜、钮扣、罐头食物及水产汇报等。是日一日间,到会参观人数,达一万二千五百余人。日内并将放映水产影片,使民众明了水产情形,共谋渔业之发展。③

宁波一地 30 年代也有渔业小学的设立,该校战后由宁波鱼市场接管。1946 年 4 月 29 日《时事公报》报道说:"本埠大来街私立渔业小学,原为渔业界人士所筹设,免费供渔业小弟及附近清寒儿童就学。最近宁波渔市场创办伊始,为注重渔业子弟教育计,已接管该校,经费由渔市场在公益费项下拨支。"④

宁波的海洋渔业教育对于推动宁波乃至整个浙江的海洋渔业现代化进程实属必要之举,但由于受各种因素的制约,其成效大打折扣,而不久后爆发的日本侵华战争更是彻底打断了这一进程。就提高渔业生产技术而言,仅仅靠宣传和一些区域的实验是无法解决大规模的渔业生产落后与渔民贫困问题,因为他们推广的对象——渔民,几乎都是文盲。根据朱海通的调查,即使在民国教育尚称发达的宁波地区,"每渔村中,有普通初级小学一二所。渔民中识字者,仅百分之六七;盖渔民子弟至十余岁,即可至海边捕获

---

① 李士豪、屈若搴:《中国渔业史》,商务印书馆 1937 年版,第 90—94 页。
② 《举行水产展览会》,《申报》1937 年 3 月 14 日。
③ 《水产展览会开幕》,《申报》1937 年 4 月 12 日。
④ 《私立渔业小学由渔市场接管》,《时事公报》1946 年 4 月 29 日。

蛤类,而从事生产矣"①。渔民文化水平的低下,使得一切现代化生产技术的推广成为泡影,而落后的生产方式,使得人均捕获量难以提高,渔业生产技术的改良与渔民生存状况的改善也就无从谈起。以鄞县而言,1932 年至 1935 年这四年渔船数减少百分之五十,人数减少百分之四十七,"该县渔业衰落之程度殊属可惊"(见图 7-5、图 7-6)。

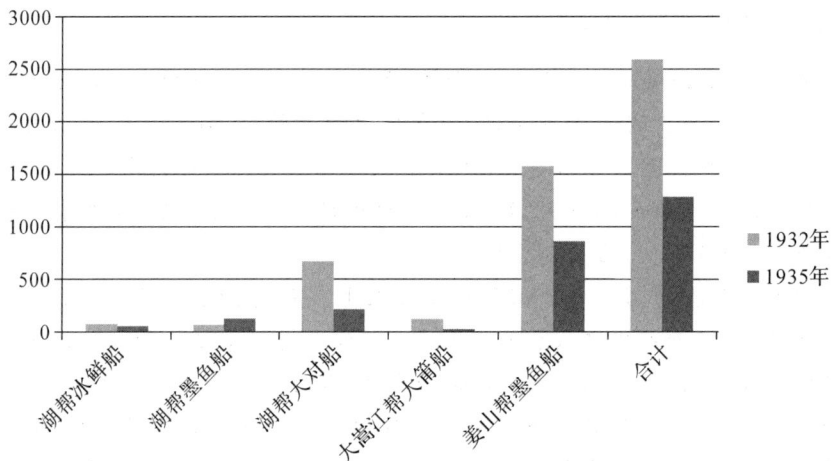

图 7-5　20 世纪 30 年代鄞县各帮渔船数量

资料来源:林茂春、吴玉麒:《鄞县渔业之调查》,《浙江建设月刊》1936 年第 4 期。

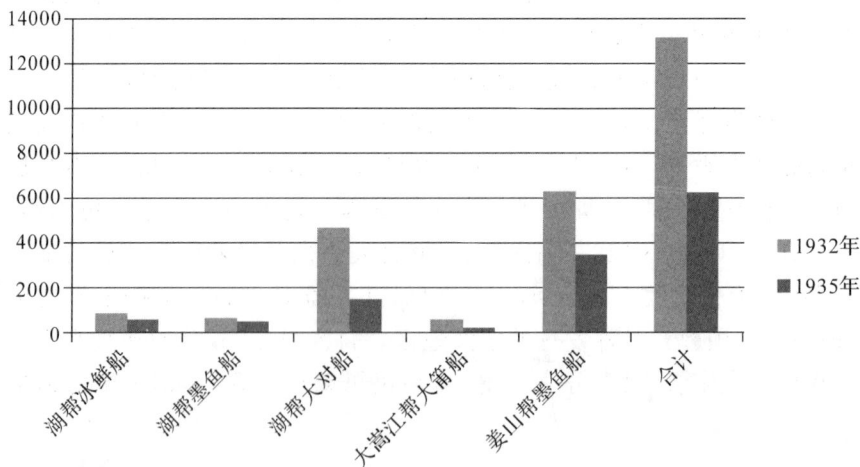

图 7-6　20 世纪 30 年代鄞县各帮渔夫数量

资料来源:林茂春、吴玉麒:《鄞县渔业之调查》,《浙江建设月刊》1936 年第 4 期。

① 朱通海:《镇海县渔业之调查》,《浙江建设月刊》1936 年第 4 期。

第三节　宁波海洋渔业组织与海洋秩序

由于早期海洋渔业组织的行帮性质及其人员组成状况,在相当长一段时间内,没有留下任何文献记载。直到晚清,随着中国沿海经济的发展及开放,一些有识之士逐渐认识到海洋渔业对于海洋权益的重要性,开始进行对相关资料的积累与研究。其中沈同芳于 1911 年在张謇的资助下出版了《中国渔业历史》一书,这可算是第一本涉及海洋渔业组织的著作。其后陈训正等(1924)、李士豪等(1937)、张震东等(1983)、韩兴勇等(2008)、王文洪(2008)对此问题都有所涉及。[①] 需要说明的是,本节讨论的海洋渔业组织既包括中央及地方政府相关组织,也包括行帮、公司、渔会等非政府组织。而对于海洋秩序,胡启生认为其是"人类历史上不同利益集团,15 世纪以后主要是各民族国家为争夺海权或维护自身的海洋权益而形成的相互间的政治、经济和法律关系。海洋秩序的基础建基于规范和利益制衡机制之上,从利益制衡机制出发肯定民族国家个体的价值和权利,从而构造出相应的政治、法律制度⋯⋯"[②]张鼎则在此基础上认为海洋秩序是"一种动态的、相对而言较为稳定的调整机制,在一定时期内调整相关国家或行为体在海洋领域的权利义务,自然或者人为形成的一整套的调整体系,并能被相关国家或者行为体接受的一种机制"[③]。这一机制不仅包括各国海洋行为主体之间的权利义务,也涵盖了国与国之间的海洋权益范围。

一、民国时期宁波海洋秩序

世界范围的海洋秩序起始于 1919 年第一次世界大战后的凡尔赛-华盛顿体系。而就国家个体而言,其海洋秩序的形成与发展则与各个国家海洋

---

① 〔清〕〔清〕沈同芳:《中国渔业历史》,《万物炊累室类稿:甲编二种乙编二种外编一种》(铅印本),中国图书公司 1911 年版;陈训正、马瀛:《定海县志》,成文出版社有限公司 1970 年版;李士豪、屈若搴:《中国渔业史》,商务印书馆 1937 年版;张震东、杨金森:《中国海洋渔业简史》,海洋出版社 1983 年版;韩兴勇、于洋:《张謇与近代海洋渔业》,《太平洋学报》2008 年第 7 期;王文洪:《东沙历史上的渔业公所》,《中国海洋报》2008 年 1 月 15 日,第 4 版。

② 胡启生:《海洋秩序与民族国家:海洋政治地理视角中的民族国家构建分析》,黑龙江人民出版社 2003 年版,第 26—27 页。

③ 张鼎:《战后中国参与和构建全球海洋秩序研究》,2012 年华中师范大学硕士学位论文,第 5 页。

群体的扩张紧密相连。中国作为沿海大陆国家,内部海洋群体的涉海活动可以追溯到上古时期。但国家层面对于海洋秩序的重视则始于明代中期的"倭寇"侵扰。1840 年后,随着西方殖民者从海上打开古老中国的大门开始,中国传统的海洋秩序就在此冲击下缓慢转型。就宁波沿海的海洋秩序而言,我们不打算(事实上也无法)对其做宏观的描述,而是侧重于对影响海洋秩序的内外部因素进行重点的讨论。这些因素包括海洋灾害、海上船难、海盗侵扰与渔业纠纷。

自人类向海洋扩张起,就需要应对迷雾重重的海洋气候。海洋气候变化对人类海洋活动的影响随着人类活动区域向远洋的扩展而愈加剧烈。传统海上活动都是在近海,偶遇风暴及海啸,船员自救与获救的可能性远远超过后来远洋的海上活动。随着西方近代科学体系的建立,人类对海洋的认知也逐渐加深,海洋科学日渐进步,各种针对海洋灾害的技术和装备被开发与运用,对海洋灾害的预报成为其中一项重要内容。宁波沿海的海洋预报体系起始于定海测候所的建立。

在国民政府的支持下,当时的中央研究院于 1935 年 3 月前往宁波定海勘察,计划与定海地方政府合办测候所及无线电机构。其管理属于地方政府,仪器则由中央负担,中央研究院进行技术支持,经费预算为 300 元(中央承担 100 元,地方政府承担 200 元)。[①] 其后,定海县政府认识到测候所对于应对舟山海洋气候突变、减少海洋灾害经济损失的重要价值,将地方预算增加到四千元,并由当地渔业界承担每年的运营费用。[②]

而当时宁波沿海的船难除了部分是由于自然灾害与触礁造成之外,相当大一部分归因于海上船只的碰撞事故。在传统海洋活动中,船只的动力为人力或风力,船只的尺寸及船速都相差不大。但随着上海、宁波的开埠,往来船只的种类发生变化,在甬沪航线上来往的不仅有很多中国传统的商渔船只,还有大量隶属于不同国家的机械动力船只。不同的航行规则与船只速度,使船只在迎面行驶过程中很容易发生船只碰撞事故。而就《申报》创刊后的 1872—1875 年所报道的 9 次海难事故中,有 6 次为船只碰撞造成,而这 6 次皆由机帆船与传统帆船碰撞引起的。为此,《申报》还专门登载了中西各国船只在海上相逢的各种规定,以便来往船只参考。[③]

---

① 《中央研究院将在定海设测候所》,《时事公报》1935 年 3 月 1 日。
② 《定海设立测候所》,《时事公报》1935 年 3 月 25 日。
③ 《中西泛海各项船只海中相逢各规条》,《申报》1872 年 7 月 28 日。

　　另外,值得我们关注的还有宁波沿海的海盗问题。海盗活动一直伴随着人类在海洋的扩张进程。对中国而言,在没有近代海洋国家入侵之前,海盗问题是影响海洋秩序的首要因素。民国时期,由于中央政府权威的下降及地方势力的割据,为海盗的扩张提供了极为有利的外部环境。此时的海盗不仅包括破产的农民、渔民以及部分知识分子,我们还能看到各地方政府与外部势力的影子。相比清代前期而言,由于海防的崩溃,晚清、民国时期宁波海盗劫掠的成本大大降低,许多护渔组织的武器装备还赶不上海盗。如1918年10月25日《申报》报道的《军帽山(青浜)捕盗之剧战》就说:"渔船内水警之枪械,不如盗械之利,几为所窘。"[①]在这种情况下,相当部分渔民花钱买平安。如1926年7月19日《申报》载:"近闻该盗等在定属六横山,征收渔船照费,每秋渔船收照费六元,每秋冰鲜船收照费五元,以六个月为限,如不纳照费,即将其船掳去。各处渔民无奈,闻多向该盗领照。"[②]海盗频繁活动严重影响宁波海洋渔业经济,其突出表现在没有海警的保护,一般渔船都不敢出海捕鱼。[③]与此同时,民国时期的海盗不仅抢劫沿海过往的船只,还经常上岸掠夺人口,充实自身实力。我们在当时的报纸中经常能看到海盗上岸血洗沿海村落而政府却束手无策的报道。[④]而这在清代是极为少见的。这一情况曾在当时的舆论界引起高度关注。1933年3月的《定海周报》上就有这样一段评论:"吾邑海盗陆匪之披猖,可谓至矣极矣,无以复加矣,仅就本报问世以后之所载,加以概括之统计,已达五十余起之多,而自认晦气隐匿不报者不与焉。"[⑤]海盗的猖獗导致沿海社会经济的衰败与动荡,这就促使更多的沿海居民迫于生计加入到海盗的行列。[⑥]

　　影响海洋秩序的除了海盗问题之外,民国时期又出现了新的情况:即外国渔船的侵渔活动。进入民国后,中国海洋安全形势不仅未改善,反有恶化趋势。就国际形势而言,1911年日本国内规定禁渔区,不准渔轮拖网捕鱼后,日本沿海渔船不得不向远洋开辟渔场。1914年日本又扩大禁渔区,渔船

---

①　《军帽山(青浜)捕盗之剧战》,《申报》1918年10月25日。

②　《盗征收照费骇闻》,《申报》1926年7月19日。

③　《岱山渔场危机四伏》,《宁波民国日报》1927年6月1日。

④　《沥港全镇被匪洗劫》,《申报》1930年11月5日;《沥港被劫再志》,《申报》1930年11月6日;《海盗二次临沥港》,《申报》1930年11月10日。

⑤　《筹设稽查队》,《定海周报》1933年3月8日。

⑥　《水警队长柯云注意象山港防务》,《宁波民国日报》1935年8月6日。

不得在"东经 130°以东朝鲜沿岸禁止区域以内"捕鱼。① 这就将日本大量渔船的捕鱼区域推向中国沿海。其后,日本渔船在中国海域的捕捞由零星行为上升为群体性侵渔。如 1913 年 11 月 9 日《申报》报道说:

> 浙东洋面产鱼颇丰,捕鱼为业者几及万户。近日忽在定海洋面发现外国捕鱼舰六七艘,船身蓝色,烟囱黑色,并不张挂旗帜,船上渔人皆系日本国人,在该处捕鱼者见之颇为惊异。日昨已由渔业柱首王宏志等呈由鄞县知事转呈民政长核查。外人侵越渔业领海不特有损小民生计,且与国家领海主权之关系匪浅。未识民政长如何设法维持保全民生国权也。②

到 1930 年,日本渔轮的侵渔行为更是得到日本政府的公开支持。为保护日本渔轮的作业安全,日本政府往往派出军舰随行保护。进而日本海产品也大举进入中国市场。而日本政府的保护、中国海关的低税率及渔业资源的易腐性,则是日本渔轮渔获物在中国市场大量倾销的主要原因。据 1932 年 7 月《民国日报》初步统计:"兹以日本手操网渔轮一项,至上海侵渔情形而论,则以民国十七年至二十年七月最为猖獗,计有渔轮三十八艘……以最少每年每艘渔船三万元计,则每年被侵损失八十四万元。"③而到 1934 年 9 月,日本来华侵渔船上升到 260 余艘,其渔产品的倾销点有上海、青岛和天津。④ 日本在中国的侵渔与倾销行为,使中国渔业经济雪上加霜,不仅导致中国许多渔民破产,鱼商也"多半耗折",遭到沉重打击。⑤ 对于日本的侵渔行为,时任立法委员兼导淮委员会副委员长庄崧甫(奉化人)及江浙渔民团体曾直接致电蒋介石,希望获得政府的关注与保护。

> 庄崧甫电:立法委员兼导淮委员会副委员长庄崧甫氏,昨日过沪返奉化原籍,因见我国渔业,被日渔轮侵入,致起恐慌,特急电国府蒋主席,设法救济。原文如下:国民政府蒋主席钧鉴,崧近日返里,甬江鱼市,大起恐慌。因日本渔轮,侵入江浙所辖畲山浪岗海礁洋面,巨舰大网,竭泽而渔,所以我国渔民,自冬组春,收入大减。而日本渔轮,则各满载以归。且日人利用我国

---

① 欧阳宗书:《海上人家:海洋渔业经济与渔民社会》,江西高校出版社 1998 年版,第 198 页。

② 《外人侵越领海渔业》,《申报》1913 年 11 月 9 日。

③ 李士豪、屈若搴:《中国渔业史》,商务印书馆 1937 年版,第 201—202 页。

④ 《日人积极侵夺我渔业》,《宁波民国日报》1934 年 9 月 1 日;《日渔轮二百余艘来华》,《宁波民国日报》1934 年 9 月 10 日。

⑤ 《宁台鱼商之呼吁声》,《申报》1930 年 2 月 28 日。

内奸,冒充中国渔轮,悬挂国旗,变易船名。其运销时,则以船中中国人出面,上海方面鱼行,与之暗订合同,广为推销。如此侵略,不但海权丧失,而渔民生计,将决然断绝。查舟山浪岗海礁洋面,为我国东方大港,产鱼最旺之区。清明立夏间,尤为鱼汛最旺之期,江浙闽三省渔船,麇集于此,纷纷捞捕,无虑数千余艘。海产收入,不下二千余万,关系国计民生,至重且巨。近年以来,我国渔业,已极凋疲,今又被日轮大肆蹂躏,若不急图挽救,百万渔民,将束手待毙。崧为民生计,为国家计,不得不电告左右,以维持渔民目前鱼汛旺期之生计。望即火速派舰多艘,到地保护渔民生计,借以保全,而领海主权,亦不致于丧失,国家幸甚,渔民幸甚,支电恐未详尽,特再电闻,庄崧甫微叩。又庄氏除电蒋主席外,并分电国民政府、实业部及江苏浙江两省府,注意保护渔民,以维渔业而张国权云。

江浙渔民电(略)①

但面对社会各界的呼吁,对于咄咄逼人的日人侵海活动,当时极力避免与日本发生直接冲突的国民政府显然并无良策。

到抗日战争期间,日本更是直接占领中国沿海大量渔业基地,建立侵渔机构,如华北地区的山东渔业株式会社,华中地区的华中水产公司以及在华南地区的大西洋渔业株式会社,等等。而且在日本占领区,中国人的渔船渔具遭到大肆破坏。据不完全统计,整个抗日战争期间,我国沿海共损失渔船近5万艘。

二、战前宁波海洋渔业组织的变革

面对影响海洋秩序的自然与人为因素,政府涉海管理部门及海洋组织也随之建立与发展起来。传统中国在维护海洋秩序的进程中,一直没有专门的涉海管理部门。在清代前期,国家对于海洋秩序的管理主要是由沿海水师与近海府县政府维护(特殊时期则增加陆军、地方团练):前者主要保障的是海洋秩序;而后者则侧重于对近海陆地居民的管制。与此同时,海洋经济组织与海洋行帮组织也随之建立并发展起来,成为政府与海洋居民沟通的一个重要纽带及维护海洋秩序的重要力量。传统海洋组织的功能,主要应对影响海洋秩序的人为因素,即抵御海盗侵扰及应对渔业纠纷。就其种类而言,则由海洋正式组织与海洋非正式组织组成,前者包含中央及地方政府相应的管理与军事组织,后者则主要是民间的海洋经济与行帮组织。

---

① 《日渔轮侵入江浙洋面》,《申报》1931年4月8日。

　　清朝在近代政府机构改革之前,并没有专门管理海洋的组织,其具体职责被中央六部所分割。而最接近的政府组织则是当时中央政府控制的海洋军事力量,清代称之为水师。而随着中国近代官制的改革,则逐渐演变为近代海军,其领导机构也由兵部转为海军部。其主要职责就是维护海洋安全,保障正常的海洋生产秩序,剿灭沿海海盗。到民国时期,海军派出军舰保证正常的海上秩序以及围剿沿海海盗成为惯例。1921 年,为了加强对浙省海盗的清剿力度,海军部在宁波定海沈家门成立清海局。① 不过由于海军与地方的矛盾,在地方各渔业团体的抵制下,海清局于次年停办。② 1925 年 4 月 25 日,海军部成立“保卫沿海各省渔业宁波分区”,刘征瑞、陈在种任正副区长。随着 1927 年南京国民政府的成立,该机构被撤销。其后,虽然在浙江没有海军部的护渔机构,但由于象山港为海军重要港口,每到渔汛期,在地方政府的要求下,海军部仍然派出军舰参与护渔活动。如 1935 年 2 月,海军部就派出江宁舰与咸宁舰从上海出发,分别前往定海沈家门洋面、嵊山洋面护渔。③ 而在 1936 年初,我们也看到有关海军部派舰护渔的报道。④

　　与海盗相比,海军可谓是兵强马壮,但民国时期的海军围剿地方海盗是需要地方政府支付费用的,而这些费用又转由沿海各渔商团体负担。因此,在权衡利益得失之后,在相当长一段时间内,地方政府在当地渔商团体的压力下是不愿海军长期驻扎在当地的,这就导致海盗势力的周期性反弹。那么在没有海军驻扎的时候,地方政府又是如何维护海洋秩序的呢? 这就要从晚清成立的另一支准军事力量——团练说起。

　　晚清中法战争时期,为加强国家对沿海社会的控制力,同时也是为了防止沿海居民勾结国家敌对势力,清政府在沿海各省都设立了渔团组织。就浙江而言,其渔团组织的最终设立实在中日甲午战争之后。尽管我们无法了解渔团在海上军事防御中的作用,但就晚清的官员日记所载⑤,我们还是能看到其在维护地方海洋渔业安全中的积极作用。其后,浙江渔团局维护海洋秩序的职责被 1904 年成立的江浙渔业公司所分担。⑥ 辛亥革命后,渔

　　① 《海局存撤之问题》,《时事公报》1922 年 6 月 4 日。

　　② 《恢复海军办事处之反对声》,《时事公报》1922 年 11 月 9 日。

　　③ 《海部派舰驶浙护渔》,《宁波民国日报》1935 年 2 月 9 日。

　　④ 《财部令农行尽量投放渔民贷款》,《宁波民国日报》1936 年 3 月 9 日。

　　⑤ 〔清〕黄沅:《黄沅日记》,桑兵:《清代稿钞本》第一辑(第 21 册),广东人民出版社 2009 年版,第 39—40 页。

　　⑥ 在这里要指出的是,江浙渔业公司带有官督商办的色彩,拥有一部分政府职能。

政归农商部渔牧局管理。为维护海洋秩序,渔牧局于1914年4月28日公布《渔轮护洋缉盗奖励条例十二条》:江浙渔业公司、辽宁渔业商船保护局等均据此向渔民收取各种护洋捐费,并承担海上护渔的责任。① 同时,民国政府于1915年在内务部下设水上警察厅(局),由地方巡按使指挥监督,以维护海洋秩序。② 第二年,浙江渔团局的职能被浙江水上警察厅取代。1926年7月,在五省联军司令孙传芳的支持下,江浙渔业事务局在上海成立,开始负责江浙渔民的保护事宜。③ 1929年,国民政府公布《渔业法》与《渔会法》,将海洋渔业的管理以法律的形式明确到实业部,其后财政部下设的江浙渔业事务局撤销。1931年6月16日,实业部在上海成立江浙渔业管理局,全权承担海洋渔业的管理与护渔职责。6月25日,实业部公布渔业警察规程,据此组建渔业警察保护外海捕鱼船只。1932年6月11日,江浙渔业管理局改组为江浙区海洋渔业管理局。1933年,时任实业部长的陈公博为加快渔业改良工作,在上海又成立了江浙区渔业改进委会,但因种种原因,其成立不到一年就停办。江浙区海洋渔业管理局也受到波及,改组为护渔办事处,负责海洋护渔任务。1936年5月,随着上海鱼市场的成立,护渔办事处及其他地方渔业管理部门也随之撤销。④ 在此背景下,1936年6月4日,浙江省政府成立渔业管理委员会,以"增进渔民福利,充实护渔力量"。同时时任浙江民政厅长的徐青甫将浙江"沿海护渔事宜,全部归于水警第二二大队,以统一指挥"⑤。民国时期的军阀割据与政局动荡导致政府护渔体系的建设时断时续,时人称地方渔业行政机构"除征收渔捐之外,几无别种工作"⑥。

在海盗丛生的民国,仅靠地方渔政机构已经不能有效地维护海洋秩序。在这种情况下,浙江海洋渔业民间组织蓬勃发展起来。清代浙江成立的海洋渔业公所有43家。民国时期浙江成立的海洋渔业公所达到38家,其中1913—1922年这十年间就有25家成立。⑦ 渔业公所除了代表渔民与政府交涉之外,另一个重要职能就是维护公所内部的秩序,这里面就包含了保障

① 李士豪、屈若搴:《中国渔业史》,商务印书馆1937年版,第26页。
② 《水上警察厅官制》,《东方杂志》1915年第12卷第5期,第7—8页。
③ 《江浙渔业局开办有期》,《时事公报》1926年7月17日。
④ 李士豪、屈若搴:《中国渔业史》,商务印书馆1937年版,第29页。
⑤ 《省府公布渔业管委会组织》,《宁波民国日报》1936年6月5日。
⑥ 李士豪、屈若搴:《中国渔业史》,商务印书馆1937年版,第30页。
⑦ 陈训正、马瀛等:《定海县志》册3《鱼盐志·渔业》,成文出版社有限公司1970年版,第269—274页。

海洋渔业生产安全的内容。每到渔汛期,渔业公所就会自行"自雇船保护,名曰护洋船"①。渔团局成立后,渔业公所则出面协调各渔帮,配合渔团局的工作。进入民国后,为了保障海洋渔业生产与运输的安全,宁波渔商成立了多种护渔组织。1918 年 5 月,渔商丁兆彭等人,联合宁波、台州、温州渔民组建浙海渔业团,令各渔船备置警号及自卫武器。② 1922 年,财政部税务处取消了江浙渔业公司代收关税的权利,导致公司"因经费无着,决议停止护洋"③。因此,宁、台、温渔商于当年 6 月 1 日在宁波成立渔商保安联合会,推举盛炳纪为会长,统一收取护洋费,雇佣轮船护渔。④ 同年,农工商部公布《渔会暂行章程》,其后新式渔会在沿海各省县建立起来。1929 年,国民政府公布《渔会法》后,宁波沿海各地的新式渔会愈加繁多,但旧式的渔业公所并未撤销。⑤ 与各海洋渔业民间团体相平行的是,为保障沿海居民安全,民国时期宁波沿海的保甲与团练制度不断强化与完善。如 1924 年 5 月 19 日《申报》就报道了宁波下属镇海柴桥组建临时保卫团的过程。

> 甬属镇海柴桥穿山驻有警备队二棚,因近届渔汛,调赴岱山,际此风鹤频惊,未免防务空虚,日前由柴桥商会长胡祥村,协同海晏乡自治委员胡而安,邀集绅商开会,于原有保卫团外,添设临时保卫团二十四人,分驻柴桥穿山二处,其枪械向官厅借领应用,经费由殷实绅商捐募,业于本月十四在柴桥胡氏宗祠开会成立矣。⑥

1935 年 4 月,设在鄞县的第五特区行政督察专员赵次胜,参照海防保甲制度,拟定海洋各区渔民自卫团组织办法,以便渔民能够自己保护自己。⑦ 1935 年 4 月 4 日《时事公报》报道说,赵次胜"以查定海县沈家门岱山衢山等处,均为渔民集合之地。现渔汛将届,各方人民麇集,难免不良分子,夹杂其中,乘机滋事。兹为根本防护计,昨特训令定海县长,严密编组保甲,团结渔民,迅饬各该地渔会渔公所之董事,编组保甲,遵照省颁整理保甲计划大纲

---

① 《捕鱼防盗》,《申报》1878 年 5 月 7 日。
② 《渔民请组渔业团》,《申报》1918 年 5 月 9 日。
③ 《渔商保安联合会之内幕》,《时事公报》1922 年 8 月 7 日。
④ 《江浙渔商请设渔商保安联合会》,《时事公报》1922 年 8 月 1 日。
⑤ 李士豪、屈若搴:《中国渔业史》,商务印书馆 1937 年版,第 97 页。
⑥ 《柴桥穿山添设团防》,《申报》1924 年 5 月 19 日。
⑦ 《渔民自卫团组织办法》,《时事公报》1935 年 4 月 4 日。

之规定,予以编组"①。

除了团体性的护渔组织之外,稍有家资的个体渔民也会集资购买大型船只,并加以改装,充当护渔船只使用。如 1936 年 5—6 月之间,鄞县咸祥大嵩峡山渔民代表尤顺安、朱贵岳、孙阿水等,以该地渔民众多,"为谋安全起见,拟集资买帆船一艘,常川保护"。不久,经过宁波渔业警察局审核后获得许可。②

三、影响宁波海洋渔业组织变革的因素

如上所述,影响民国时期宁波海洋秩序有两个非常重要的因素,即日本侵渔与中国海盗。为应对两者,特别是海盗问题,民国时期的宁波海洋渔业组织做了很大的调整。就其在维护海洋秩序过程中的作用而言,我们不仅要关注其内部组织的变化,还要注意当时的历史环境及各渔业组织之间的矛盾。

就外部环境而言,最能影响海洋渔业组织变革的不是侵渔和海盗,而是民国时期的政局变化与经济现代化建设。自晚清成立渔团局与江浙渔业公司后,宁波海洋渔业组织的现代化建设也拉开了帷幕。晚清中央官制的改革及其后 1911 年辛亥革命的胜利,管理海洋渔业的中央部门终于得以确定。此后农工商部、实业部先后成为中国海洋渔业的主管部门,全局性的海洋渔业建设也得以展开。中国的统一为成立全国性的海洋安全组织——水上警察厅提供了可能。不过此后,由于军阀混战不断,全国性的海洋渔业政府组织建设直到 1927 年南京国民政府成立后才得以继续推动。期间,区域性的海洋渔业非正式组织也得到发展,以江浙渔业公司退出护渔体系为契机,宁波渔商纷纷成立民间护渔组织,大量的渔业公所及渔业团体得以建立起来。而在实际上不属于任何政治团体的海军部也投入更多的精力参与围剿海盗、保护沿海安全的事业中。20 世纪 30 年代,在"统制经济"思想的影响下,时任实业部长的陈公博提出了规模庞大的渔业现代化建设方案。③ 其后中央及地方政府及民间组织都在其影响下做了相应的调整。不过其方案在实施当中不仅没有考虑到渔民的承担能力,更是触犯了当时上海的既得利益者,结果导致方案的流产。随着陈公博的去职,实业部护渔的责任由中

---

① 《专员办事处督饬渔区编组保甲》,《时事公报》1935 年 4 月 26 日。

② 《鄞东咸祥等处渔民拟集资购船护洋》,《宁波民国日报》1936 年 5 月 6 日。

③ 关于"统制经济"与中国海洋渔业现代化的论述,可参见丁留宝:《统制·民生·现代化:上海鱼市场研究(1927—1937)》,2010 年上海师范大学博士学位论文。

央下放到地方省政府。

中国政局的不断变化,对于应对日本侵渔与中国海盗是非常不利的。北京政府时期内阁的频繁更换使中国在应对日本侵渔的过程中没有一个稳定的外交政策。除了海军部派出军舰参与护渔外,更多的则是地方民间渔业组织雇佣护渔船只加强对渔民的保护,这就使民间渔业组织在这一时期得到快速发展,大量护渔组织在政府的允许之下得以建立。但由于当时涉海部门汇订的领海基线仅为 3 英里(约 2.6 海里),这在法理上就意味着大批日本渔船在中国沿海的侵渔行为皆在公海,从法律角度而言并不构成侵渔,其结果就是中国的护渔行为没有法理依据。1926 年 4 月 26 日,江浙渔会会长邬振声就商榷领海界限一事,致信上海总商会,希望能共同将中国的领海区域按照当时的国际惯例外延至三十海里,三十海里以内除传统渔场作业外,中外渔轮皆禁止捕鱼,这不仅为防止日本侵渔提供了法理依据,同时还保护了依靠传统渔业生产技术维持生计的大批渔民。[①] 但此事并无下文。其后随着南京国民政府的建立与日本侵渔行为的进一步扩大,实业部在应对日本侵渔过程中也逐渐认识到领海基线的重要性。如 1930 年 11 月 29 日农矿厅转呈外交部关于浙江省立渔业试验场报告日本大批渔轮在江苏花鸟岛附近侵渔的汇报,经外交部向日本驻华大使抗议,日本"藉口公海"导致事件无法解决。无奈之下,外交部将此转呈给行政院。[②] 为此,1932 年 3 月行政院第 21 次国务会议规定:"领海范围为三海里,江海关缉私界限,则定为十二海里,以示限制。"[③]1933 年中日关税协议期满后,中国更是大幅度提高水产品进口关税以抑制日本水产品倾销,保护国内海洋渔业市场。[④] 在其后的实践当中,随着日本侵华步伐的加快,这些措施实施的效果很微弱。

就内部而言,分析民国时期宁波海洋管理组织变迁,我们要关注三个方面:一个是海军部,一个是实业部下属的海洋渔业局,还有就是各海洋渔业民间组织。这三股力量随着中国政局的变化及宁波海盗与侵渔问题的严重程度,在宁波海洋护渔体系中起到不同的作用。在应对海上侵扰的过程中,

---

① 《邬振声商榷领海界线书》,《时事公报》1926 年 4 月 27 日。

② 《日轮侵渔案已咨农矿部核办》,《江苏省政府公报》1930 年第 611 期,第 8 页。

③ 李士豪、屈若搴:《中国渔业史》,商务印书馆 1937 年版,第 28 页。

④ 《废止中日关税协议与振兴水产》,《上海市水产经济月刊》第 2 卷第 4 期,1933 年 5 月 15 日,第 24 页;《早期上海经济文献汇编》第 30 册,全国图书馆文献缩微复制中心,2005 年,第 130 页。

海洋渔业局和地方海洋渔业民间组织是主体，而海军部则是重要补充。在整个护渔体系当中，海洋渔业局与地方海洋渔业民间组织呈此消彼长的态势：当全国统一，海洋渔业局的工作有效开展时，海洋渔业民间组织的发展则相应得到抑制；反之，其发展则得到政府的默许。而随着海盗问题的严重，海洋渔业局与海洋渔业民间组织的护渔船只已无法有效保证海洋渔业安全的时候，海军部则成为维护海洋渔业安全的重要力量。民国时期的中国海军力量虽然无法有效抵御外敌入侵，但在围剿海盗的过程中，其航速、火力、续航力皆优于护洋船只。但是海军部在地方征收护洋费用也严重影响了地方利益，因此海军部在宁波建立地方渔业保卫组织的设想屡次搁浅。海军部、海洋渔业局、地方海洋渔业民间组织的矛盾集中体现在 1922 年、1925 年和 1926 年。此时，由于中央政府对地方控制力的下降，地方海洋渔业民间组织与海洋渔业局之间、地方海洋渔业局和海洋渔业民间组织与海军部之间存在着错综复杂的利益博弈。不过总体而言，其博弈的核心皆是围绕海洋护洋费用的征收问题。

以 1922 年为例，浙江渔商保安联合会成立之后，即对大船每次进口征收护洋费五十六元，小船四十二元，同时邀请上海十六铺加入该会，并"订立章程使冰鲜船户不得不入该会，否则即令各鱼行拒绝其货"。其行为遭到部分渔商的抵制和舆论的批评。① 同年 9 月，财政部即下达通知允许进出上海口岸的渔船自由报关。其后浙省财政厅将外海渔船的牌照费与护洋费统一交由水上警察厅征收，所以当时慈溪商民王永彬组设宁台温渔团，以征收牌照费的申请被驳回。② 同年，由海军部在定海沈家门设立的清海办事处"苛扰商渔各民船，由地方士绅及各长官电请撤销"。海军部解释征收护洋费是为了保证"清海处经常费用之支出，军舰增加煤料之款项"③。但是当地的渔商并不买账，义和公所董事孙振麒、义安公所董事吴峤维、丰南公所董事陈巨纲、维丰北公所董事蔡汝蘅等 8 人召集渔柱渔户等征求意见。据渔民反映，去年清海局军舰"勒取护费，痛苦不堪，毫无成效。若本年仍如是办法，则保护为名，勒索是真，非徒无益，反多扰害"④。据此，在地方士绅的强烈反对下，海军部清海局不得不停办。

---

① 《渔商拒收护洋费之部批》，《时事公报》1922 年 9 月 13 日。
② 《组设宁台温渔团未准》，《时事公报》1922 年 11 月 10 日。
③ 《关于清海办事处之部文》，《时事公报》1922 年 4 月 20 日。
④ 《否认续办清海办事处之一致》，《时事公报》1922 年 11 月 12 日。

　　以上仅仅是民国时期宁波海洋渔业组织变革的一个案例。如果翻阅民国时期关于渔业组织发展的文献资料,我们可以看到大多数的组织变革皆围绕渔业费用的征收权利展开。即使1931年3月28日国民政府颁布了《豁免渔税令》[①],从实业部到地方渔业公所征收的各种护洋费用使渔民的负担并未减少。而这一情况一直到1949年都没有改变。

---

　　① 李士豪、屈若搴:《中国渔业史》,商务印书馆1937年版,第53页。

第八章　战时宁波海洋渔业的挫折与战后的重建

日本全面侵华后，宁波海洋渔业遭受了重大的损失，大量渔船与渔业区域被日伪军占据。战乱导致渔业从业人口急剧减少，大量渔民沦为难民。战后，有赖于联合国善后救济总署之援助，以及中央及浙省各级政府机关的努力，宁波海洋渔业较之战前有所恢复，渔民生产生活亦有所改善。

第一节　战时宁波海洋渔业的损失

抗日战争时期，日本对宁波海洋渔业的侵扰，给正常的海洋渔业生产与销售带来了极大的损失。除了武力掠夺中国沿海的渔业资源外，日本更是直接掠夺、破坏宁波沿海的渔业生产工具及渔业设施。为了达到以华制华的目的，在日本的扶植下，一大批伪渔业组织建立并逐渐控制宁波的海洋渔业市场，成为日本掠夺中国海洋渔业资源的帮凶。

一、日本侵渔侵市活动

若言抗日战争过程中，宁波海洋渔业所遭受之损失，实不应以"七七"事变（1937 年 7 月 7 日）后，全面抗战爆发起算，而当以"九一八"事变（1931 年 9 月 18 日）起算。"九一八"事变后，中日之间实际已处于战争状态，宁波沿海渔民亦从此开始了与日本侵略者的海上渔业斗争。事实上，就近代而言，因我国海防薄弱，日本早在清季就开始不断袭扰我沿海各省，侵占我渔业资源。

在 1911 年（清宣统三年）之前，日本人侵渔以山东青岛为根据地，而后扩张至以舟山渔场为中心的东海。至 1916 年（民国五年），入侵舟山等地渔场的日本渔轮多达 262 艘，并以上海、宁波等港口为其侵渔鱼货之倾销地。[①]据 1930 年（民国十九年）12 月 29 日《申报》刊登《日本渔轮越海侵渔之调查》一文所载："……日渔轮大新丸第一号、第二号两艘，船东为日本下关大新组，载重各五十吨，马力各五十匹，本年十一月四日来沪捕鱼，一次获鱼一千三百箱。此外尚有日渔轮明玄丸第十一号、第十二号两艘，大成丸第七号、第八号两艘，平渔丸两艘，均于本年十一月来沪。以上各轮皆日本船籍，而公然在我江浙沿海肆意侵渔者，并以上海为根据地，每次将所捕获鱼物交由十六铺鱼行代为售销，专以压迫我国之渔民渔业为目的，且日本因近年全国不景气之关系，鱼价已一落千丈，全国共有二千余组之手缲渔轮均陷于难以维持之境况，故拟相率来沪营业者大有人在，此于我国海权渔利暨国计民生影响甚巨，在我国之政府及人民断不容轻视者也。"[②]又如 1932 年 12 月 1 日《申报》载："中央社云：日本渔轮鹗丸，二十八日又运大批鲜鱼进口，共有六百九十七箱，完全为小黄鱼，二十九日起，由十六铺恒昌、永兴、乾茂、大茂、永茂等各鱼行代售，抛价极低，据渔业界中人云，当日宁波等地国产桶头货，每担售价总值在十六元上下，而该鹗丸渔轮运进之鱼，仅开价十元至十二元，致本国鱼商大受影响，渔轮业亦暗暗叫苦，敢怒而不敢言云。"[③]而该鹗丸渔轮于当月 25 日再次进口，运入小黄鱼、鲨鱼、鳗鱼等一千一百箱，重三万余斤，小黄鱼鱼价更是低至每担开盘只六到八元，跌价倾销，致使鱼市为之紊乱。[④] 据 1933 年实业部统计，因日渔轮侵渔，当年我国之损失达 2970 万余元。[⑤]

此外，日渔轮不仅在宁属洋面肆意侵渔，且任意行驶，撞没渔船，覆舟惨祸时有发生。如 1936 年 10 月 5 日夜，定海县属桃花岛渔民虞德裕的大对船，在浪江洋面捕鱼，忽有日本渔轮一艘迎面撞来，虞德裕之大对船不及回避，被撞后顿时沉没，所幸另一渔舟赶往救援，渔伙得救，但船主虞德裕已被

---

① 浙江省舟山市政协文史和学习委员会：《舟山渔业史话》（舟山文史资料第十辑），中国文史出版社 2007 年版，第 378 页。

② 《日本渔轮越海侵渔之调查》，《申报》1930 年 12 月 29 日。

③ 《日渔轮倾销小黄鱼》，《申报》1932 年 12 月 1 日。

④ 《又有日本渔轮进口》，《申报》1932 年 12 月 30 日。

⑤ 《日轮侵渔之损失》，《申报》1933 年 12 月 9 日。

海浪卷去,葬身鱼腹,其家属悲哀欲绝,不得已报告该县县渔会,请求救济。①

期间日本渔轮侵渔非但有民间行为,而且有官方与军方作为其帮凶。全面抗战爆发后,甚至由日本军舰护卫日本渔轮进行侵渔。"浙东洋面,时有日舰发现,任意焚烧渔船,屠杀渔民,以致舟山群岛一带渔民,均不敢出海捕鱼,渔产因此大受打击。"并且侵渔之渔轮"均系最新式者,每日所捕去之鱼,为数颇巨,均行销于上海市"②。1939 年 3 月,时届春季渔汛,日渔轮在武装军舰保护下,侵入浙海宁属洋面捕捞。"廿五日下午,又有日渔轮四十余艘,由日舰一艘引导,由东北方驶来,经定海县属长涂岛钉嘴门前海面,至店龙山、圆山附近洋面,散开捞鱼,日舰并放下汽艇,往来巡弋,保护渔轮,至廿七晨相继驶至普陀洋面,至廿八日始驶向台湾方面而去。"③日轮侵渔已司空见惯,日军暴行更是罄竹难书。如 1937 年 11 月下旬,日军两艘航空母舰和四十余艘驱逐舰及炮艇,在舟山海面封锁航道,破坏渔场,毁坏我渔民船网,并窜上渔岛烧杀奸淫,另又派遣军舰封锁被其圈占海域,肆意炮击与焚毁中国渔船,残杀我无辜渔民。又如 1939 年 3 月 18 日,侵华日本海军一度从舟山窜至嵊山岛,用一条绳索绑三人的手法,把 53 位嵊山渔民押至岛南"狗爬塔"旁枪杀。同年 4 月,日寇又在大目洋焚烧我渔船,惨杀渔民六十余人。同年 5 月 19 日,日军两架水上飞机对普陀沈家门新街等居民点处进行轰炸扫射,死伤渔民 3 人。1940 年 6 月 6 日,日寇又杀害我象山东门渔民六十余人。7 月 6 日,又击毁镇海蟹浦渔船 10 艘,12 月又毁郭巨、新矸渔船 3 艘。且日寇多以杀我渔民为乐,杀人方式残忍至极,如 1940 年 8 月,六横岛渔民钱贵世、刘李云从上海捕鱼返回,被日军发现抓至巡逻艇上,日本兵竟将这两位渔民的四肢用铁钉钉在"杀人板"上,刺刀剖肚,挑出内脏,又用刺刀穿左肩窝,用铁丝穿连抛入海中。④ 如此穷凶极恶,实在令人发指。

当时日人在宁属洋面侵渔手法,不外乎四种,且常有毁我渔船、杀我渔民之暴行:第一种,日人对其渔轮进行伪装,或悬挂由其伪制的中国国旗,或在船首涂写中国渔轮船名与船号,冒充中国渔轮,以遮人耳目,混入渔场。

---

① 实业部上海鱼市场:《水产月刊》第 3 卷第 11 期,1936 年 11 月,第 77 页。

② 《日渔轮四十余侵夺舟山群岛渔业》,《申报》1939 年 4 月 3 日。

③ 《日方侵渔》,《申报》1939 年 4 月 2 日。

④ 浙江省舟山市政协文史和学习委员会:《舟山渔业史话》(舟山文史资料第十辑),中国文史出版社 2007 年版,第 96—97 页;周科勤、杨和福:《宁波水产志》,海洋出版社 2006 年版,第 56—57 页。

第二种,以金钱收买汉奸,充当其侵渔渔轮之船员,为其在上海等处倾销于我国领海内掠捕之鱼货出面作掩护。第三种,派遣日军军舰,掩护日本渔轮来华侵渔。第四种,任意圈定海域,霸占旺发渔场,只准日本渔轮侵渔作业,不许中国渔民正常捕捞。[①]

二、战时宁波海洋渔业损失估算

除日本侵渔、侵市之外,由其军事侵略引发的战事对宁波地区渔业的影响更为巨大。浙江渔业重心在宁属,以往产品差不多二分之一以上运销到上海,其次到宁波、绍兴、温州、台州等地。1933 年 2 月份,上海因受到"一·二八"事变(淞沪抗战自 1932 年 1 月 28 日爆发)影响,渔产"进口绝少,即有亦无市"[②]宁波渔产销售因之受挫。而全面抗战爆发后,海疆封锁,上海与定海间因交通断绝而货运停顿,内地又以军事关系,公路破坏,运输梗阻,重要城市亦随时遭敌机轰炸,人民聚散无常,渔产销售更加困难。加之向来从事渔产收购及制造的鱼商,因海氛不靖,敌舰纵横,恐遭越货损失,亦多停止营业,以致供求不能调剂,渔产滞销,价格惨跌。以抗战初期每年 5、6 月间定海的小黄鱼、大黄鱼、墨鱼之价格为例,抗战后较抗战前每担减少 1/3 左右。1936 年至 1937 年 5 月份,小黄鱼价格每担四元左右,抗战期间同月价格仅为二元五六角。墨鱼 5 月份价格,抗战前为十一二元,至 1939 年(民国二十八年)同月仅有七八元。1938 年,敌伪成立伪上海鱼市场,在宁属舟山群岛洋面进行"检查"的日舰,强迫渔船载往上海销售,一部分渔商船为了维持生计,纷纷向第三国德商经营下的德隆洋行、费赐洋行购领照旗,以避敌舰检查,并将收购鱼类运至上海中法鱼市场销售,但不久便为敌伪探悉,又派小巡舰在吴淞口巡查,每遇渔船,即强迫拖驶至伪鱼市场进行销售。

此外,物资的缺乏亦是制约宁属渔业经济的重要原因。抗战之后,百物缺少,价格昂贵,渔业用品亦如此。烤皮、烤胶、猪血等染料,编制网纲上用的苎麻,张网及大箬网毛竹,供油漆渔船之用的油类,以及渔民的食粮,等

---

① 浙江省舟山市政协文史和学习委员会:《舟山渔业史话》(舟山文史资料第十辑),中国文史出版社 2007 年版,第 95—96 页。

② 实业部中国经济年鉴编纂委员会:《中国经济年鉴》,商务印书馆 1934 年版,第 60 页。按:其原文所述"二月份因战事影响进口绝少即有亦无市"之"二月份"并无表明年份,仅有"去年"二字表示年份,该年鉴为 1934 年出版,而 1933 年 2 月上海并无战事,且该版年鉴刊录资料大致为自 1932 年至 1933 年的各种经济统计资料,故可推知"去年"即 1932 年,而非 1933 年,1932 年 1 月 28 日淞沪抗战爆发。

等,无不缺乏,价格因此暴涨。普通使用的渔具之价格,抗战后较抗战前增加1/3至1/2倍,如宁属的大对网,战前一项仅八九十元,战后需一百二三十元,出渔的准备金额,抗战后亦较抗战前增加1/3以上。如大对渔船,抗战前出渔的装置费用约九百元,至1939年则达一千五百元之巨,这无疑是渔民重大的负担。并且,在浙东沿海沦陷的同时,海匪开始猖獗起来,日寇封锁沿海以后,我国军警力量就鲜能到达海上。于是一般宵小,因迫于生计,相互勾结,乘机肆意骚动,日军亦利用海匪以扰乱我海疆。全面抗战初期,浙江沿海股匪综计达三百个单位以上,人数不下两千,渔民受其苛扰备至,勒索巨金,出售匪片,擅发照旗,美其名为"护渔费"。如定海大对渔船一只购嵊山王匪片照,冬季五十四元,春季三十四元。此外,尚有抛锚费、灯费等名目,五花八门,渔民不堪重负。然而海匪内部又帮股很多,往往甲匪片不能通用于乙匪,乙匪又失效于丙股,渔民缴纳匪金,购买匪片,常达数股以上,故每船担负恒逾百元。以上皆是抗战时期渔业衰颓、渔产减少的重要原因。据当时学者王贻观之粗略估计,1938年渔船出渔较之往年同期减少约达1/3,渔获物减少亦达八九百万元。而据《浙光》(第4卷第9号)更为具体之统计,同时期宁波渔业经济损失更为巨大。兹列抗战前后宁属出洋渔船数量及损失估计表如表8-1。

表 8-1　1936—1938 年宁波出洋渔船数量及损失估计

渔汛类别	渔船种类	出洋渔船数量			每船渔获物价值(元)	损失估计(元)
		1936 年	1937 年	1938 年		
冬季带鱼汛	台州帮红头小对	1000 对	800 对	—	600	480000
春季小黄鱼汛	宁属大对	—	1325 对	705 对	2000	1240000
夏季墨鱼汛	鄞帮网捕	—	1000 只	400 对	400	240000
	温台帮笼捕	—	440 只	170 对	400	108000
	宁属大箭溜网	—	2000 只	500 只	200	300000
总计						2368000

资料来源:浙江地方银行总行:《浙江经济统计》,(杭州)浙江印刷厂,1941年,第83页。

由表8-1可知,抗战以后,在宁属洋面出海作业之渔船数量,一年之内竟减少一半左右。除却渔船因战事损毁,渔民不敢出渔、不能出渔等重要因素,仅此一项即导致宁属渔业经济一年内(因船只数量对比仅有一年之隔)损失达两百余万元的原因。

　　而至于战时渔民伤亡、渔船渔具损失之具体数据，则各方统计不一。以下为 1949 年 3 月 25 日浙江区渔业救济物资处理委员会渔业救济物资分配会议记录所载数据，因其统计较为全面，故照录如下（见表 8-2）。

表 8-2　战时宁波渔民伤亡渔船损失调查统计

区别	县别	渔船损失总担数（市担）	渔船损失总艘数（艘）	渔具损失总数		渔民死亡总数（人）
				渔网（方丈）	钓钩	
鄞象区	鄞县	49607	330	15700	23800 只	34
	镇海	400	2	84		
	宁海	42790	285	43597		96
	奉化	2798	136	19650	66000 只	174
	象山	12640	47	3055	122 篮	63
舟山区	定海	22200	114	24326		42

　　资料来源：《浙江区渔业救济物资处理委员会渔业救济物资分配会议记录（民国三十八年三月二十五日）》，《渔业庶事》，浙江省档案馆藏，档案号：L033-002-0428。

　　该统计所列各项数据，以常理度之，应均小于实际数据。因该类损失统计多以政府命渔民申报为数据的主要采集方式，如战后浙江省渔业局统计渔船损失时，须各县渔民统一填报其所制作之《浙江省渔业局战时渔船损失调查表》，而又由于各种因素导致数据无法尽数采集。浙江省渔业局局长饶用泌在拟定《浙江省渔业局救济渔船修造计划》时，论及渔业局调查渔业损失所得数据距实际损失之数尚远的情况，总结出如下四点原因："一以抗战时期过长，损失渔船原主或沦落外方，或业已死亡；二以渔区辽阔散漫，无法普遍周查；三以渔民愚昧多存观望；四以不信确能配发救济物品，虽经调查，不愿填报。"[①]亦因此，宁属渔民请求救济新造渔船之数较之申报渔船损失之数为少，详见表 8-3。

――――――――――

　　① 《县府城区公河养鱼计划渔盐业调查情况战时渔船损失调查及各类渔业报表》，宁波市档案馆藏，档案号：2-1-24。

表 8-3　宁波战时渔船损失请求新造只数统计

	大对	红头对	大钓	小钓	大箭	溜网	张网	盐鲜	缆钓	小船	冰鲜	总计
鄞县	122										11	133
奉化					87	17			8			112
定海	1				20	58	2	1		5		87
象山	2	7	6	5	22							42

资料来源:《县府城区公河养鱼计划渔盐业调查情况战时渔船损失调查及各类渔业报表》,宁波市档案馆藏,档案号:2-1-24。

而其他部门机构的渔业损失统计亦印证了这一点,因仅就目前可见的统计数据来看,即有大于该伤亡损失统计者。如据 1945 年 10 月镇海县抗战损失调查统计,镇海渔船损失达 89 艘,以当时每艘渔船价值 18 万元计,总损失达 1602 万元。[①] 而新编志书之记载更是不尽相同。仅就鄞县一地而言,据《宁波水产志》载,1940 年至 1945 年,鄞县损失外海渔船 152 艘,其中在东钱湖内霉烂失修者达 54 艘。[②] 鄞县之大对船,1935 年有 112 对,1937 年有 106 对,1946 年仅有 25 对。鄞县之大箭船,1936 年有 110 艘,1947 年仅有 24 艘。[③]

宁属渔业战时损失究竟几何,详细数据已不可考。而全浙江渔业战时损失,据浙江省建设厅第一、二、三区渔业管理处 1938 年及 1945 年两年度渔业登记统计,渔船、渔民及渔获物之比较,渔船相差在七千五百艘,渔获物约在一百三十万担,而渔民失业、伤亡者,亦有一万七千人。兹列表如下(见表 8-4)。

表 8-4　浙江省战时渔业损失统计

年度	渔船数(艘)	鱼商船(艘)	渔民人数(人)	渔获物(担)
1938	10910	1209	48480	2095300
1945	4474	145	31487	798752
减少	6436	1064	16993	1296548

资料来源:《县府城区公河养鱼计划渔盐业调查情况战时渔船损失调查及各类渔业报表》,宁波市档案馆藏,档案号:2-1-24。

---

① 《浙江省各县经济概略(之二)》,浙江省档案馆藏,档案号:L031-001-0450。
② 周科勤、杨和福:《宁波水产志》,海洋出版社 2006 年版,第 57 页。
③ 周科勤、杨和福:《宁波水产志》,海洋出版社 2006 年版,第 82—83 页。然而《鄞县志》则记载 1936 年鄞县拥有大对船 620 艘,大箭船则与《宁波水产志》记载相同,为 110 艘。参见:浙江省鄞县地方志编委会:《鄞县志》,中华书局 1996 年版,第 424 页。

三、敌伪渔业组织的设立及其影响

日本对宁波海洋渔业的侵略不仅仅是夺我渔产,杀我渔民,毁我船只,还在陷区建立了诸多机构组织,以对宁波海洋渔业进行长期剥削压榨,达成其以战养战之目的。抗战以后,浙江重要渔区所在地相继沦陷,浙江省渔业机构亦裁撤大半。战前直属省政府之浙江省渔业管理委员会(1936年7月4日成立)及隶属建设厅之浙江省水产试验场(1935年2月1日在定海城关成立),自省会杭州沦陷后,水产试验场一度迁往绍兴,于1938年2月间被迫停办。渔业管理委员会则并于建设厅,该会在定海、海门、永嘉所设之三区渔业办事处,分别改称为建设厅第一、二、三区渔业管理处。宁波沦陷后,第一区渔业管理处相应裁撤,将第三区改为第一区,第二区不变。① 在国民政府渔业机构相继裁撤的同时,敌伪渔业组织陆续成立,敌伪对宁波渔业的侵略遂由零星的劫掠变为有计划的掠取。日寇为专事掠夺而筹组了伪"华中渔业公司",在定海、沈家门各设有分店,后改组为伪"华中水产公司"。在各地设鱼市场,如伪"定海鱼市场"等,还串通奸商设立众多大小鱼行,如石浦之伪"振兴渔业公司",爵溪之"诚达公司"等,敌酋千叶为伪"振兴渔业公司"主事,而"诚达公司"更是由驻甬伪军第十师师长汉奸谢文达主持。在定海还有伪"定海水产公司"。在舟山成立了伪"舟山渔产管理局",是舟山一带渔业掠夺机构中"最有枪杆背景的一个"。在沈家门有日本林兼商店②之冷藏库一所,其所藏鱼货为日军军品。③ 在宁波成立了伪"宁波水产管理局",统括整个宁属滨海各县渔业机构,借"管理"之名,征收渔税,统制产销。

---

① 浙江省政府建设厅技术室:《乡建通讯》第5卷第1期,1943年4月,第15页;上海市渔业指导所:《上海市水产经济月刊》第5卷第6期,1936年7月,第12页;上海市渔业指导所:《上海市水产经济月刊》第5卷第7期,1936年8月,第12页;浙江省舟山市政协文史和学习委员会:《舟山渔业史话》(舟山文史资料第十辑),中国文史出版社2007年版,第663—665页。

② 日本明石(地名)的海产品商人中部几次郎原本是以收购濑户内海沿岸海鲜,然后在阪神(大阪、神户)周边市场销售的经纪商人,后着眼于朝鲜沿岸海域通渔(商)所带来的经济兴旺景象,进而经营通渔船和运输船业务,并获得了巨大的利润。1913年设立林兼商店,专门从事朝鲜东海岸的定置网渔业、青花鱼动力船钱褚网渔业和韩国釜山近海的动力船底拖网渔业。与此同时,不断扩大其产业规模,1918年进入捕鲸业的同时,设立造船厂和冷藏加工厂等水产关联企业不久,以大洋渔业株式会社的名义上市成功。参见:[日]增井好男、潘迎捷:《日本水产业概论》,西北农林科技大学出版社2010年版,第7页。

③ 《建设厅接收宁波等处日伪渔业机构》,浙江省档案馆藏,档案号:L039-000-0204。

镇海汉奸黄国珍等奉伪"宁波水产管理局"之命,组织伪"浙东鱼市场股份有限公司",在舟山沈家门、象山石浦等各地遍设分场。此外,宁属地区伪"渔业生产合作社"、伪"渔类运销合作社"亦为数不少。

日伪成立以上各种渔业组织后,便开始了各种搜刮渔民脂膏的行为。战时民生凋敝,渔业经济困顿,资本短绌,渔民欲在渔汛时出海捕鱼,不得不向鱼行进行借贷。敌伪亦正好借此剥取利息,于是便开设大规模的高利贷,强迫渔民告贷资本。渔民既迫于淫威,又囿于事实,不得不作饮鸩止渴之举。此种高利贷每元月利自二角五分到四角,利率之高,可见一斑。且此种高利贷数额之多,尤属可惊。单就汉奸谢文达主持之"诚达公司"在象山爵溪一地,就放款六千万元之多,其他如石浦、定海、镇海各地,总计不下十数万万元。此种借贷必须要以渔船和网做抵押品,并且勒令渔民捕鱼上岸时必须由放贷者指定之公司收购,不得私行销售,即使加工制鲞腌咸,也非经过他们的统制机构不可。敌伪用武装力量强制渔民低价收购,进而操纵鱼价,垄断市场,统制产销。至于鱼商,若无武力背景,即使开一爿鱼行,也非缴纳大笔"许可费"不可。敌伪向每只渔船课收重税,至 1944 年(民国三十三年)抗战胜利前夕,每艘"护洋捐"要五万元,隔年又涨至三四十万元之巨。其中有登记费、牌照税、生产捐等,一只渔船税捐多达十余种,完税后由伪渔业机关发予一张伪"护洋执照",以为凭据,但靠其"护洋"则是不能奢望的。还有许多伪税"胥吏",更是乘机从中苛索,中饱私囊。[1]

剥削沦陷区渔民是一种手段,而收买沦陷区渔民亦是一种手段。当时敌伪亦对一些渔区的渔民采取怀柔政策,即高价收买所捕之鱼,并对渔民作反宣传。国民政府对此非常重视。1939 年,中央要求浙江省政府对此采取应对之策,切实指导扶助渔民成立或恢复各地渔会,"俾得互助团结,免为敌所利用诱惑"[2]。

此外,当时敌伪在宁波一地,还成立农渔经济合作组织,即伪"中国合作社"在鄞县成立之分支机构,一是伪"中国合作社鄞县支社",二是伪"中国合作社宁波水产合作社",此两合作社乃平行机关。前者于 1941 年(民国三十

---

① 新潮通讯社:《新潮通讯社(乙种稿)》,1945 年 6 月 1 日;《省府关于渔业生产的各类文件》,宁波市档案馆藏,档案号:2-1-22。

② 《浙江省建设厅宁海县府六区专员公署等单位关于鱼行鱼栈渔捞户等调查表督饬填送县渔会沿海各乡镇为抄发护渔暂行办法仰知照由》,宁海县档案馆藏,档案号:旧 1-10-229。

年)10月开始筹备,当时之名称为"鄞县第十区农村产销供运合作社",翌年
1月扩充经营范围,易名为"宁波合作社",同年 6 月 10 日奉伪政府令改用
"中国合作社鄞县支社"之名。该社共有社员 29588 户,出资口数(即股数)
计 21144 名,资金总额 2222800 元。主要开展办理农贷,改良农产,创办模范
农场,开设农事训练班等业务。伪"中国合作社宁波水产合作社"成立于
1941 年(民国三十年)11 月,原名为"有限责任宁波水产合作社"。除办理渔
业合作社业务外,还下辖宁波、镇海两处鱼市场。该社设于宁波之鱼市场在
鄞县江厦街,社内海产部之经纪人计 34 人,其所出之资本约五百万至一千
万元,至河产部则仅 10 余人,资本数十万至百万元。1945 年(民国三十四
年)1 月,曾有人在宁波组织"浙东鱼市场",垄断渔业,致该社业务大受影响,
几至停顿,3 月间由汪伪"中央"明令取缔"浙东鱼市场"。伪"中国合作社宁
波水产合作社"主要业务为渔业贷款,渔民资金困乏时,可向该社申请贷款,
该社还设有渔民福利小学,并在宁波大来街开设渔民施诊所。[①] 宁波地区两
所伪"中国合作社"分社之开设,其目的当然在巩固伪政府之统治,但对沦陷
时期鄞县农渔经济亦起到了一定的维持作用。此即合作经济之效,而非伪
政府之功,故当抗战胜利后我政府对宁波两所伪"中国合作社"进行查封保
管时,当地民众亦曾纷请复办,为此政府在接管过程中做出了妥善安排。[②]

第二节　联合国对华渔业救济

　　第二次世界大战后,随着联合国的建立,各国的战后救济工作也逐渐展
开。在联合国的协调下,对战后中国渔业的救济在二战结束后逐步实施,其
对中国的战后渔业救济物资主要包括渔船、渔业生产工具及制造渔船所需
要的原材料。作为在抗日战争中渔业损失最为严重的沿海城市之一,宁波
在浙江所获联合国渔业救济物资中的分配比例是最高的,对战后宁波渔业
生产的恢复发挥了积极作用。

一、联合国及中国善后救济机关的成立

　　1943 年 11 月 9 日,44 国代表在美国华盛顿签约,成立联合国善后救济

① 《浙东观感(四)——今日之宁波》,《申报》1945 年 6 月 18 日。
② 《鄞县县政府接收敌伪合作社鄞县支社来往文书及鄞县合作社联合社章程》,宁波
市档案馆藏,档案号:31-1-50。

总署(简称联总),中国代表蒋廷黻在第一次善后救济大会上详细报告了中国受战争损害的情况,并提出善后救济计划,要求予以援助。1944年下半年,农林部渔牧司派王以康赴华盛顿,协商办理渔业项目之申请联系工作。1945年11月14日,中华民国国民政府行政院善后救济总署署长蒋廷黻与联合国善后救济总署驻华办事处处长凯石在重庆珊瑚坝签订《中国政府与联合国善后救济总署善后救济基本协定》,协定明确无偿供给我国各项救济物资及服务,其中渔业善后救济物资原商定总值为1.05亿美元,几经核减,实际用以购办渔业救济物资的仅为0.26亿美元。是年底,行政院善后救济总署(简称行总)在上海福州路成立行总办公室,总管行总业务。翌年3月,设农业业务委员会,兼管渔业部分的善后救济工作,招聘渔业专家与技术人员王以康、李象元、王重、王贻观、侯朝海、蔡增祥等为专门委员。1946年5月27日,行总与农林部开始合作筹建渔业善后物资管理处,其基本任务如次:(1)关于渔业善后计划事项;(2)关于渔业善后物资之分配处理事项;(3)关于善后物资之使用及人才训练事项;(4)关于渔业产品之储运利用事项;(5)关于民营渔业之辅导事项;(6)关于渔业船只器械之修理事项;(7)其他有关渔业善后及发展事项。1946年(民国三十五年)8月12日,择定复兴岛原鱼市场为办公场所。30日,正式成立行政院善后救济总署、农林部渔业善后物资管理处(简称渔管处),首任处长由许复七兼任,副处长王以康,下设二组二室,并附设渔船管理所、总仓库及训练组,职工总数96名。第一期渔业技术人员训练班随之开学。8月份起,美式、澳式渔轮陆续到沪,9月1日,首次6艘渔轮出海试捕,其中2艘因故不能坚持作业,其余4艘九月十日返航到沪,售得鱼款1394万余元。至年底已有34艘陆续抵沪,外籍船员增至80余人。为妥善管理,翌年1月,设外籍副处长华纳(Wangner),2月中旬,华因作风粗暴,辞退返美。1947年12月30日,行政院善后救济总署工作结束,根据善后事业委员会组织条例,为与农林部合办之渔管处移交善后事业委员会(简称善委会)接办,改组为长期善后事业工作。至此,渔业物资的接收工作基本结束,工作重点进入大量物资的分配及长期运用阶段。1948年7月28至31日,在上海召开渔业救济物资分配会议,会议决定在各省区设立渔业物资处理委员会,并确定各省区物资分配比例,同时由各省区委员会代表在上海组成渔业救济物资处理委员会联合会(简称联合会)。是年10月22日,渔管处设立渔业物资处理联系小组,专事与联合会、善委会所辖之保管委员会(简称保委会)及渔管处之间的联系,联系小组由黄卓凡主持工作。11月1日,正式办公,受渔管处处长直接领导。12月初,开始首先对广东和台湾两省区的代表洽提应得之救济物资。①

依照《各区渔业物资处理委员会组织纲要》1948 年 7 月 30 日全国渔业物资分配会议第三次大会通过,各区渔业物资处理委员会由下列各机关团体指定代表,报由当地省政府会同市政府聘派组织之,并咨善后事业委员会备案:(1)建设厅或省农林处;(2)市政府或主管局;(3)省参议会及在该区内之院辖市参议会;(4)各该区内省渔业机构;(5)各该区内省合作机构;(6)善后事业委员会设在该区内之主管渔业物资机构;(7)农林部设在该区内之主管渔业机构;(8)社会部设在该区内之主管合作机构;(9)各该区内主办渔贷机构;(10)省渔联会及在该区内之院辖市渔会。上海全国渔业救济物资分配会议闭幕后,浙江省开始筹备浙江区渔业物资处理委员会,即由以上各机关团体向浙江省政府推荐人员。

表 8-5　浙江区渔业物资处理意见会机关团体推荐委员名单一览

姓名	年龄	籍贯	学历	履历	推荐机关团体
许蟠云	57	浙江黄岩	北京大学毕业	曾任浙江省第八区行政督察专员、浙江省政府委员、浙江垦殖公司总经理、浙江全省渔会联合会常务理事、立法院立法委员	浙江全省渔会联合会
饶用泌	40	江西南昌	河北省立水产专门学校毕业、二十四年高等文官考试建设人员及格、中央训练团第三十一期党政训练班毕业	实业部荐任技士、浙江省建设厅视察技正、浙江省第一区渔业管理处主任、农林部专员、浙江省建设厅秘书主任、浙江省渔业局局长	浙江省渔业局
林树艺	42	浙江瑞安		中国国民党浙江省党部书记长、浙江省参议员	浙江省参议会
何其元	38	江苏宜兴	国立东南大学商学院肄业、江苏省合作指导员养成所及中国农民银行行员训练班毕业	曾任江苏省农民银行业务课主任、四川省合作金库颁组达县合作室□□经理、南京市粮食消费合作社课长等职十三年	浙江省合作事业管理处

① 上海渔业志编纂委员会:《上海渔业志》,上海社会科学院出版社 1998 年版,第523—528 页。

姓名	年龄	籍贯	学历	履历	推荐机关团体
戴行悌	35	浙江鄞县	浙江省立高级水产学校毕业、中央研究院研究生	曾任浙江省水产试验场技士、农林部专门委员、中国海洋研究所研究员、国立厦门大学技正、现任国立高级水产学校校长、浙江全省渔会联合会理事长、国民大会代表	浙江全省渔会联合会
叶禄夫	42	浙江永嘉	群治大学毕业	曾任浙江省温区渔民保甲督导员、温区渔民合作金库经理、杭县县政府科长、杭州市政府秘书、浙江省社会处视导、浙江全省渔会联合会常务理事、国民大会代表	浙江全省渔会联合会
俞积楚	36	浙江象山	浙江省立水产学校毕业	曾任县政府渔业指导员技士、建设科长秘书、专员公署办事处课长、渔业局科长及中训团水产班技术教官等职	农林部江浙区海洋渔业督导处
陆思安	50	浙江吴兴	国立复旦大学毕业	浙江省临时参议会参议员、浙江省合作金库协理、英士大学教授、中国农民银行杭州分行副理	中国农民银行杭州分行
陈谋琅	51	浙江鄞县	吴淞水产学校毕业、日本东京水产讲习所毕业	曾任浙江省立水产学校校长、农林部专门委员、中央训练团水产技术人员训练班代主任	浙江全省渔会联合会
吴笔峰	53	浙江奉化	吴淞水产学校毕业、日本研究水产制造四年	浙江省立水产学校教务主任兼制造科主任九年、湖北省立教育学院教授两年、军政部粮秣实验工厂工务科科长四年、中央训练团水产技术人员训练班主任教官兼浙江省盐干品制造组组长、国立高级水产学校教务主任	浙江全省渔会联合会
王千里	53	河北省	美国华盛顿大学水产硕士	曾任河北省立水产专科学校校长、农林部专门委员、善后救济总署专门委员	浙江全省渔会联合会

续表

姓名	年龄	籍贯	学历	履历	推荐机关团体
冯子康	34	浙江定海	浙江省立高级水产职业学校毕业	曾任第一区渔业管理处平阳分处主任、浙江省渔业局科长	浙江水产建设协会
胡德闻	36	浙江玉环	浙江省立高级水产职业学校毕业、国立复旦大学毕业	曾任中训团水产训练班教官兼三门湾养殖场技师	浙江水产建设协会

资料来源：据浙江省档案馆藏 L033-002-0263 号档案制表。

据表 8-5 可知，浙江区各机关团体推荐人员，年龄在 34～57 岁之间，都为高学历人才，不少专家还有留学及涉外经历，皆为发展渔业经济相关部门中的精英分子。可见社会各界对此工作的重视。

1948 年 9 月 15 日，浙江区渔业救济物资处理委员会第一次委员会议在杭组织召开，宣告该会正式成立，会址暂设于浙江省建设厅内。[①] 兹列浙江区渔业物资处理委员会委员名单如下（见表 8-6）。

表 8-6　浙江区渔业物资处理委员会委员名单

职别	姓名	简历	代表机关
主任委员	贡沛诚	省政府委员兼建设厅厅长	省建设厅
副主任委员	许蟠云	立法委员、全省渔会联合会常务理事	浙江全省渔会联合会
副主任委员	饶用泌	省渔业局局长	省渔业局
委员	林树艺	省党部书记长、省参议员	省参议会
委员	方青儒	社会处处长	省社会处
委员	何其元	省合作事业管理处科长	省合作事业管理处
委员	戴行悌	全省渔会联合会理事长、国大代表	浙江全省渔会联合会
委员	叶禄夫	全省渔会联合会常务理事	浙江全省渔会联合会
委员	李星颉	渔业专家、省建设厅技正兼渔业股主任	渔业专家
委员	张稼益	造船专家、曾任造船工程师、大学教授	造船专家
委员	费鸿年	渔业专家、渔业物资管理处组长	渔业专家
委员	俞积楚	农林部江浙区海洋渔业督导处技正	江浙区海洋渔业督导处
委员	陆思安	中国农民银行杭州分行副理	渔贷机构

资料来源：浙江区渔业物资处理委员会，浙江省档案馆藏，档案号：L033-002-0263。

---

① 《浙江区渔业物资处理委员会》，浙江省档案馆藏，档案号：L033-002-0263；《省府关于渔业生产的各类文件》，宁波市档案馆藏，档案号：2-1-22。

此后该委员会委员时有更替，此不详述。

二、浙江渔业救济物资的分配

按照在沪召开的全国渔业救济物资分配会议决定，应"于大会闭会后一个月内成立各区渔业救济物资处理委员会"。该会于(1948年)7月31日闭会，而浙江区渔业救济物资处理委员会于1948年9月15日才正式成立，即已超期半月，未按既定计划完成任务。事实上，因时局动荡、物价飞涨等因素，全国渔业救济物资分配会议上诸多计划均不能如期达成。如原计划"各区委员会成立十日后，召集各区渔业物资分配会议"，而浙江区渔业救济物资分配会议拖延至1949年3月25日才得以召开，超期半载有余。又如原计划各区渔业物资处理委员会成立后，"一个月内开始提领分配物资，三个月以内全部领清"，而浙江区之渔业物资直至宁波、上海相继解放后(宁波1949年5月25日、上海1949年5月27日)，亦尚未提领完毕。

浙江区渔业救济物资不能及时提领，究其原因在于时局动荡，以致困难重重。大致情形如下。

(一)价让交通部木材价款之争

联合国善后救济总署援助中国之渔业救济物资中，有大量造船木料。经善后事业委员会决定以三分之二木材价让予交通部，照原价每板尺[①]美金一角二分五厘计算，总值约合当时法币四万亿元。[②] 第一批价让交通部木材，允以美金折金圆券一比四付给价款，总值约金圆券二十万元，用于浙赣铁路之抢修，该款浙江区可分得金圆券四万二千元(具体为金圆券41600元)。第二批价让交通部木材，允以美金折金圆券一比二十付给，用于津浦铁

[①] 英制材积单位为BF，翻译为"板尺"，1BF＝1英尺×1英尺×1英寸＝144立方英寸，100BF称为1MBF。

[②]《浙江区渔业物资处理委员会》，浙江省档案馆藏，档案号：L033-002-0263。按：四万亿元之价值出自民国三十七年(1948)八月六日许蟠云呈贡沛诚之函笺，金额数值十分巨大，因当年七月底在上海召开全国渔业救济物资分配会议时，政府币制改革之新货币尚未发行，故先以战后之法币计价，新货币"金圆券"自民国三十七年(1948)八月十九日开始发行。而其他器材总值约法币十万亿元，除20%由行政院善后事业委员会保管外，其余80%内，浙江省配得20%，其中木材折价款计法币六千四百亿元。此外，木材折价之原因之一，在于"十万吨渔业物资中的两万吨木料，本来用于制造渔船分发各地的，现善委会以各省渔轮式样不同，不能统一制造，决定把木料两万吨完全变卖，以所得的款项分配各省自行造船，各自发展渔业"。参见：实业部上海鱼市场：《水产月刊》复刊第3卷第8期，1948年9月，第53页；实业部上海鱼市场：《水产月刊》复刊第3卷第3期，1948年4月，第38页。

路南段抢修。交通部先是向善委会商购木材一千万板尺（浙江区须提供八十万板尺），每板尺以金圆券四元付给，后因物价飞涨，才改以美金折金圆券一比二十计算，但交通部却欲先提木料，无款付价，且该部至1948年12月底前已提领该项木材一百二十二万板尺，行政院虽通知交通部其余木材应全数一次提付，但仍未明确价款付给金额、方式及时间。而当时第一批交通部价款已由浙赣路局缴到保委会，因约定以商购之时汇率计算（即美金折金圆券一比四），故不能再依新汇率补给，最终浙江区于1948年12月底前领到了第一批价款，金圆券41600元，由浙江区渔业救济物资处理委员会商决成立五人小组共同妥善保管、处理之。而第二批价款，后由行政院拨到交通部驻沪办事处，浙江区分得之价款由浙江区渔业救济物资处理委员会派会计主任吴明煌赴沪洽领，领后亦交由五人小组掌管。第二批木材，交通部之前向善委会商购木材一千万板尺，后又同意"承购渔救木料限于洋松七五九万板尺"。由于短时期内物价波动甚烈，联合会又要求交通部照付款日之侨汇汇率折付，但行政院于1949年1月17日给予回复"惟各区渔会代表所谓按侨汇汇率折算价款，未便照办"。依照市价，即使以美金折金圆券一比二十计算，亦无异于征用，渔民吃亏甚大。后联合会照该会第九次会议决议案，仍要求以收到现款日之侨汇汇率结价，并"登报声明，非照付款日侨汇折算不可，据理力争，不达目的不止，并即向行政院提起行政诉愿"，浙江区渔业救济物资处理委员会亦电行政院作同样力争。在浙江区渔业救济物资分配会议上，浙江区渔业救济物资处理委员会还向各县代表呼吁，"希望全省渔民为联合会后盾"。

（二）各项经费不敷应用

1. 渔业救济物资处理委员会联合会行政经费

设于沪上之渔业救济物资处理委员会联合会，其办公经费，由各区渔业救济物资处理委员会负担，每区需负担十分之一。具体方式为：各区按比例共同提用木材十万板尺，其中浙江区占二万板尺（因浙省分得渔救物资占全国渔救物资总额的20%），交联合会具领变价应用，"以供联合会及各区驻沪办事经费及一部分运费"，变价后款项按照各区所得比例分汇各区。"至各区应行负担联合会经费，由联合会照扣十分之一，对于各区驻沪办事人员经费及一部分运费，仍由各区自行划汇。"然而由于物价飞涨等原因，此批款项贬值严重，不敷使用。为此联合会又电请各区会各提白棕绳五百磅，由联合会价卖以充经费。在联合会第六次会议上，联合会要求各区按比例各提白棕绳一捆至三捆拨充该会经费，浙江区拨付联合会白棕绳两盘，共1080磅。此外浙江区还提供木料两万板尺,均交付联合会,以符合联合会千分之三经费之数。

2. 浙江区渔业救济物资处理委员会行政经费

依据中央分配会议(即上海全国渔业救济物资分配会议)规定,"各区渔业救济物资处理委员会行政经费由受配物资总价值项下提用,以不超过总额2%为度"。浙江区渔业救济物资处理委员会之行政经费,据该会会计室及秘书室会签,以"在金圆券未贬值前,约合金圆十万二千四百元,如以一年又六个月平均分配,每月仅得金圆五六八八元九角,值此物价波动甚□,已深感不敷支配"。一个月后,该会奉善委会电饬,将"以不超过总额2%为度"提高为"以不超过总额3%为度"。而仅凭善委会提高提用物资百分比这一纸具文,该会亦将无法运作,因行政经费须待第一批价让交通部木材价款领到后,方可发放运用到位,然而该会又不能停止运作,故在第一批价让交通部木材价款未领到前,该会"经费开支系向省银行透支金圆一万元,向财政厅借支金圆一万元"。当第一批木材价款领到后,浙江区渔业救济物资处理委员会才将借财政厅之一万元在该价款中扣还,而省银行之一万元"拟先付利息,暂缓还本"。此后,经该会驻沪人员查验浙江区渔救物资,以白棕绳、油帆布、螺丝钉等不合需用,提请该会讨论是否同意先行变价以作运费及本会经费,最终决议"除依照原来规定保留百分之二十外,余即按照善后事业委员会规定办法,就地价卖,最好能向招商局交涉以此三项物资折价抵充运费"。于是向渔管处提领白棕绳四十盘,半数作为运费,半数作为行政经费。因物价继续飞涨,浙江区渔业救济物资处理委员会所需行政经费不得不向省银行增借二百万金圆,并且为抵御通胀,借来款项"即购物资保管备用"。行政经费捉襟见肘,以至于在浙江区渔业救济物资分配会议上,该会副主任委员许蟠云向各县代表致歉道:"省政府很穷,是别无款项开支的,际此物价高涨,恐招待不能周到,应请各位代表原谅!"

3. 川旅费与膳宿费

既然浙江区渔业救济物资处理委员会行政经费都已十分拮据,则办事人员川旅费与膳宿费之情况就更不言而喻了。为使浙江区渔救物资分配较为公平,就须了解浙江全省战时渔民损失情况,于是开展战时渔民损失调查。经该会决定,舟山、鄞象、温州三区归渔业局调查,其余由该会派员办理,唯因川费无着,最终该项调查工作人员于1948年12月14日才得以出发。而赴沪提领物资人员,则由该会派定储运组赵家驹组长与配造组陈绍馨组长出任。至调查战时渔民损失人员之川旅费,由于物价高涨,致使不敷甚巨。

4. 运费、装卸费与仓库租赁费

浙江区应得之渔救物资,须由上海提领,并运送回省,运输路线计划由上海起运至宁属定海县(浙江省渔业局所在地)。最初估计是项物资由沪至甬需运费五十万金圆:仓库租赁费需十万金圆,共计需六十万金圆,并拟由价让交通部木材价款项下拨充。且应将渔救物资区分适用与不适用,"适用者以最需要品先运,次要品续运,不适用者则留沪掉换适用物资,或提售一部分充作运费"。至于如何区分适用与不适用,则由浙江区渔业救济物资处理委员会请渔业局暨定海、乍浦两水产学校从速研究,并拟具利用方案。其时,台湾、广东已开始提领物资,而浙江区拟先就较轻便值钱之引擎 271 部先运,每部值美金 1900 元,总值 52 万美元,重 220 吨,由上海运至定海,经估计运费约需 20 万金圆。为应付紧张局势,浙江区渔业救济物资处理委员会决定将物资变卖一部分作为运费,以免迟误。经再三筹思,最终该会决定先将轻便物资 850 吨装运回甬,木材 1200 吨则暂存于沪,而装运费则涨至 900万元。其中大部分运费之筹措,由该会与浙江省农业推广委员会督导处订约,期限一个月,自 1949 年 2 月 16 日至 3 月 15 日,借款 500 万元,交省银行汇沪。至于用以存放运回渔救物资之仓库,原计划以部分渔救物资交换宁波船坞,由陈绍馨组长负责与宁波船坞上海负责人杨守余接洽。由于"船坞损坏已甚,修理费颇巨,暂□法利用",不得不改租仓库。当时有宁波交通银行仓库面积一千一百方尺,每间每月需租金六百元,该会即汇租金 1200 元与鄞县县府,由鄞县县长陈佑华拟订草约,代为租赁。

为了便于储运,浙江区渔业救济物资处理委员会决议渔救物资分类接收。兹分列如次:

(1)木材;

(2)渔具、工具、五金、航海仪器、油漆、农具附件;

(3)引擎、泊船用具、渔网类及帆布、网具附件;

(4)棕绳及网索。

浙江省立高级水产职业学校对渔救物资之适用与不适用按物资之重要性分类,并建议在物资清单上签注。兹分列如次:

(1)最重要(以 A 字表示)——为引擎、船舶用具、航行仪器、□钢索、织物(网、网线、帆布等)、木材等六项。

(2)次重要(以 B 字表示)——为五金、网上附属物、油漆、索具等四项,及手工具中之铁工用滑力大锤、铁锤、铁凿、斧、手斧等。

(3)不重要(以 C 字表示)——为渔具,及手工具中之铁钳、锯、平□、三角铁、错床、错把、手锯、缝帆用针挑、旋凿、胸钻、剪刀、船用骑缝钉、推刀、活□□头等。

但最后以上种种储运计划，皆因时局动荡，战火波及京沪杭，而不能顺利达成。

（三）其他

期间浙江区渔业救济物资处理委员会各项工作均受拖延，渔业救济物资不能及时提领，还有其余一些琐碎原因：

例如，当时烽烟四起，战事吃紧，淞沪警备司令部欲征用部分渔业救济木材，后由浙江省政府主席陈仪致电京沪杭警备总司令汤恩伯，而汤则令淞沪警备司令陈大庆对此做慎重之处理。然究竟征用与否，不得而知。

再如，因时局动荡，致盗匪横行，拦路抢劫之事时有发生，而奉浙江区渔业救济物资处理委员会委派，赴台州区调查战时渔民损害的公务人员，亦不能幸免。1948 年 12 月 16 日，该调查人员在路经天、临交界之八叠乡时，遭遇匪劫，财物尽失。随后该调查人等向该会提交证明书及失物估价单，请予救济。于是该会按照会计室所拟，以六万五千三百二十五元将失物作折价，给予救济，而原汇两千元之川旅费则照数扣还。

以上诸多原因，皆使浙江区渔业救济物资之提领变得困难重重。物资提领艰辛，工作为时较长，期间诸多因素致使该会不少委员及工作人员提出辞呈，甚至到最后连长期在沪奔走，于物资提领有莫大功劳之赵家驹组长、陈绍馨组长都一同呈请辞职，但最终都被该会慰留。然而即便如此，浙江区渔业救济物资处理委员会众主委、委员及工作人员，总体而言，皆是尽职尽责，鞠躬尽瘁之功臣，其奔走之目的仅在将浙江区分得之渔业救济物资提领回省，分发渔民，期间亦不乏感人之事。例如，各区派去上海出席渔业物资处理委员会联合会之委员，可领到一笔出席费，且据联合会临时会议第六案有"由各区自行决定委员出席费数额"之决议，而当浙江区渔业救济物资处理委员会欲将出席联合会委员之出席费数额作定价时，作为该会出席人的许蟠云副主任委员即表示不愿接受，于是该会将出席费之提案作了保留处理。其时物价高涨，如此即为该会节省了为数不小的开支，结合许蟠云副主任委员在浙江区渔业救济物资分配会议上"省政府很穷"之言论，不得不谓许公此举高风亮节、用心良苦。

三、联合国善后救济总署援华渔业救济物资

历尽艰辛后，浙江区渔业救济物资分配会议终于得以在 1949 年 3 月 25

日,于杭州中正街十号三楼(浙江区渔业救济物资处理委员会办公处)召
开。① 该分配会议决定了浙江省各县应得渔业救济物资的比例,并且规定了
物资提领时间、地点与方式。至于宁属地区所获渔业救济物资情况,还须从
联合国善后救济总署拟定援华物资说起。

　　1944 年 3 月,在行政院救济总署成立以前,行政院为估计中国善后救济
工作需要的物资,特设行政院善后救济调查设计委员会。蒋廷黻出任任主
任委员,从事调查与设计的工作,网罗了当时全国一流的专家,并且联合国
善后救济总署还派来三位国际专家协助,充任顾问。根据该委员会之估计,
我国善后救济所需物资经费,分为两部分:一为国外输入之部分,计重一千
万吨,计值为当时美金二十五亿三千万元(具体为 2529677000 美元);一为
国内需要经费,计具有战前购买力之国币(即法币)二十七亿两千七百万元。
两项合计共值当时美金三十四亿三千九百万元。而申请外国输入部分之二
十五亿三千万美元这个金额在华盛顿发表的时候,国际人士虽惊异数字之
大,但鉴于中国抗战之久,战争破坏之巨,被灾范围之广,并无人指责其不合
理。然而联总的资源是有固定限制的,其来源乃是本土未经敌人入侵的联
合国各份子,每一国家献捐其全国一年总收入的百分之一。总数收齐,据当
时估计才有二十亿美金。粥少僧多,支配困难,于是联总又决定凡是有充足
外汇或黄金的国家,应自筹其善后经费。当时我国代表亦鉴于联总经费总
数,远不及我国所拟申请之数,经致电请示政府后,自动声明缩小申请数额
至原额三分之一(即二十五亿三千万的百分之三十七),计值美金九亿四千
五百万元,计重四百万吨,其余部分,则由我国政府自筹。但最后联总方面
根据已筹集之资金,斟酌情形,仅同意资助中国五亿三千五百万美元,另加
海洋运费一亿一千二百五十万美元,总计达六亿四千七百五十万美元。截
至 1946 年,已运到中国之物资约为三亿一千五百万美元,尚余约两亿一千
七百万等待续运。在接受联总援助之各国中,中国所获物资最多,这是中国
人民须感谢联合国各国人民之处。②

_____

① 《渔业庶事》,浙江省档案馆藏,档案号:L033-002-0428。
② 行政院新闻局:《两年来的善后救济》,1947 年 11 月,第 5—6 页;行政院善后救济总
署:《中国善后救济计划》,1944 年 12 月,第 7—8、41—42 页;浙江地方银行经济研究室:《浙
江经济》第 2 卷第 2 期,1947 年 2 月,第 69 页。

图 8-1　联总运华渔轮

图片来源:行政院善后救济总署编纂委员会:《行政院善后救济总署业务总报告》,(南京)六联印刷公司,1948 年,第 163 页。

　　而渔业救济物资,最初的预算是三千六百万美元,经联总核减为两千六百万美元(具体为:25989373 美元),①其中动力渔轮连同附件约值一千七百万美元,其余物资共约九百万美元。截至民国三十六年(1947)底,已接收渔救物资价值 24221041 美元,尚余 1768332 美元之物资。联总助华渔业计划,主要分动力渔轮、加工设备和造船材料三大部分。详细项目如下:

　　浙江省配得渔业救济物资占渔业救济物资总数量的 20%,居七省区之第 2 位(参与分配之七省区分别为苏、浙、闽、粤、鲁、冀、台,以粤省分得最多),计木材 2268533 板尺,除由善后事业委员会照决议将木材三分之二价让交通部外,其余三分之一计 756174 板尺,约重 1200 吨。造船工具与装备材料计分 12 类,196 项,约重 850 吨。全部物资总值约为美金 1877466 元。②浙江区渔业救济物资处理委员会依据中央分配会议决定"各区渔业救济物

―――――――――

　　①　行政院新闻局:《两年来的善后救济》,1947 年 11 月,第 32 页;行政院善后救济总署编纂委员会:《行政院善后救济总署业务总报告》,(南京)六联印刷公司,1948 年,第 163 页。

　　②　浙江区配得渔救物资总值美金一百八十余万元,除价让交通部木材外,尚值美金一百六十余万元,至民国三十八年(1949)二月中旬左右,因金圆券大幅贬值,该一百六十余万美元折合金圆券近十七亿元,一美元可兑换一千余金圆券。参见:《浙江区渔业物资处理委员会》,浙江省档案馆藏,档案号:L033-002-0263。

资处理委员会行政经费由受配物资总价值项下提用,以不超过总额 3％为度"。因此将以上各项渔救物资分配于浙江各县区时,须除去占总额 3％之行政经费。该会将其余 97％物资,依据中央分配会议决定,作如次之处理:(1)旧式渔船之建造 50％;(2)奖励改良渔船之建造 20％;(3)渔具之制造 20％;(4)鲜鱼运输船之建造 10％。其中第二项"奖励改良渔船之建造"之 20％物资由该会保留建造新式渔船,同时依据该会第九次委员会会议议决对是项保留物资之运用应"由省方统筹支配,以改进海洋渔业为原则"。此外 80％物资则直接分配于各县,以供建造木船之用。各县区渔业救济物资分配比例,依照该会第十次委员会会议决议,物资分配比例,海洋渔业占 90％,其中提出 3％平均分配予半海洋区平湖、上虞、绍兴三县,淡水渔业占 10％。而各县分配比例,依损失调查与渔业重要性定之。依照该会制定之《战时渔民损害调查办法》规定,浙江省沿海及淡水渔区县份渔民在战时遭受重大损失或伤害者,均在调查之列,以作为分配物资之根据。为便于调查,该会将全浙江省划分为浙西、钱江、鄞象、舟山、台州、温州等六个调查区,其中浙西、钱江、台州等三区由该会派员调查,鄞象、舟山、温州等三区由渔业局派员调查,在所划六区以外的县份,则委托当地县政府代为调查。整个调查工作于 1948 年 12 月 14 日起开始,截至 1949 年 3 月 23 日止,除三门、建德两县调查表件至截止时尚未送到该会外,其余各县均调查竣事。此外,为了节省各种劳费,浙江区渔业救济物资之分配,经该会第九次委员会会议决定在上海分配,并推举许蟠云副主任委员、王以康委员在上海负责处理。并约定各区县提领物资代表于 1949 年 4 月 10 日前至上海大名路 101 号浙江垦殖公司会齐洽领物资。

宁属地区被划归海洋渔业救济物资分配地区,配得渔救物资占全省渔救物资总量的 37.1％,为全省之冠。其中鄞县 8.6％,镇海 1.0％,宁海 7.5％,奉化 5.5％,象山 5.0％,定海 9.5％;温州区占 29.3％,其中瑞安 5.0％,永嘉 4.5％,平阳 6.8％,玉环 9.0％,乐清 4.0％;台州区占 20.6％,其中临海 6.5％,黄岩 4.0％,温岭 7.5％,三门 2.6％（暂予保留）;淡水渔业区占 10％（平湖、绍兴、上虞为半海洋渔业区,各外加 1％）,其中长兴 1.25％,吴兴 1.35％,海盐 0.50％,德清 0.20％,平湖 0.50％,绍兴 1.80％,诸暨 0.35％,富阳 0.45％,桐庐 0.90％,上虞 0.45,建德 0.35％,杭县

1.25%,嵊县 0.25%,武康 0.20%,余杭 0.20%。①

四、宁波渔业救济物资的提领及其他

宁属地区(即鄞象区)配得渔救物资的提领,如上文所述,也需派员从上海提领手续。而具体办法,则须依据 1949 年(民国三十八年)3 月 30 日浙江区渔业救济物资处理委员会渔配字第 76 号代电所列之"物资提领办法"办理物资提领手续。兹将该办法详录如下:

(一)提领物资以区为单位,提领代表原则上由各该县会同渔业机关推派一人。

(二)提领代表印鉴须由各该县及当地渔业机关备具正式公函证明,存会备查。

(三)提领物资人员须携带各该县及当地渔业机关所发之派遣文件,至上海大名路一〇一号,按规定手续分别洽领。

(四)物资经提领人接收后,所需储运等费,概由受配人负担。

(五)各区受配物资应于相当期内提取完毕,否则遭受损失或毁坏者,不负任何责任。

上述渔救物资提领办法,较之浙江区渔业救济物资处理委员会之前历次会议讨论中关于渔救物资运费、装卸费与仓库租赁费之计划(见前文所述浙江区渔业救济物资不能及时提领原因之第二项第四点),不难看出,该会原制定之种种储运计划,均不能达成,该会已从渔救物资分配之主导者,退之为中介者。而最令各区渔救物资提领人员为难的,是提领办法之第四条,"物资经提领人接收后,所需储运等费,概由受配人负担"。浙江区渔业救济物资处理委员会作为上级组织,都不能筹得储运装卸等费用,各县提领人员则更是束手无策。浙江区渔业救济物资处理委员会将储运装卸之工作转予各县提领人员,固然不佳,然而因形势所迫,除此亦别无他法。亦因此,导致

---

① 渔业庶事,浙江省档案馆藏,档案号:L033-002-0428。按:浙江省分得救济物资价值占总数量的 20%,此处之总数量应为去除动力渔轮连同附件之一千七百万美元后,剩余之九百万美元物资,而非"联总"拨付之总值两千六百万美元;"此外 80% 物资则直接分配于各县,以供建造木船之用",该句原文为"此外 30% 物资则直接分配于各县,以供建造木船之用",疑为笔误,因除去"奖励改良渔船之建造"之 20% 物资外,"旧式渔船之建造 50%""渔具之制造20%""鲜鱼运输船之建造 10%",三项加总为 80%。在浙江省政府委员会拟定之《浙江区渔业救济物资利用计划纲要》中,明确划分实施地区,宁属区被划归海洋渔业区,包括鄞县、镇海、奉化、宁海、象山、定海等六县。参见:《渔业庶事》,浙江省档案馆藏,档案号:L033-002-0428。

宁波区渔业救济物资提领人员对该会强烈不满,进而演为对许蟠云副主任委员的不满。其中诸多客观形势导致提领、储运等困难,皆被提领人员认为是许氏之故意刁难。因此,宁波区提领人员以浙江省宁波区渔业救济物资提领代表联合办事处之名义,向各县县政府控诉此事。兹录该联合办事处致宁海县政府函如次:

为陈明赴沪提领渔救物资困难情形电请查核由①

宁海县政府钧鉴:

窃代表等奉令于四月十日起先后抵沪组织宁波区各县代表临时联合办事处,租借贵州路中国饭店三一四号为处址,推定首席代表开始办公,分头工作,形甚紧张。讵该浙江区渔救物资处理委员会主办人许蟠云初则一味推诿,继则多方留难,后经代表等十余日之力争,仅允原储华胜网厂之白棕绳交出分提,本区得一百另三圈,又因运费无着,无法搬运。至于物资运费一项,据该会负责人称曾与渔管处接洽妥当,中有数种容易推销物资卖给该处,其款可作运费,牵延迄今,未付一文,始于四月卅日通知款无着落,无法承买。代表等处此进退维谷、风声鹤唳,又经沪地当局饬令疏散之时,变卖物资作为运费,实属无法,虽经屡次集议,据理力争,终感无效,代表等借债度日,犹如涸辙之鲤,动惮不得,形甚狼狈。查该会前函提领物资以区为单位,限于本年四月十日起,应于相当期内提取完毕,否则遭受损失或毁坏不负任何责任,后忽改称提领物资以省为单位,前后言行显有出入,其用心所在,可想而知。如以省为单位提领物资,困难万状,各区代表不能齐集(如台州区代表未到,淡水区代表多已离沪),如此则本区应领物资提取无期。顷于四月卅日忽又接该会通知"所有其余物资提单亦可随时提货,请即日自筹运费提运回区"等由,准此。各代表前往洽提,又未如愿,无法提取。推其用意,以一纸公函了卸责任。代表等为渔民生计、为渔民谋福,心有余而力不足,处此情境之下,无法再留沪地,除向浙江区渔救物资处理委员会提出"万一物资遭受损失,代表等不负任何责任"严厉声明外,迫切陈词电请钧府鉴核。

宁波区代表沈渔刘南山王福基史锦纯任良王锡光许焕文薛国盛潘立本辰东叩

浙江省宁波区渔业救济物资提领代表联合办事处

民国卅八年五月一日

---

① 《宁海县府省建设厅省渔业救济处理委员会等单位关于为颁发鱼市场设置办法一案令仰知照由渔业救济物资分配会议记录等》,宁海县档案馆藏,档案号:旧1-10-233。

　　该函所述数事,明显带有臆测性质,而数日之后,宁波区提领人员潘立本代表在领到物资后,所作报告则较为客观。此外,由潘氏之报告可知,最终有 300 余吨物资须由沪运甬①,并且,所雇"周升利"及"咸利"两艘机帆船,装载渔救物资百余吨,定于 1949 年 5 月 18 日驶往舟山暂存候分。兹录全文如次:

报告②

民国三十八年五月廿一日上午十时于社会科

为报告事:

　　窃职案奉钧府本年四月廿日建字第二六号训令,略为"推派该员及县渔会理事长薛国盛前往上海会提本县奉配渔救物资,仰遵办具报"等因,奉此,遵即于四月廿二日前往上海提领渔救物资,中因各方手续关系,费时接洽,又受时局影响,物资变价,承受乏人,致使运费无着,未能如期领毕,幸经多方筹借,得有铢锱,陆续提运。职因身受感冒,未便久留沪上,即于本月十九日径返本县,查本区(宁波区)共计配得渔救物资约计三〇〇余吨,雇就"周升利"及"咸利"两艘机帆船,已装下渔救物资百余吨,定十八日驶往省府指定抢运地点舟山暂存候分,未领物资(护网油、五金、洋钉、渔网、网线、油漆、雨衣、伪装网等)现由本县薛代表等积极装运,如无枝节,即可运返舟山。为此将提领渔救物资经过情形,检同已运物资名单一纸,报请钧长核备。

谨呈

县长郑

呈附物资名单一纸

职潘立本

---

　　①　宁波区配得渔救物资占全省渔救物资总量的 37.1%,并且浙江省分得总值约一百八十万美元之物资约有 2050 吨(木材 1200 吨及造船工具与装备材料 850 吨),照此计算,宁波区配得渔救物资重量当为 760.55 吨,而最终仅有 300 余吨物资由沪运甬,究竟何故,或为如前所述将部分物资折价以充运费,此处有待考证。此外,《宁波水产志》一书述及宁波区渔救物资分配情况时,有如下文字"宁波 5 县占分额 27.6%,计鄞县 8.5%、镇海 1%、宁海 7.5%、奉化 5.6%、象山 5%。4 月中旬代表赴沪提领时会方发难,空手返回",由此观之,无论数据及提领结果,皆为谬误。参见:国民党宁海县府省建设厅省渔业救济处理委员会等单位关于为颁发鱼市场设置办法一案令仰知照由渔业救济物资分配会议记录等,宁海县档案馆藏,档案号:旧 1-10-233;周科勤、杨和福《宁波水产志》,海洋出版社 2006 年版,第 592 页。
　　②　《宁海县府省建设厅省渔业救济处理委员会等单位关于为颁发鱼市场设置办法一案令仰知照由渔业救济物资分配会议记录等》,宁海县档案馆藏,档案号:旧 1-10-233。

宁波区分配及提领到的渔业救济物资概况见表 8-7,而联合国善后救济总署对我国的渔业救济,除物资外,尚有工厂及加工设备。1946 年 6 月,行政院善后救济总署派简任技正李象元,陪同联合国善后救济总署水产制造专家顿纳(Tunmez),前往宁波、定海等地视察渔业,并勘查设立罐头制造场地址。① 当时,行政院善后救济总署以舟山群岛海域为我国最大渔场,计划在

表 8-7 宁波区第一批已提渔业救济物资名单

渔救物资名称	尺码	单位	备注
白棕绳	尺度不等	103 圈	
白棕绳	1(直径)寸×600(长度)尺	56 圈	
白棕绳	1/2 寸×700 尺	14 圈	
白棕绳	3/8 寸×600 尺	20 圈	
白棕绳	3/8 寸×600 尺	93 圈	
白棕绳	7/8 寸×600 尺	17 圈	
白棕绳	5/16 寸×600 尺	17 圈	
白棕绳	3/4 寸×600 尺	19 圈	
白棕绳	3/2 寸×600 尺	5 圈	
白棕绳	1 寸×600 尺	33 圈	
白棕绳	1.5 寸	12 圈	
帆 布	125 码×36 寸	268 筒	
帆 布	215 码×56 寸	48 筒	
帆 布	220 码×30 寸	36 筒	
引 擎	30 匹马力	21 部	配有 80 部
网丝绳	3/8 寸×600 尺	8 圈	
网丝绳	1/4 寸×600 尺	25 圈	
网丝绳	1/4 寸×3500 尺	3 圈	
网丝绳	1/4 寸×312 尺	2 圈	
网丝绳	5/8 寸×1800 尺	1 圈	
网丝绳	5/8 寸×570 尺	5 圈	

资料来源:《国民党宁海县府省建设厅省渔业救济处理委员会等单位关于为颁发鱼市场设置办法一案令仰知照由渔业救济物资分配会议记录等》,宁波市档案馆藏,档案号:2-1-223。

---

① 《省府关于渔业生产的各类文件》,宁波市档案馆藏,档案号:2-1-22。

舟山建立渔业基地。1947 年 5 月 7 日,行总执行长刘鸿生、渔管处长王人麟等,率领多名专家前往舟山群岛视察渔业状况,计划设立渔品起造厂。同月,美国西部工厂已履行联总之复兴中国渔业计划,将多家工厂拆卸运往中国,分别为:(1)生产鱼类食品之小工厂八家,价值八万五千美元;(2)自沙鱼肝内提炼维他命油(鱼肝油)之工厂三家及柴油引擎;(3)制沙丁鱼、墨鱼及其他鱼类罐头之罐头食品工厂三家。① 以上各工厂,虽面向全国供给救济,但照行总计划,舟山应为受配重镇,当时行总计划在舟山岛设立三个工厂,一为罐头食品厂,一为鱼油提炼厂,一为鱼肉装制厂。②

值得一提的是,在联总对华渔业救济过程中,美国亦给予中国很大的帮助。当时,联总提供中国渔船使用的帆布,需要联总事先代为购买。1946 年(民国三十五年)8 月,联总代表中国向美国购买棉麻一千万方码,该棉麻布将制成船帆,供我国渔船使用,“此项布料每码售价自美金二角一分至一元二角,重量自十至二十八安士,价款将自重建中国渔业之一千万元项下拨付”,而美国将此批棉织品,在“西雅图区战时物资管理分处以仅及成本之半之三万六千元之价格,拨售与联总”③,这无疑是对中国渔业的援助。并且,在联总救济以外,美国亦单独对华渔业施以援手。1948 年(民国三十七年)4月,为了制止日本渔船来华侵渔,美国将其在菲律宾之炮舰二十六艘赠予我国,该批船舰载重自一千吨至三千吨不等,由中国海军指挥官徐锡辅(译音)赴马尼拉接收。④

第三节　国家渔业救济与恢复宁波海洋渔业的努力

除战后联合国对华之渔业救济外,中国政府亦曾采取诸多救济措施以复兴渔业经济。政府对宁波的渔业救济,并非始自战后,战时即已稍作努力。此处之“战时”亦由“九一八”事变(1931 年 9 月 18 日)开始算起。

一、战时的渔业救济

1937 年(民国二十六年)4 月,实业部渔业银团呈请实业部令各渔区所

---

① 善后救济总署湖南分署秘书室:《善救月刊》第 25 期,1947 年,第 3 页。
② 行政院善后救济总署福建办事处:《福建善救月刊》第 5 期,1947 年 6 月,第 38 页。
③ 实业部上海鱼市场:《水产月刊》复刊第 1 卷第 4 期,1946 年 9 月,第 62 页。
④ 实业部上海鱼市场:《水产月刊》复刊第 3 卷第 4 期,1948 年 5 月,第 49 页。

属县政府指导渔民组织合作社,以救济日渐衰落的渔业经济。依据1937年(民国二十六年)2月27日实业部公布之《实业部渔业银团组织规程》来看,该银团是以提倡渔民合作、流通渔业金融、调整渔产运销、促进渔村建设为宗旨,由实业部联合国内各银行组织而成。主要业务分四大部分:渔业款项贷放、提倡渔民组织合作社、建造新式渔轮租赁予渔民、办理经实业部委托以及理事会交办事项。① 同年,时任浙江省政府主席兼浙江省渔业管理委员会主任委员的朱家骅,以浙省征收护渔经费,系属增加渔民负担之一,经浙江省政府委员会第899次会议决定取消浙江省护渔费,并令浙江省外海水上警察局积极整顿,加紧巡护,在护渔费取消后,决不能稍有松懈。② 可惜宁区后因战事波及,浙江省渔业继续衰退。而战争初期,宁属各县亦积极从事渔业救济工作。1938年,象山县府在《象山县县政实施概况报告》中将救济渔民工作列为"县政实施计划要点",经该县调查,当时象山县渔民不下五千余人,然而时值抗战,"渔民生计维艰,贷款救济益感急要",于是由浙江省第二区渔业管理处贷放渔款二万五千元,由象山县渔民借贷所办理贷放,以资救济。并且制定了救济计划:(1)准许渔民出海捕鱼;(2)继续办理渔民借款;(3)设法便利渔获物运销;(4)严禁渔区赌娼;(5)设法办理渔民自卫。③至于宁海县,该县当时有大对船544对,渔业商号136家,直接与间接之渔民约三万人以上,占全县人口总数十分之一,然而因战时海面受敌舰骚扰,使得出渔困难,生计垂绝,于是"老弱者持孚海壑,少壮者铤而走险,故海洋盗匪蜂起",致使该县渔业骤然衰落。1939年5月,该县县府为此制定了渔业救济办法,因其地拥有县属三门湾、象山港等多处不下一百万亩之涨的河涂,故其救济渔民之唯一优良办法,厥为"化渔为农",但该县亦认识到因滩涂面积太大,"垦殖经费必巨,绝非本县之能力所及",于是该县请中央拨款补助30万元,由该县特设机关负责进行渔业救济。④ 除各县外积极进行救济外,浙江省政府亦于1940年10月9日颁布《浙江省建设厅奖励渔业暂行办法》及《浙江省建设厅管理鱼行暂行办法》,以规范渔业产销,促进渔业经

---

① 《浙江省府宁海县府省渔管会等单位关于令发修正外海护渔办法等仰知照由令发渔业各种捐税数额调查表由》,宁海县档案馆藏,档案号:旧1-10-227。

② 实业部上海鱼市场:《水产月刊》第4卷第4期,1937年4月,第98页。

③ 《象山县政实施概况报告》,象山县档案馆藏,档案号:01-3-700。

④ 《浙江省建设厅宁海县府六区专员公署等单位关于鱼行鱼栈渔捞户等调查表督饬填送县渔会沿海各乡镇为抄发护渔暂行办法仰知照由》,宁海县档案馆藏,档案号:旧1-10-229。

济发展。其中《浙江省建设厅奖励渔业暂行办法》规定:"凡在本省经营水产物、渔捞养殖制造及其他有关渔业事业,经本厅审核,成绩优异者,均得依照本办法奖励之",并明确了奖励细则。而《浙江省建设厅管理鱼行暂行办法》,除详细规定了鱼行必须遵守之法则、履行之义务外,还兼顾到了战时渔业救济,该办法规定:"各鱼行如有资金缺乏、运输困难、设备不周、销路滞塞、鱼价失调以及其他营业上之困难,需要政府协助者,得呈由各该区渔业管理处,会同该管县政府设法处理之。"①此外,1943年2月25日,浙江省政府奉农林部、社会部令,饬沿海各县派员密切联系各渔业团体,以争取战地渔民内向及渔产内移,并且明确"关于救济与援助受敌、伪、匪突害之渔业人民,应由该管县政府会同有关机关,参照院颁《非常时期救济渔民办法》《战时沿海渔民管理救济办法》及省颁《救济渔业办法》切实办理"②。

二、战后渔业救济与恢复渔业经济的努力

战时人心惶惶、秩序混乱,渔业救济效果并不明显,而战后人心思定,社会秩序渐趋正常,政府进行的一系列渔业救济,亦因此较有成效。

（一）进行敌伪渔业财产接收与产业续办

1. 财产接收

1945年9月2日,日本正式签署降书,无条件投降。同月,浙江省政府主席黄绍竑发出浙江省政府主席行辕代电(辕建字第228号),要求各县将敌伪合作社支社所有财产物资"切实查封保存,并将经办情形暨财产状况即行具报为要"。同月21日,社会部接收苏浙皖赣鄂五省合作事业特派员办公处派华重祜为接收宁波地区合作事业专员,负责接收慈溪、鄞县、余姚等县伪中国合作社各分支社。10月6日,该特派员办公处以"伪中国合作社浙江地区各支分社系属全国系统性质",应由该办公处派员接收为由,乃派驻浙江办事处主任唐巽泽向浙江省政府报请核办。10月12日,浙江省政府派浙江省党政接收委员会代表、省合作供销处办事员顾殿臣会同各县办理查封接收业务。10月20日,鄞县县政府派县建设科长汪殿章及技士郑传燮前往接收伪"中国合作社鄞县支社"。而该伪社之平行机关伪"中国合作社宁波水产合作社",分社遍及鄞县、镇海、定海、象山各县,因此由浙江省第六区

---

① 《省建设厅宁海县府等单位关于为抄发各区渔管处组织规程及各分处组织通则仰知照及奖励渔业暂行办法遵照施行由》,宁海县档案馆藏,档案号:旧1-10-228。

② 《省府关于渔业生产的各类文件》,宁波市档案馆藏,档案号:2-1-22。

行政督察专员兼保安司令公署委由浙江省第六区经济建设委员会接管。10月29日,鄞县建设科长汪殿章及技士郑传燮前往伪"中国合作社鄞县支社"进行点验查封,翌日与到县之省党政接收委员会代表顾殿臣会同清查,造具全部财产清册共计十三份,并抄录多套分呈浙江省第六区行政督察专员兼保安司令公署、社会部京沪苏浙皖赣鄂合作事业特派员办公处浙江办事处等机关。此外,因伪"中国合作社鄞县支社"所举办之农场、畜牧等事业,未便中途停顿,遂于10月30日经浙江省第六区行政督察专员兼保安司令俞济民批复准许,由鄞县县政府接办。又因鄞县农民纷请续办合作社相关业务,鄞县县政府乃于11月15日派鄞县建设科技士郑传燮前往浙江省合作事业管理处请示办理办法。11月9日,社会部京沪苏浙皖赣鄂合作事业特派员办公处浙江办事处任命该处专员华重祜兼伪"中国合作社鄞县支社"及伪"中国合作社宁波水产合作社"清理处主任,前往鄞县接收伪社资产并办理清理事宜。11月20日,伪"中国合作社鄞县支社"清理处在宁波和义路七十二号正式成立。1946年4月1日,因华重祜他调,由社会部京沪苏浙皖赣鄂合作事业特派员办公处派该处专员叶枚接任,继续办理接收事宜。最终,政府对于伪"中国合作社鄞县支社"及伪"中国合作社宁波水产合作社"的接收工作,于1946年5月底基本告竣。除器具设备及其他固定资产外,伪社现金部分,因鄞县政府在接管期间内修饰社址、加种作物并派员保管,月余间共计支出170562元,结余现金50005元8角7分。结余现金由该社移交浙江省物品供销处合作辅导站接收,所有支出单据簿及收支对照表检同原件呈报社会部京沪苏浙皖赣鄂合作事业特派员办公处浙江办事处核销。此外,伪"中国合作社"的一批汉奸亦受到了应有的惩处。如伪"中国合作社鄞县支社"常务理事何耿星战时串通日军强夺宁波通利源榨油股份有限公司货物,并敲诈款项,经该公司经理杨容林向鄞县肃奸委员会提出控告,由省建设厅令鄞县县政府将何耿星移交法院侦办。又如伪"中国合作社象南支社"职员蔡中正串同前茅洋合作社驻甬办事处主任郑瑞森,将该伪象南支社驻甬办事处所有生财器具等项盗卖于志诚行,后经象山旅甬同乡会向象山县临时参议会举报,转呈鄞县肃奸委员会对该伪社及职员依法进行处理。由此可见,伪"中国合作社鄞县支社"及伪"中国合作社宁波水产合作社",其剥削性质虽不明显,但亦存在鱼肉乡民、私相授受之事。[1] 除伪"中国合作社

---

[1] 《鄞县县政府接收敌伪合作社鄞县支社来往文书及鄞县合作社联合社章程》,宁波市档案馆藏,档案号:31-1-50。

宁波水产合作社"外,政府同时对宁属地区其他日伪渔业组织进行了接收。1945年11月28日,因敌伪渔业机构及设备与渔业之改进发展有密切关系,浙江省党政接收委员会采纳省建设厅渔业股主任李星颉之建议,令第六区行政督察专员公署及鄞县、镇海、定海三县县长,将各该县暂行接收、候令处理之敌伪渔业机关移交给省渔业主管机关接收整理、统筹经营。此类敌伪渔业组织,除去由第六区经济建设委员会接管之伪"中国合作社宁波水产合作社"及其下辖之"宁波鱼市场""镇海鱼市场"外,大致有如下三个:定海日本华中水产公司分店、沈家门华中水产公司分店、沈家门日本林兼商店冷藏库。以上三所敌伪渔业机构及其在杭州、定海、沈家门等三处之附属机构、船舶、冷藏库等一应设备,皆由农林部京沪特派员办公处令中华水产公司筹备处派沈佐明等人负责接收。然而因林兼商店冷藏库所存鱼类原系日军军品,故在浙江省主管机关对该冷藏库进行接收时,发现其已被军政部派员接收,后来经省政府向军政部交涉,以"沈家门冷藏库系日林兼商店为保藏鱼鲜而设,与该地渔业有密切关系"之理由进行争取,才重新拨归浙江省接收整理。至于对日本华中水产公司的接收,则又遇到该敌伪水产公司资产"金鸿兴"号等帆船12艘未能顺利移交的问题。其原因是该伪水产公司戎克船团在战时派金鸿兴等12人装运物资由沪开赴泗礁、沈家门等处起卸,因时局动荡而由定海国民兵团第三大队长及第四中队长收管,故浙江省党政接收委员会未能顺利接收该批资产,遂令定海县政府集中移交。而船上货物,计有食米450包、苞米粉300包、食盐1100包、军衣100套、鱼盎300件、伪钞1050000000元。[①]

2. 产业续办

战后,农林部为集散鱼类,使鱼介类产销平衡,以杜绝供求不适及鱼价骤增突降之弊,并为改良运输扩增销路,计划于全国各地分设鱼市场,由官商合办,并分一、二、三等级。规定一等鱼市场由中央政府与商民共同组织,计划就上海、广州、烟台三处各设一等鱼市场,于宁波等十处各设二等鱼市场,三等鱼市场则将在渔业重要口岸普遍设立。并于1946年10月22日,经行政院核准,出台了《鱼市场设置办法》。而浙江省政府将敌伪渔业财产接收后,亦计划进行产业改组续办,宁属地区则主要有宁波鱼市场这一项改组工程。

其实,宁波鱼市场在战前即已存在。1937年,实业部在宁波创设鱼市场,嗣因不久"八一三"淞沪抗战开始而告停顿。宁波沦陷后,伪政府于1942

---

① 《建设厅接收宁波等处日伪渔业机构》,浙江省档案馆藏,档案号:L039-000-0204。

年 6 月创立伪"宁波鱼市场"、伪"镇海鱼市场",隶属于伪"中国合作社宁波水产合作社"。抗战胜利后,1945 年 12 月 21 日,浙江省政府第 1433 次委员会会议集合渔业人士组设"官商合办宁波鱼市场股份有限公司",简称"宁波鱼市场"。1946 年 4 月,由浙江省第三区渔业管理处筹备成立宁波鱼市场,拟定以接收敌伪宁波鱼市场财产作为官股五百股入股宁波鱼市场,由渔业管理处作为官股所有权之主体。随后浙江省政府于 1946 年 5 月完成对伪"宁波鱼市场"、伪"镇海鱼市场",以及伪"中国合作社宁波水产合作社"之接收工作。1946 年 5 月 1 日,官商合办宁波鱼市场股份有限公司正式成立,呈报浙江省政府建设厅登记。嗣后奉农林部核示"宁波为设置二等鱼市场地点,应由省厅联络渔业人民筹设"。后由技正李星颉会同渔业局局长饶用泌对宁波鱼市场进行整组,并于 9 月 26 日举行创立会。同时选举倪维熊、胡国门、俞佐宸、沈渔、王文翰、陈松祥为商股理事,於凤园、周大烈为商股监察人。浙江省建设厅指派饶用泌、陈佑华、沈明才、施中、李星颉为官股理事,俞济民、卢时宪、叶枚为官股监察人,并以俞济民兼常驻监察人。9 月 27 日,浙江省政府建设厅核定《官商合办宁波鱼市场鱼货交易暂行规则》。11 月 7 日,官商合办宁波鱼市场举行理事监察人联席会议,推选李星颉、陈佑华、倪维熊、王文翰、俞佐宸为常务理事,并推选倪维熊为理事长,选聘李星颉兼任总经理,沈渔、胡国门兼任副经理,于 11 月 11 日就职任事。11 月 10 日,宁波鱼市场接收了伪"中国合作社宁波水产合作社"原有之伪鱼市场棚屋与伪渔业小学房地二处不动产,以及伪"中国合作社宁波水产合作社"生财器具与伪渔业小学校具二大类物资。官商合办宁波鱼市场股份有限公司下辖宁波、镇海两个鱼市场,宁波鱼市场代表为胡国门,镇海鱼市场代表为徐子轸。为避免发生业务纠纷,1948 年 1 月 29 日该两场就业务进行了协商,决定:(1)甬、镇两鱼市场之业务须切实依照部颁鱼市场设置办法执行,实际业务不得借市场名义仅收场用;(2)鱼货交易任由渔民或运销鱼商自投市场,甬、镇两场业务区域,在鄞县境内实行第一次交易者归甬场执行,在镇海县境内实行第一次交易者,归镇场执行,双方不得强制或以其他非法方式兜揽鱼货;(3)宁波鱼市场镇海工作站应即改为宁波鱼市场镇海渔民服务站,镇海鱼市场亦得在宁波设立渔民服务站,此项服务站应以服务渔民为目的,不得收取任何服务费用。此外,农林部及浙江省政府还规定,输入宁波的水产品如未经宁波鱼市场作第一次交易,而径自买卖者,有悖鱼市场设置原则,属于违法行为,当地政府应予取缔。虽然政府极力扶持官商合办宁波鱼市场,渔业商民亦做出了很大努力,然而该鱼市场设备极简,码头仅有一百公尺,

资金仅有两千万元,故该场业务除收取佣金外,并无法开展其他业务。宁波
鱼市场为鱼货批发买卖之中介场所,而在该鱼市场中通过作为买卖中介收
取佣金之经纪人,在该场营业之初以非零卖商之身份而兼营零卖,引起鄞县
鲜咸商业同业公会及鄞县鱼贩协会等组织强烈不满,最后经设立"官商合办
宁波鱼市场经纪人评定委员会",以规范鱼货买卖,事态方得以平息。至于
宁波鱼市场之营业状况,1946 年(民国三十五年)5、6 两月,在渔汛旺盛时
期,鱼货产销额为 1.5 亿元,鲜鱼每日最高交易额为六千万元,最低为一千
万元,盐干水产品因有转口货关系,高低不一。①

表 8-8　1947 年(民国三十六年度)宁波鱼市场渔获物运销报告

泥货类	价值(元)	销售外地价值	
		销售本地价值	5772262000
	运销数量(市担)	运销外地地点	
		销售外地数	
		销售本地数	13068
咸干类	价值(元)	销售外地价值	
		销售本地价值	16988047000
	运销数量(市担)	运销外地地点	
		销售外地数	
		销售本地数	48190
海鲜类	价值(元)	销售外地价值	
		销售本地价值	30758280000
	运销数量(市担)	运销外地地点	
		销售外地数	
		销售本地数	86309

---

①　实业部上海鱼市场:《水产月刊》复刊第 1 卷第 3 期,1946 年 8 月,第 83 页;《渔业合
作及鱼市场》,浙江省档案馆藏,档案号:L084-000-0393;《浙江省府宁海县府六区专员公署等
单位关于为函送本市场鱼货交易暂行规则希查照由为释示豁免渔税渔业税范围一案令仰知
照由》,宁海县档案馆藏,档案号:旧 1-10-234;《复兴渔业公司宁波鱼市场会章鱼货交易暂行
规则等及浙江省建设厅颁发鱼市场设置办法等》,宁波市档案馆藏,档案号:2-1-110;行政院
善后救济总署:《行总农渔》1947 年第 5 期,第 2 页。

续表

渔产运销商数			
地域别			

资料来源:《复兴渔业公司宁波鱼市场会章鱼货交易暂行规则等及浙江省建设厅颁发鱼市场设置办法等》,宁波市档案馆藏,档案号:2-1-110。

由表 8-8 可知,1947 年度,以宁波鱼市场作为中介机构进行交易的渔获物,尽数销往宁波本地,并无运销外地。这或与鱼市场资金不足,无法开展其他业务有关。

(二)恢复、增设渔政设施及颁布渔业政策法令

浙江省政府战时裁撤了诸多渔业机构,战后为复兴渔业经济,进行了相关机构的重建工作并颁布恢复与发展本省渔业经济的政策。为了增进渔业生产及发展战后经济,经第六区年度行政会议讨论通过,浙江省第六区行政督察专员兼保安司令公署于 1945 年 6 月 15 日下令组设宁波复兴渔业公司。[①] 同年 12 月 21 日,浙江省政府第 1433 次委员会会议通过《发展本省渔业方案》,拟定工作方针三点:(1)倡导集体生产,发挥社团力量,以谋整个渔业之发展;(2)运用科学设备从事进步之经营,以提高渔获物之产量品质,展拓销场;(3)清除渔业弊害,减轻渔民痛苦,活泼渔村经济,供给渔需用品,以期改善渔民之生计。又制定七点实施办法:(1)健全充实渔业主管机构;(2)改进渔业经营方法;(3)修筑渔港、渔船避风地及渔业码头;(4)供给渔需品;(5)贷放出渔资金;(6)举办渔民储蓄及保险;(7)实行护渔。1946 年,浙江省渔业局正式成立,负责“推广渔业,编组渔港,暨改进渔民福利”,“督导考核各渔业团体目的、事业之推进”。[②] 同年 7 月 17 日,农林部江浙区海洋渔业督导处致函浙江省政府,提出“为谋渔业救济物资之合理分配运用,并使渔业长足进展起见,沿海各重要渔区应谋积极普遍成立渔业合作社”[③]。1947 年 5 月 23 日江浙区渔业联营处成立,资金两亿元,张子康为理事长,陆

---

① 《复兴渔业公司宁波鱼市场会章鱼货交易暂行规则等及浙江省建设厅颁发鱼市场设置办法等》,宁波市档案馆藏,档案号:2-1-110。

② 《国民党省建设厅宁海县府省社会处等单位关于催报渔民固有组织概况及其活动情形由仰遵照规定要点指导渔会对敌伪斗争由》,宁海县档案馆藏,档案号:旧 1-10-230。

③ 《准江浙区渔业督导处函请转令沿海各县切实指导组织渔业合作社等由电仰饬遵照由》,象山县档案馆藏,档案号:01-3-0844-015。

义浩为总经理,邵景惠为副总经理。① 同年 11 月,浙江省渔业局设立舟山顺姆涂海涂养殖试验场,一为复兴一蹶不振的涂养业,尤其是蟶蛏养殖,并进行试验研究;二是应岛上群众迫切要求,兼办顺姆涂渔民子弟小学。方家仲为舟山顺姆涂海涂养殖试验场场长兼顺姆涂渔民子弟小学校长,科技人员有邵景惠等两人,每年由省下拨科研经费 2000～3000 元,人员工资 3600～4000 元,试验场拥有实验涂面 10 亩。②

(三)积极办理渔业贷款

民国时期,浙江渔民出渔资金长期缺乏,影响渔业生产。战前,政府即已开始办理渔业贷款,以促进渔业经济。战时浙江渔业饱受摧残,战后渔业经济衰落,生产无法继续,渔村民生凋敝,急需政府重新办理渔业贷款,以维渔民生计。为浙江省政府即积极筹措资金办理渔贷,然而因当时条件制约,渔贷效果不明显。战后,中国农民银行曾于 1945 年在奉化及温岭县发放渔贷七百万元。1946 年冬汛渔贷,浙江全省需款四十亿元,银行实际只核贷三千五百万元,加之物价猛涨,仅为出渔所需贷款之 0.87%,为此,浙江省渔业局局长饶用泌上书浙江省政府:"本年冬季渔汛已届,渔船急需出渔,银行核定渔贷三千五百万元,与实际相差甚巨,杯水车薪,无济于事。每船平均一千三百元,其值只够猪肉十三两(十六两制)。"每艘渔船所得贷款不足半公斤猪肉价值,嗣后增至全省贷放一亿两千四百万元。③ 仍是无济于事。1946 年,由浙江省渔业局、浙江省水产建设协会请得中央批准浙江省渔贷十亿元(即民国三十六年春汛渔贷)。这一度让浙江渔业界颇受鼓舞。为此 1946 年 11 月 20 日邀集浙江省渔业界在鄞县举行渔业建设会议,会场设在鄞县浙江省第六区行政专员公署会议室,省内渔业界重要人士大多被邀出席,由浙江省第六区专员俞济民担任主席。到会各代表详细讨论了渔贷运用办法及各县分配比例,暂定该贷款以各县渔业合作社为借贷对象。其分配办法为:宁属占十分之五点五(即五亿五千万元),台属占十分之二点五(即二亿五千万元),温属占十分之二(即二亿元)。而宁台温三属各县之分配为:宁属——定海一亿五千万元、奉化一亿三千五百万元、象山九千五百万元、鄞县七千五百万元、宁海六千五百万元、镇海三千万元;台属——临海 35%、温

① 《开发渔业》,实业部上海鱼市场:《水产月刊》复刊第 2 卷第 4 期,1947 年 6 月。
② 浙江省舟山市政协文史和学习委员会:《舟山渔业史话》(舟山文史资料第十辑),中国文史出版社 2007 年版,第 665—666 页。
③ 浙江省水产志编纂委员会:《浙江省水产志》,中华书局 1999 年版,第 898 页。

岭 40％、三门 20％、黄岩 5％；温属——因无代表出席该会议而自行决定。①
以上为经渔业建设会议讨论后暂定之计划,而该项渔贷最终分配方案则又
有所变化。经中中交农四联总处核定,浙江省 1947 年春汛渔贷为十亿元,
各区分配方案改为宁波区五亿五千万元,台州区一亿五千万元,温州区三亿
元,分别由中国农民银行杭州分行宁波支行,及其海门办事处、温州办事处
直接查核贷放。然而最后,宁属渔贷又经省方决定改为五亿元。至于宁属
各县该渔贷之最终分配方案则为:鄞县七千万元、宁海五千五百万元、象山
九千万元、镇海两千万元、定海一亿四千万元、奉化一亿两千五百万元。

该贷款的对象,"以向合作或人民团体及渔业主管机关依法登记组织健
全之渔业合作社、渔会及其他渔民团体为限。凡贷款之社员或会员,以直接
从事渔业生产并曾取得渔业登记身份证者为限",并且中国农民银行杭州分
行要求"渔会区域过于辽阔者,为使组织严密监督便利计,应在会员集中地
点,分社分会或小组,分次办理贷款"。该贷款之用途,"以购置渔粮、渔盐、
血栲、渔具,整修渔船及象山爵溪乡制鲞业同业公会加工运销资金为限"。
贷款之保证,"由参加各社团之渔民负连带偿还责任,并以渔船、渔具及其他
各项渔业设备作为担保品,同时由浙江省政府负全部承还保证之责,并督饬
所在地渔业主管机关及县政府协助催收"。贷款额度之标准则分两类,"用
于生产营运流动资金之贷款以(抵押物)时值之六成为最高额,用于购置设
备之贷款以(抵押物)时值之七成为最高额"。贷款期限,最长以六个月为
限。贷款之利率,则又分两类,"属于生产用途者,按月息五分计算;属于加
工运销者,按月息六分计算,并代收渔业合作事业补助费一厘,连同渔民团
体转贷渔民费用,以合并加收五厘为限"。并且以上二类贷款如果贷款逾期
偿还,利息"应照原订利率加收三分之一"。宁属地区渔贷的申请,须按照
《十亿渔贷申请手续及注意事项》及《中国农民银行办理渔业贷款暂行办法》
进行申请办理。而办理渔业贷款的手续则十分繁琐,以至于鄞县参议会在
1947 年 6 月 20 日致函鄞县县政府,要求渔农贷款手续应力求简化。至于该
渔贷宁属地区的贷放对象,以渔业合作社为主,其次为渔会。以宁海县为
例,宁海县配得三十六年度春汛渔贷五千五百万元,最后放款情况为:峡山
渔业生产合作社九百万元、薛岙渔业生产合作社九百万元、西垫渔业生产合
作社九百万元、正学渔业生产合作社六百万元、儒雅渔业生产合作社七百万

① 《浙举行渔业建设会议》,实业部上海鱼市场:《水产月刊》复刊第 1 卷第 6 期,1946
年 11 月。

元、石桥头渔业生产合作社七百万元、宁海县渔会贷放南乡渔船八百万元。

对于三十六年度春汛渔贷,社会部及浙江省各级政府相关部门皆非常重视。自 1947 年 7 月至 1948 年 5 月,多次下令严禁合作指导员经手贷款,以杜流弊。并且,因渔贷之放款由金融机构先贷予渔业合作社及渔会,再由渔业合作社及渔会转贷予渔民,故为了保障渔民利益,政府及金融机构不仅对其贷予渔业合作社之利率作了明确规定,亦对渔业合作社及渔会转贷渔民之利率作了限制。1947 年 10 月 31 日,中中交农四联总处要求渔会转放渔贷时,其加息动支办法照《补助合作社及农会事业经费加息动支办法》之农会部分规定办理。

虽然政府、银行、渔会、渔业合作社及渔民大都对此次春汛渔贷寄以厚望,但是在放款还款过程中,亦产生了一些问题。以宁海县为例,三十六年度春汛渔贷,该县有六个渔业合作社申请贷款,分别为峡山、薛岙、西垫、正学、儒雅、石桥头渔业生产合作社。然而其中之正学与石桥头二社却未能获得渔贷,因中国农民银行杭州分行将渔贷汇达宁波支行时,渔民已经出洋作业,以致无法贷放,钱款则由监放员退回,以致在宁海县统计下期所需渔贷时,该二社社员以上期渔贷已失时效,下期不愿继续借贷。放款情况如此,而还款情况亦不容乐观。宁海县渔贷放款在 1947 年 5 月初,约定四个月偿还,而获得渔贷的四个渔业合作社中,除西垫渔业生产合作社按时于 9 月 6日还款外,其余峡山、薛岙、儒雅三社之还款均有不同程度延期。

此外,1947 年春汛,浙江地方银行、中国农民银行还直接向奉化县发放渔贷一亿五千五百万元,其中桐照渔业生产合作社七千九百四十万元,栖凤渔业生产合作社四千四百七十五万元,虹溪渔业生产合作社三千零八十五万元。1947 年秋汛,需出渔资金一千四百亿元,按 20% 计,需渔贷三百亿元,中中交农四联总处核为渔贷以春汛渔贷收回贷放,并规定各渔民团体向当地中国农民银行申请核贷,因秋冬物价激涨数倍,无法出渔。经商议,浙江地方银行核放秋冬汛渔贷十亿元,其中沈家门四亿元,石浦、海门、坎门各两亿元,秋冬汛共核定渔贷二十亿元。1947 年春夏汛,在舟山沈家门普陀渔区,除浙江省渔业局向银行洽借,由浙江省建设厅承还担保,月息八分,期限三个月,发放渔贷九千七百万元外,浙江地方银行向普陀渔民直接放贷一千七百万元。1948 年春夏汛,中国农民银行奉化县溪口办事处发放渔贷四十亿元,该行在定海发放渔贷十亿元。此外,中国农民银行宁波支行和中央合作金库宁波支库,在 1946 年至 1949 年间,通过县渔业协会发放渔贷二十六亿零九百万元,值米四百零七石。然而,1948 年及 1949 年两个年度,政府对渔业进行的放款,皆因时局动荡、物价飞涨,效果本不如之前。其中 1948 年,中中交农四联总处核定全国渔贷总额为二千亿元,浙江省配得渔业贷款总额为 600 亿元,其中由中国农民银行放款 250 亿元(其中海洋渔业放款 210 亿元,淡水渔业放款四十亿元),由中央合作金库贷放海洋渔贷 350 亿元。后因物价飞涨,全国若仅 2000 亿元渔贷,则数额太少,不敷分配,经农林部另拟计划,增至二万八千余亿元。其后,1949 年春季渔贷,照旧依然由中国农民银行负责筹措资本办理贷放,然而当时兵临城下,渔贷难以筹措,遂由建设厅长提案,"拟请于省及中央所有赋谷项下,指饬沿海各县,暂先如数垫拨,于收回实物时归垫"。然而经政府查实,"各该县征存省谷为数无多,不敷供应,除宁属各县省谷部分勉可应付外,其余温台两属各县省谷闻有已罄,拨无存者"。最后只能"先就各县县谷及积谷项下,尽先照数垫拨"。可见当时办理渔业贷款已艰难至极。①

渔业金融有别与农工商业金融,其具有信用不高、安全性低的特性。信用不高,因其不如农工商业具有较高的信用保证。渔业金融上的对物信用,不如农村间的土地等不动产,可作为有力的信用基础。虽然渔业生产上有其独特的渔业权,渔船、渔具及其他各种渔业设备也有相当的经济价值,但亦有价值折损迅速的重大缺点。安全性低,因渔业生产受自然条件的影响强烈,如自然灾害、渔产丰歉等,足以使收获远离其预计之数,若因此导致渔业生产并无盈余、甚至亏蚀,则势必影响其偿债能力,而金融业界对渔业放款之前,必先考虑其偿债能力,故而渔业金融安全性低之特性亦严重影响渔业金融之融通。由此观之,战后浙江省政府向金融界请求渔业贷款亦并非易事。而事实上,战后浙江省政府多次向金融界请求渔业贷款,大都遭到拒绝,然而浙江省政府屡遭拒绝却屡次申请渔贷之表现,亦足以证明其对战后浙省渔业经济的复兴做出了巨大努力。1946 年,浙江省政府虽迭经电请中中交农四联总处依照盐贷八百亿办法贷放浙江渔贷四百亿,仍未准照办。过后又以冬汛迫切需要出渔资金,复经请先行拨发冬汛紧急渔贷四十亿,亦

① 《宁海县府省渔业局长亭镇公所等单位关于为抄发渔业贷款暂行办法及渔贷申请手续等及宁海县渔贷评议会议记录等》,宁海县档案馆藏,档案号:旧 1-10-235;《鄞县县府有关合作组织贷款及鄞源梅墟等乡合作社的案卷》,宁波市档案馆藏,档案号:31-1-3;《省渔业局宁海县府省建设厅等单位关于为前控本乡渔会及合作人员冒领渔贷一案呈请撤销为检发偿还渔贷保证书仰办理由》,宁海县档案馆藏,档案号:旧 1-10-237;浙江省水产志编纂委员会:《浙江省水产志》,中华书局 1999 年版,第 898—899 页。

未照拨。中中交农四联总处屡次拒绝，以致浙江省渔业局局长饶用泌迫不及待，于1946年10月初亲赴杭州，改向浙江地方银行再三交涉贷放冬汛急救渔贷一亿元，但又因手续繁杂，公文往返，竟达四个月，最终渔贷于1947年春核准，然而这样一来，冬汛渔贷则变为春汛渔贷了。请求渔贷之难，于此可见。至于浙江地方银行核贷渔贷一亿元，玉环县配得数额为二千万元，定海为五千万元，象山为三千万元，月息八分，期限三个月。然而一亿元之贷放款项，其实数额甚少，杯水车薪，无济于事，因此不能履行政府普遍贷放之主旨，浙江沿海22县，仅有定海、象山、玉环配得渔贷。并且因浙江省1946年春汛出渔歉收，冬汛又复不旺[①]，渔民颠困，无以苏息，而1947年春汛又至，故而浙江省渔业局又再次与中中交农四联总处交涉，提交《浙江省渔业局三十六年度渔贷计划（三十六年一月）》，拟请贷款六十亿元。而该六十亿元渔贷申请，据现有资料显示，最终改为中中交农四联总处暨中国农民银行贷放10亿元。[②]

（四）积极开展护渔活动

抗日战争胜利后，浙江沿海渔区盗匪猖獗，影响渔业生产至巨。如三门湾及石浦一带洋面，海盗气焰嚣张，并冒制水警旗帜乔装水警，一遇帆渔商船，即摇旗以诱，渔民船夫以为检查，致遭洁劫。为此，浙省当局对护洋问题高度重视1946年，省政府向上海市敌伪产业处理局购买百吨左右登陆艇六艘，配予浙江省渔业局用以护洋，并饬令沿海各县渔会遴选熟悉水程者一人为向导，担任护渔工作。同年10月29日晚12时，石浦外海水警队在三门湾金漆门杨柳坑洋面与海匪潘忠良约30余人相遇，双方激战达三小时之久，当场格毙匪徒3名，夺获匪船四艘。[③]除海盗猖獗以外，日本渔轮战后仍旧继续侵渔，而我国海军亦做出了有效回击。1948年5月16日，包括"云仙丸二一号"及"云仙丸二二号"在内的日本渔船四艘，由长崎开航东海，来华侵渔，于29日与接报前去巡缉的海军第一军区司令部中建舰遭遇，中建舰令

① 1946年春汛歉收、冬汛不旺一说，或为浙江省渔业局局长饶用泌为争取更多渔贷而稍作夸大，据当时《申报》《奉化日报》显示，浙江渔民战后出海渔获量较战时有所增长。

② 甘人更：《水产经济引论》（续），实业部上海鱼市场：《水产月刊》复刊第3卷第8期，1948年9月，第32—33页；饶用泌：《渔贷在浙江》，实业部上海鱼市场：《水产月刊》复刊第2卷第3期，1947年4月，第1—7页；《渔业》，浙江省档案馆藏，档案号：L084-000-0406。

③ 《浙江省护渔积极进行》，实业部上海鱼市场：《水产月刊》复刊第1卷第6期，1946年11月，第105页。

其停止航行,而日本渔轮则拒捕逃窜,中建舰乃尾追 10 余里,击沉其中一艘,救获渔夫 13 人,又捕获一艘,而其余二艘则负创闭灭灯火逃逸。后经农林部江浙区海洋渔业督导处主任蔡增祥、专门委员刘炎德,会同海军第一司令部暨社会警察两局等有关机关开庭审讯,查明侵渔属实,会商决定将船货没收,人犯 25 人立即由警察局驱逐出境。其后又有日轮"恒子丸"入侵舟山群岛附近捕鱼,为海军第二十四号炮艇缉获,扣押于定海海专巡防所,并开庭审理。① 此外,"为使我国渔轮与日本渔轮易于区别,以便海军舰艇随时缉捕制止",农林部会同海军总司令部订定渔轮悬挂之旗式、应用信号及渔轮港籍编号各一种,于 1948 年 7 月 15 日令浙江省政府转知浙江各渔业组织机构,并一律于同年 8 月 15 日启用。②

此外,值得一提的是战后政府还重申 1930 年 3 月 28 日颁布之《豁免渔税令》,明确"一切鱼税、渔业税均在豁免范围之内,可无疑义"③。并且,谢潜渊等代表政府在争取日本战后渔业赔偿方面,亦做出了很大努力,然而"吾国在国内局面动乱的情形之下,对日赔偿问题显得软弱无力"④。

第四节　战后海洋渔民的生产与生活

战后,浙江沿海渔村社会秩序得到恢复,加之国家频频发放渔贷,虽数额屡不敷用,但对战后浙江渔业经济之恢复与发展亦是助益良多,而宁波地区海洋渔民的生产生活状况亦是渐入正轨。

一、渔业生产的恢复

战后,宁波一地渔民生产生活渐入正轨,出渔规模、渔获产量均有一定程度之提升。1946 年农历四月初潮之渔汛,以奉化最为旺盛,多者有七百余

---

① 《侵渔日轮云仙丸没收》,实业部上海鱼市场:《水产月刊》复刊第 3 卷第 9—10 期合刊,1948 年 10 月,第 55—56 页。

② 《复兴渔业公司宁波鱼市场会章鱼货交易暂行规则等及浙江省建设厅颁发鱼市场设置办法等》,宁波市档案馆藏,档案号:2-1-110。

③ 象山县海洋与渔业局渔业志编纂办公室:《象山县渔业志》,方志出版社 2008 年版,第 419 页;《省府关于渔业生产的各类文件》,宁波市档案馆藏,档案号:2-1-22。

④ 谢潜渊:《日本渔业赔偿问题》,实业部上海鱼市场:《水产月刊》复刊第 2 卷第 3 期,1947 年 4 月,第 14—21 页。

担之巨,少者亦有三百余担。若以当时市价每斤三百元计算,则有两千余万元之多。因此当时《奉化日报》评论道:"一潮渔汛,竟有如此巨数之收入,渔民莫不额手庆幸云。"①而半年之后,1946 年 11 月冬汛,定海县长致电浙江省政府主席沈鸿烈,称浙江沿海渔民该汛出海首次捕鱼即"收获甚大",并且"沿海安谧,未有匪患"。②

战后初期,局势较为稳定,渔业经济发展亦较为平稳。兹将宁波地区 1947 年春汛、冬汛相关统计开列如下(见表 8-9、表 8-10)。

表 8-9　1947 年宁波春汛渔业分类统计

县别		鄞县	镇海	奉化	定海	象山	宁海	海盐
渔船数(艘)		89	91	294	3576	603	701	—
渔民数(人)		540	617	1393	24881	4998	4926	—
需盐量(担)		2465	5515	38200	263771	21225	28342	—
出渔资金(万元)		118016	26553	174990	3331019	310540	559557	—
去年渔获量(担)		13250	21673	73100	601490	192550	155702	—
鱼商船	船数(艘)	51	5		1221	31	—	—
	上年运销量(担)	—	1880		47352	22360	—	—
	需盐量(担)	3100	730	—	333023	4635	—	—
护渔船(艘)			—	—	—	1	—	—
鱼　商	鱼行(爿)	33	—	—	65	23		
	鱼栈(爿)	—	—	—	27	87		
	鱼厂(爿)	—	—	—	642	194	—	1
	需盐量(担)	3300	—	—	24440	30825	—	400
	上年制销量(担)	—	—	—	47795	28861	—	5000

资料来源:浙江省银行经济研究室:《浙江经济年鉴》,(杭州)浙江文化印刷股份有限公司,1948 年,第 509 页。

---

① 《奉化日报》1946 年 5 月 25 日。

② 《浙海捕鱼首次获量甚夥》,《申报》1946 年 11 月 19 日。

表 8-10　1947 年宁波冬汛渔业分类统计

渔区与县别				鄞县	镇海	奉化	定海	象山	宁海	宁区合计
渔民人数（人）				665	865	2196	31444	4764	5251	45185
渔船艘数（艘）				97	125	366	4209	614	753	6,164
渔具	渔网		民网	—	—	—	—	—	—	2032
		312	旋网							
		1026	刺网							
			张网	—	—	—	—	—	—	1237
	其他			—	—	—	—	—	—	14
出渔时期				秋冬	秋冬	秋冬	全年	全年	全年	—
出渔区域				同上	同上	同上	同上	同上	同上	浙海洋面
出渔资本（万元）				78000	103000	336000	3377500	401700	459300	4755500

资料来源:浙江省银行经济研究室:《浙江经济年鉴》,(杭州)浙江文化印刷股份有限公司,1948 年,第 513—514 页。

表 8-11　1947 年宁波冬汛渔区渔获物产量及鱼商家数统计

渔区别		宁区
渔获物	种　类	鳓鱼、黄鱼、带鱼、鲳鱼、虾、鳗、什鱼、海蜇
	产量(市担)	709549
鱼商	鱼行(家)	121
	鱼栈(爿)	114
	鱼厂(爿)	837
	鱼商船(只)	1288

资料来源:浙江省银行经济研究室:《浙江经济年鉴》,(杭州)浙江文化印刷股份有限公司,1948 年,第 514—515 页。

由以上三表可知,该年度冬汛较之春汛,宁属各县出渔渔船数、出渔渔民数均有较为明显的增加。说明浙江渔业经济战后恢复所作之努力逐渐显现出效果。社会稳定、海面安全,渔民亦乐意出海作业。出渔资本方面,1947 年春汛总计为 4520675 万元,冬汛为 4755500 万元。考虑当时恶性通货膨胀因素,实际出渔资金并无增加。观之该年春、冬二汛统计表,鱼行、鱼栈、鱼厂、鱼商船数量亦变化不大。据该春汛统计表中"去年渔获量"一项可知,1945 年渔获量为 1057765 担,若此数为全年之渔获量,而非 1945 年冬汛之渔获量,则仅 1947 年冬汛渔获量 709549 担即已接近该数之 70%,说明宁波渔业经过两年发展,渔获量显著增加。另据浙江渔业局直辖石浦工作站于 1947 年初对三门湾渔区(包括象山、宁海、三门县)调查:"统计大捕鱼船 42 艘,小网对渔船 495 对,小钓渔船 81 艘,虾船 109 艘,小溜渔船 222 艘,独捞渔船 102 只,划瓣渔船 40 对,鹰捕渔船 4 艘,划具渔船 167 艘,直接生产渔民人数 7457 人,全年获渔物占计 262300 担(即 2623 万斤),本年春汛鱼行厂栈 310 家。"[1]

二、渔民疾苦

如上所述,战后宁波地区渔业生产经自身发展及政府扶持后,一度较之战时有一定改善,然而近代中国长期动荡导致的渔业经济创伤,亦并非一朝一夕之功可以弥补,加之不久遽然而至的内战与经济混乱情势更是使宁波海洋渔业雪上加霜,故战后宁属地区渔民生活多数并无多少改善,其中不少生活维艰。具体来说,其原因约有下列四端。

(一)渔业资金不足

浙省渔民普遍贫穷,渔业资金不足,无从扩大或改良渔业生产。出渔所需渔船渔具,"除少数渔民自备或拼置者外,概以巨金租赁"。1946 年,一条渔船租用一汛(约三个月),有索取 40 石米作为租赁费的,按当时市值计算,约合法币二百余万元;一艘冰鲜船租赁一汛,有索取租米 70 石的,约合法币四百九十万元,劳动渔民每季渔获所得,除租金外,余款无几。[2] 而据李象元亲赴定海、沈家门等处调查之结果,舟山地区渔民租船经营渔业者,约十分之五六。大对船租费,每汛白米 160 石,每年八九月出渔,雇工 15 人,除老大 2 人外,每人白米 7 石,出渔前须筹资金五百万元方可周转。大对船自九月至次年四月全部开支,以租船经营计算,至少需一千五六百万元。而 1945 年(民国三十四年)冬至 1946 年(民国三十五年)春,成绩最佳之渔船,其渔获量为小黄鱼 600 担,带鱼 300 担,共计时值一千七八百万元。[3] 兹将 1947 年(民国三十六年)定海县租船渔户所需资金列表如下(见表 8-12)。

---

① 《三门湾渔区渔情调查》,《宁波日报》1947 年 5 月 19 日。

② 李星颉:《浙江省渔政之回顾与前瞻》,实业部上海鱼市场:《水产月刊》复刊第 1 卷第 5 期,1946 年 10 月,第 10 页。

③ 李象元:《舟山群岛之渔业》,实业部上海鱼市场:《水产月刊》复刊第 1 卷第 4 期,1946 年 9 月,第 22 页。

表 8-12　定海县租船渔户所需资金

费用 项目 渔船 种类	船租 （米每石 100000 元）	渔具补充 （元）	渔需品 （元）	渔伙定银 （元）	总计 （元）
大对	20 石（全 60 石） 2000000 元	1895000	320000	800000	5015000
大箭	8 石（全 24 石） 800000 元	4000000	630000	800000	6230000
小对	5 石（全 15 石） 500000 元	1355000	120000	500000	2475000
张网	10 石（全 30 石） 1000000 元	2150000	320000	200000	3670000
溜网	10 石（全 30 石） 1000000 元	2560000	1230000	800000	5590000
舢舨	2 石（全 6 石） 200000 元	100000	120000	300000	720000

资料来源:陈瑛:《定海县渔业生产贷款计划书》,实业部上海鱼市场编印:《水产月刊》复刊第 2 卷第 5 期,1947 年 8 月,第 28 页。

注:表中"（全 60 石）"等类似数据或表示渔汛期间（约 3 个月）所需之总数。

及至局势风雨飘摇之 1948 年 2 月春汛时,宁波沿海渔民几乎已无力出洋捞捕。当时,宁波地区渔船除大对船已放洋外,其他大箭、溜网船等皆做好准备投入即将开始之捞捕。然而因物价狂涨,渔具、工资随之增高,"渔网一顶须三千万元,船伙以米计薪,三月薪金,每人需米约计十石,每船五人即需米五十石,故只薪给一项,即需款一亿余元,再加各项渔具等,即需资本四五亿元。政府渔贷与渔行贷款,为数有限,无济于事"。当年春汛,渔民因乏资捞捕,大都无法出洋,致使浙省沿海捕捞渔船大量减少,渔民生活堪忧。[①]

（二）苛捐杂税

虽然在战前朱家骅主政浙江时,浙省已废除护渔费这一制度,然而战后据李象元所述,浙省渔税仍包括"护洋费","由省属渔管处征收之,每船每吨一万元,附加手续费二千元,例如十四吨之大对船一只,每年须缴十四万二千元"。此外还有"使用牌照税","由县级征收机关征收之,每年每船三千

---

① 《宁波沿海渔民无力出洋捞捕》,《申报》1948 年 2 月 29 日。

元"。① 1946 年 10 月 18 日,上海市海产运销联合会在上海市西藏路宁波同乡会召开成立大会,会上谈及浙江战时渔业损失及战后渔税摊派甚重之问题,当时渔税"鱼商须负担百分之八鱼捐,百分之六以上的鱼栈佣金,渔民亦须负担百分之五",并且"摊派名目至繁",多系地方自卫大队以武力强迫征收,且从来不给收据,虽然渔会曾向有关方面申请减轻渔税,但地方恶势力弁髦法令,渔民又无组织,因此一直没有结果。② 1947 年 5 月 14 日《宁波日报》以《苛捐杂税重重渔民安得不穷》为题的报道也颇能说明问题:"今春渔汛宁(海)、三(门湾)两帮渔船麇集南田湾一带落网,然此地因渔船集中,故各地亦在此设立办事处,藉以收取名项渔捐,三门方面并派渔队备机枪木壳于海上征收各项税费。闻渔会捐每船十万,牌照每只网船十万元,同时又照船上渔民多寡每名各收费 1 万元,并破例索取小鲜捐五万元、冰鲜六万元,渔民对此种苛捐杂税,不胜负担。现闻水上警察中队长刘步恒已往南田湾调查云。"

同年 6 月间,宁绍杭渔业团体为请求豁免冰鲜船(运输)及渔厂(腌制)"行商营业税""一时营利事业所得税",派代表分赴南京、杭州当局请愿,结果"中央寄予同情,可免征税"。③

（三）盗匪之横行

战后浙江沿海渔区,散兵莠民啸聚为匪,纵横海上,绑架行劫,渔民欲出海捕鱼,必先向匪众纳费领取匪照(俗称"匪片"),否则人船均不得幸免。而海上盗匪帮股不一,甲股之片不能通行于乙,而乙股之片又不能通行于丙。因此较大的渔船或者出渔渔区距离县城较远的渔船,常常须要购买匪片数张,每艘每汛需纳费二三十万元,多者达一百万元。当时浙江全省渔船全年供养匪众之款约有十亿元以上。④ 至于宁波地区,战后海盗亦甚为猖獗。如定海县属六横附近的南韭山、蚊虫山一带洋面,时有大股海匪用大捕船、大对船六七艘往来劫掠,时值 1946 年渔汛,渔民闻之都不敢出洋捕鱼。而战后石浦海外之南渔山岛(靠近当时三门县南田区),当时则被台州股匪盘踞。该匪向北渔山渔网户强借粮款三百万元,又向住户勒索两百万元,扬言如若不从则倾巢犯扰,迫使该岛岛民"纷纷挈妇携雏,搬箱带笼,渡海向南象南延

① 实业部上海鱼市场:《水产月刊》复刊第 1 卷第 4 期,1946 年 9 月,第 21 页。
② 实业部上海鱼市场:《水产月刊》复刊第 1 卷第 5 期,1946 年 10 月,第 75 页。
③ 《渔业团体代表返甬》,《宁波日报》1947 年 6 月 10 日。
④ 实业部上海鱼市场:《水产月刊》复刊第 1 卷第 6 期,1946 年 10 月,第 10 页。

昌乡逃避"。再如,流窜岱衢一带的股匪首领吴阿宁,于1946年10月3日上午,率匪50余名,假扮定海县自卫大队,至大羊山,借口奉大队部令前去开会,当该乡参议员张明水、乡长贤伦出而招待时,海匪们即将参议员、乡长等人扣押,随后缴集全部自卫队枪械,并洗劫全山,共计劫去物品七大船。① 至于时局动荡之1948年,因政府无力清剿,海匪则更为嚣张,特别是渔汛旺期,海盗愈加活跃。时值夏初四月半,旺汛将届,"奉化帮渔船被海匪徐小玉股包围于岱山,挟船勒索枪械食米,领取旗照,方可出海捕捞。渔民以无力缴纳,进退两难"。而象山帮渔船在此前已应徐小玉匪索,"每船缴纳食米四石,领取旗照,满望即可出海"。但又听说该匪还欲勒索枪支,渔民们恐一旦出海被围则难以回返,于是决定牺牲渔汛,中途折返,被迫中断渔业生产。如此一来,当年数以万计渔民的生计几乎陷于绝境。②

（四）鱼行栈之压榨

地区渔民穷苦,且无储蓄素习,因政府渔贷不敷应用,出渔资金则往往仰给于借款。渔民向鱼行栈或高利贷者借贷,利率多在月息30分以上,其最高者达每月百元纳利四十五元。而一般鱼行栈贷放船头(亦称"行头",即出渔资金),虽号称无利,但变相之剥削,如侵蚀价数、克扣斤两、浮收佣金等,尤甚于高利贷。例如宁属之沈家门,鱼栈林立,渔民向鱼栈借款,其条件除利息外,全部渔获物须由放款鱼栈经售,抽取佣金十分之一。渔民在渔汛旺期,因须争取时间从事捕捞,所有渔获物常由特约鱼行栈所属冰鲜船收购转运销售,价款待回港时再结算,鱼行栈每借此机会,欺弄渔民,巧取盘剥。③鱼行栈还借口币值低落,在渔民辛勤捕获的渔款中,加扣百分之五,就是所谓"九五扣现"(亦称"九五圆账")。沈家门地区,待到清明节渔场北移之后,渔船在嵊山将渔获物赊买与冰鲜船,回洋后仍须在沈家门经过放款鱼栈收款,而渔民售鱼与鱼商时,每百斤只能算八十八斤,即所谓"重八扣秤"(亦称"八八扣")。鱼行栈付款时,第一次一般付30%,以后短则一月,长则三月,甚至渔汛结束时再结算。并由于战时交通不便,物价飞涨的关系,鱼栈常常利用渔款囤货转运,坐致暴利,而对渔民则延不偿付,等到脱货付款,物价已高涨多时。有的鱼行栈对经营的渔需物资,常以次充好,或缺斤短两卖给渔民,抵付鱼款。有的甚至谎称亏本,或推说鱼货在销售途中遭匪抢劫,拒付

① 实业部上海鱼市场:《水产月刊》复刊第1卷第5期,1946年10月,第78—79页。
② 《渔汛旺期海盗活跃》,《申报》1948年5月19日。
③ 实业部上海鱼市场:《水产月刊》复刊第1卷第5期,1946年10月,第10—11页。

鱼货款,称"吃倒账"。因盘剥苛重,渔民习称它是"四六行"或"四六栈房",意指每百市斤鱼经鱼行栈转手,六十斤被鱼行栈吞没,渔民实得仅为四十斤。① 凡此种种,皆让渔民受尽剥削,无所告诉。

除上述外,渔民自身恶习亦直接导致其陷入困境,"渔民于渔事清闲时,未有不嗜烟赌者,烟馆藏垢纳污,为淫盗之媒,而赌最能使人倾家败产,杀身惹祸,海盗之养成,此为其最大原因"②。1948 年 10 月出版的《鄞县概况》在述及宁波鄞县地区的渔民社会时,概括如下:"渔民出入惊涛骇浪之间,栉风沐雨,蹈冒危险,生活十分艰苦。在洋面捞捕得失,又难预下,鱼类聚集地点,更难推得。辛苦经营,犹虑不能温饱。且本身又不检束,好勇斗狠,嗜赌爱嫖,生活腐败不堪设想。"③这确是战前及战后宁波地区渔民生活的真实写照。

总而言之,虽然战后当局与社会各界对宁波地区渔业经济复兴做出了诸多努力,渔民社会及渔业经济亦呈现渐入佳境之势,然而重振饱经摧残的宁属海洋渔业实非一日可以成功。加之抗战胜利不久,旋即内战爆发,时局动荡,物价飞涨,宁波地区海洋渔业经济之战后复兴亦就此画上句号,使初显复兴景象的宁波渔业经济迅速恶化。

---

① 实业部上海鱼市场:《水产月刊》复刊第 1 卷第 3 期,1946 年 8 月,第 91 页;浙江省舟山市政协文史和学习委员会:《舟山渔业史话》(舟山文史资料第十辑),中国文史出版社 2007 年版,第 442—445 页。

② 渔业善后物资管理处研究训练所:《新渔》第 5—6 期合刊,1948 年 12 月,第 4 页。

③ 周克任:《鄞县概况》,三一出版社 1948 年版,第 78—79 页。

第九章　民国时期宁波海洋渔业
合作组织的建立与发展

近代浙江渔业合作事业,始于宁波一地。20 世纪 30 年代中期宁波渔业合作事业开始起步,出现了东钱湖外海渔业捞捕兼营合作社等渔业合作组织。但 1941 年宁波沦陷后,渔业合作事业随之中断。抗战胜利后,依靠联合国之援助救济,及国民政府之倡导扶持,宁波海洋渔业合作事业得到恢复并有所发展,对抗战后宁波地区渔业经济的恢复,起到了一定作用,但由于各种因素的制约,其发展则受到了极大的限制。

第一节　宁波海洋渔业合作组织的演变

中国合作运动,诞生于 1919 年五四运动之后,主其事者,为薛仙舟,其时合作事业尚属民间运动。1927 年,国民政府定都南京后,将合作运动列为训政时期七项运动之一,合作事业始获政府倡导。浙江省合作事业,发轫于1928 年 6 月间,当时负责推动合作事业的机构,为浙江省农民银行筹备处,后因该处资金筹集不足,未能成立,次年 7 月奉令停止筹备。合作事业部分,由建设厅设立合作事业室,派员专责主持。1930 年 2 月,浙江省农矿处成立,合作事业划归该处设室专管。1938 年 7 月,省府决定在九区十县县政府设立合作事业室。次年 4 月,物产调整处并入建设厅,合作行政仍在该处设组主持。1940 年 1 月,物产调整处裁撤,根据中央法令,成立合作事业管理处为建设厅内部的一个单位,各县政府设置合作指导室,与各科室并列。抗战胜利后,合作事业管理处于 1946 年 1 月 1 日独立设置,但仍为建设厅的附属机关。自该年起,各县政府已普遍设置合作指导室。①

一、宁波海洋渔业合作组织的建立

我国的渔业合作事业,与国外渔业合作事业及国内其他合作事业相比,起步较晚,且缺乏早期数据统计。自清季到民初,渔业管理组织虽几经变更,而"对于渔业行政,则仍旧贯,渔业统计缺乏材料"。1932 年,实业部统计长办公处成立,"始制渔业调查表格,令由各省市政府,填报及由该处派员直接调查"②。以后,上海各银行颇留意于农村合作放款,中国银行沈家门支行,始从事渔业放款,为银行投资渔业之始。1936 年,实业部联合上海各银行组织渔业银团,提倡渔民组织合作社,办理渔业贷放款项,建造新式渔轮租赁与渔民。③ 随后抗战爆发,沿海各省渔业合作事业均受挫严重。虽然抗战前各省对于渔业合作社的指导,以及渔业放款的进行,已经有相当的成绩,但就总体而言仍进展缓慢。究其原因,在于国民政府推行合作事业之业务重心有所偏重。渔业合作社之业务,大多属生产合作业务及特产合作业务,亦有少数属运销、供给及信用业务。而我国合作业务在抗战以前,多偏重于农村信用合作。抗战开始后,中央合作当局为配合战时经济设施,平抑物价,增加生产,才加意推行消费及生产合作。④ 1942 年,国民政府颁布《渔业合作推进办法》。抗战胜利后,农林部因事实之需要,加强渔民合作组织建设。⑤

中央政府推行合作事业之业务重心有所偏重,浙江省亦如是。浙江省的合作业务,初期以信用业务为主,1936 年以后,开始推进特产业务,抗战期

---

① 浙江省银行经济研究室:《浙江经济年鉴》,(杭州)浙江文化印刷股份有限公司,1948 年,第 638 页。

② 国民政府主计处统计局:《中华民国统计提要二十四年辑》,商务印书馆 1936 年版,第 559 页。

③ 李士豪、屈若搴:《中国渔业史》,商务印书馆 1937 年版,第 98 页。

④ 行政院新闻局:《中国合作事业》,1948 年,第 30 页。按:据此材料,抗战前偏重于农村信用合作之原因有二:一是自华洋义赈会在华北以救济农村之形态提倡合作,即侧重信用合作之推行,嗣后政府亦致力于信用合作之推行;二是中央合作当局对其他合作业务,并未注意提倡,多系听其自由发展。其他业务类型的合作组织,并非不存在,只是所占比率不高。

⑤ 行政院新闻局:《渔业》,1947 年,第 35 页。

间又转为供销业务。① 故在此以前,浙江省的渔业合作事业总体而言进展缓慢,"办渔业合作社的极少"。直到 1936 年 7 月 1 日,省府成立了浙江省渔业管理委员会,主任委员由省政府主席兼任,负责指导推行渔业合作事业工作。② 在 1938 年春,成立了温区渔民合作金库。③ 又于 1940 年拟筹设宁、台区渔民合作金库,并拟增筹温区渔民合作金库股金。④ 1942 年,浙江省合作事业管理处颁布《浙江省渔业合作社指导方针》和《浙江省沿海各县推进渔业合作社注意要项》。⑤ 由于此时全省沿海地区基本上沦陷,故这些指导方针与规定无异纸上谈兵。1946 年,浙江省渔业局正式成立,负责"推广渔业,编组渔港,暨改进渔民福利","督导考核各渔业团体目的、事业之推进"。⑥

---

① 浙江省银行经济研究室:《浙江经济年鉴》,(杭州)浙江文化印刷股份有限公司,1948 年,第 653 页。按:据此材料,抗战期间,为适应环境的需要,凡肥料、种子的供给,日用品的分配,大半由合作社负责办理,所以合作社业务的经营转变为供销业务。此外,另据《十年来之中国经济建设》可知,1936 年后,浙江省政府推进特产业务合作主要在"推进稻麦棉合作组织""推进桐油生产合作""推进蚕业合作事业"三方面,而对于渔业合作亦尚未着重提出加以推进。参见:中央党部国民经济计划委员会:《十年来之中国经济建设》,(南京)南京扶轮日报社发行,1937 年,下篇,第四章,浙江省之经济建设,第 10 页。

② 浙江省水产志编纂委员会:《浙江省水产志》,中华书局 1999 年版,第 412 页。按:民国时期,浙江渔业先归浙江省实业厅管理,后属浙江省建设厅管理。浙江省渔业管理委员会是浙江省第一个直属省政府领导的渔业机关,后因抗战爆发,于民国二十六年(1937)十一月被撤销,为时不长。参见:浙江省水产志编纂委员会:《浙江省水产志》,中华书局 1999 年版,第 698 页。

③ 行政院新闻局:《渔业》,1947 年,第 5 页。

④ 浙江省建设厅:《浙江省廿九年度建设工作报告》,1940 年,第 67 页。按:关于拟增筹温区渔民合作金库股金一节,据该报告称"该库已拟就征集股金进行计划,随时征求各渔业合作社入股",而关于筹设宁、台区渔民合作金库一事,据该报告称,"因中央补助款十万元,尚未汇到,是以仍在筹划进行中",后或因抗战军兴而未能成立,目前笔者所见之统计,尚未有此二区渔民合作金库的相关内容,仅有温区渔民合作金库,且抗战胜利后,浙江省合并宁、台、温三区渔业管理处,与温区渔民合作金库,成立浙江省渔业局,亦并未提及有宁、台区渔民合作金库之存在。参见:行政院新闻局:《渔业》,1947 年,第 5 页;浙江省建设厅:《浙江省廿九年度建设工作报告》,1940 年,第 51 页;浙江地方银行总行:《浙江经济统计》,(杭州)浙江印刷厂,1941 年,第 150 页(注:其注明资料来源为前者,即《浙江省廿九年度建设工作报告》)。

⑤ 浙江省水产志编纂委员会:《浙江省水产志》,中华书局 1999 年版,第 413 页。

⑥ 《省建设厅宁海县府省社会处等单位关于催报渔民固有组织概况及其活动情形由仰遵照规定要点指导渔会对敌伪斗争由》,宁海县档案馆藏,档案号:旧 1-10-230。按:据该档案显示,在浙江省渔业局正式成立以前,浙江省沿海各县渔民团体(渔会、渔业合作社、渔盐合作社等)业务之督导,均系浙江省政府建设厅授权县政府会同渔业管理处办理。

此外，抗战胜利后，浙江省政府拟定《浙江省合作事业复员计划纲要》，"作为浙省合作事业复员的准绳，并规定合作业务以推进特产为中心。1946年度起，即分别在特产区域，筹组专营合作社，作为推进特产的基本机构"，并且"沿海各县，即规定以促进渔业为工作中心。1947年度，除在沿海各县发动组织渔业合作社外，并且在温、台两区，组织渔区联合社"。至1947年，浙江渔业合作事业已有实际成就。①

宁波的渔业合作事业，大约为浙省渔业合作事业之发轫地区。早在1931年春，鄞县县政府奉令筹办农村及渔村合作实施区，择定东钱湖为渔村合作实施区。但由于东钱湖一带渔民，终年大部分时日都在海洋从事捞捕，一时未易实行，所以只得暂从缓办。当年四五月间，省建设厅派员至鄞县及镇海、定海等县调查渔业状况，并拟具举办鄞县渔业合作进行办法，但因为公款无着落，商民亦无意投资参加，至无成效。1932年春，鄞县政府奉建设厅令派员分别前赴咸祥、东钱湖、姜山等渔民集居地点，调查考核，拟具筹办第八区螟蝛鲞运销合作社指导计划，但又因多方因素，导致该计划无形停顿。12月，东钱湖渔民曹世豪、史锦纯等发起组织渔业合作社，鄞县政府即派合作事业指导员前往策划，并定名为东钱湖外海渔业捞捕兼营合作社。1934年7月，东钱湖无限责任外海渔业捞捕兼营合作社在大堰头正式成立，社员25人，共认股52股，计520元，所有股金于举行成立大会时一次缴足。② 同年10月，上海金融界先后垫借12万元给鄞县渔业合作社和上海鱼市场。③ 该社后来有所发展，1937年初，上海渔业银团前往浙江调查渔业情况时，曾对该社作了调查：此行所经各地，有合作社组织者，为宁波之东钱湖合作社，成立于民国二十三年（1934）七月，社员以渔船为单位，计大对船五十六对，冰鲜船十一只，及关系方面二十人，故八十七社员，认股105股，每股十元。该社规模初具，设总办事处于沈家门，分办事处于宁波及上海，每年营业达二十万元，前因社员需款，曾向银团筹备处先借五万元，转贷各渔

　　① 浙江省银行经济研究室：《浙江经济年鉴》，（杭州）浙江文化印刷股份有限公司，1948年，第653、655页。按：据该年鉴说明，渔区联合社，台区已经组织成立（全称：浙江省台州区渔业联合社，见该年鉴第642页），温区在积极筹备，温州方面还在策划设立合作工厂，专制鱼类罐头。

　　② 鄞县政府建设科：《鄞县建设（第一集）》，（宁波）宁波印刷公司，1934年，第83—99、125页。

　　③ 浙江省水产志编纂委员会：《浙江省水产志》，中华书局1999年版，第412页。

船,为与银团最先发生关心者。① 遗憾的是,东钱湖合作社的发展态势由于抗战的全面爆发而中断。

图 9-1　东钱湖外海渔业合作社办事处

图片来源:鄞县政府建设科:《鄞县建设》第一集,(宁波)宁波印刷公司,1934 年。

二、战时宁波海洋渔业合作事业的停顿与战后发展

1937 年 7 月,抗日战争全面爆发,1941 年 4 月,宁波沦陷,宁波地区渔业合作组织遂陷于无形停顿。其东钱湖外海渔业生产供销合作社于 1937 年 8 月间奉令停业,全部渔船封入关内,至抗战胜利,渔船已毁损殆尽。② 1943 年,社会部合作事业管理局令各地加紧办理合作社职员训练事宜。象山县县政府在给浙江省建设厅的呈文中写道:"本县自三十一年三月间县城沦陷后,各地遭受敌伪之蹂躏,所有合作社以破坏过深均告停顿,多未恢复,饬办

① 《渔业银团调查温台渔况》,《申报》1937 年 4 月 7 日。

② 《渔贷》,浙江省档案馆藏,档案号:L084-000-0513。按:此处之"东钱湖外海渔业生产信供销合作社"即笔者前文转引《鄞县建设(第一集)》所述之"东钱湖外海渔业捞捕兼营合作社",二社理事主席均为史锦纯,大概因组织尚不健全,时有更名,该社名"东钱湖外海渔业生产信供销合作社"见于公文末尾图鉴"无限责任鄞县东钱湖外海渔业生产信供销合作社",公文拟具时间为民国三十六年九月,且文中述及该社成立日期是民国二十三年八月二日,与笔者前文转引《鄞县建设(第一集)》所述之成立日期为民国二十三年七月有微小差异。此外,民国三十六年十二月,史锦纯拟具之"鄞县东钱湖无限责任外海渔业捕捞兼营合作社"呈"两浙区定岱盐场沈家门渔盐管理所"公文《为社员请领盐引仰祈钧所即发以便渔用而安渔业由》,该文述及该社成立日期亦是民国二十三年八月二日,而公文所署社名则换用"鄞县东钱湖无限责任外海渔业捕捞兼营合作社",又与前文转引《鄞县建设(第一集)》所述之社名相同。参见:《渔业合作及鱼市场》,浙江省档案馆藏,档案号:L084-000-0393。民国时期政府机关与其他组织对渔业合作社的统计数据,以及渔业合作组织自身所用社名称谓,时有差异,本书随后述及。

是项训练无法举行。"①由此可窥宁波渔业合作组织战时损失之一斑。

此外,敌伪不仅对国民政府准许成立的渔业合作组织进行破坏和掠夺,还专门成立其自身的渔业合作组织,以达到其控制渔业经济之目的。1944年7月20日,汪伪政府勾结渔霸、奸商,成立伪宁波水产合作社,下设鱼市场,为日伪军提供军需品,对渔民放高利贷②,"强定渔价,统制运销,以垄断我渔产,我渔民以主要渔场均在陷区,任听敌伪摧残剥削,水深火热,濒于绝境"③。

1945年8月,抗日战争胜利后,宁波地区渔业合作组织随之进入恢复与发展时期。

战后宁波地区渔业合作社的恢复,联合国善后救济总署对华的渔业救济是一个重要的推手。

对于上述渔业救济物资之利用,中央政府、浙江省府及浙省渔业组织将渔业合作事业作为救济物资利用的一种有效方式加以提倡,各渔业合作组织成为渔业救济物资发放的主体对象。这在1946年7月17日农林部江浙区渔业督导处致浙江省政府一函中可见一斑:

> 查本区沿海为我国主要渔区,抗战期间遭敌破坏蹂躏,渔业一落千丈,影响国计民生至大且巨。兹值胜利,联合国善后救济总署供应大宗渔业物资,协助家国渔业复员,自应妥善利用以期渔业之复兴,而开发沿海无限宝藏。惟查我国沿海渔民向系组织散漫,绝少集体经营,实为渔业不能发达之重大原因,兹为谋渔业救济物资之合理分配运用,并使渔业长足进展起见,沿海各重要渔区应谋积极普遍成立渔业合作社,经营集体产销。除建议农林部尽先将渔业救济物资分配渔业合作机构及战时损失惨重之渔业公司外,相应函请查照,即予转令所属沿海各县,遵上切实推行,并希见复为荷。

---

① 《象山合作社》,浙江省档案馆藏,档案号:L033-006-0174。

② 周科勤、杨和福:《宁波水产志》,海洋出版社2006年版,第591页。按:《浙江省水产志》所述日伪宁波水产合作社成立日期为民国三十一年(1942),异于《宁波水产志》,其实际日期,有待考证,此处权且取二者中有确切月份日期者叙述之。参见:浙江省水产志编纂委员会:《浙江省水产志》,中华书局1999年版,第473页。

③ 《宁海县府省建设厅省渔业救济处理委员会等单位关于为颁发鱼市场设置办法一案令仰知照由渔业救济物资分配会议记录等》,宁海县档案馆藏,档案号:旧1-10-233。

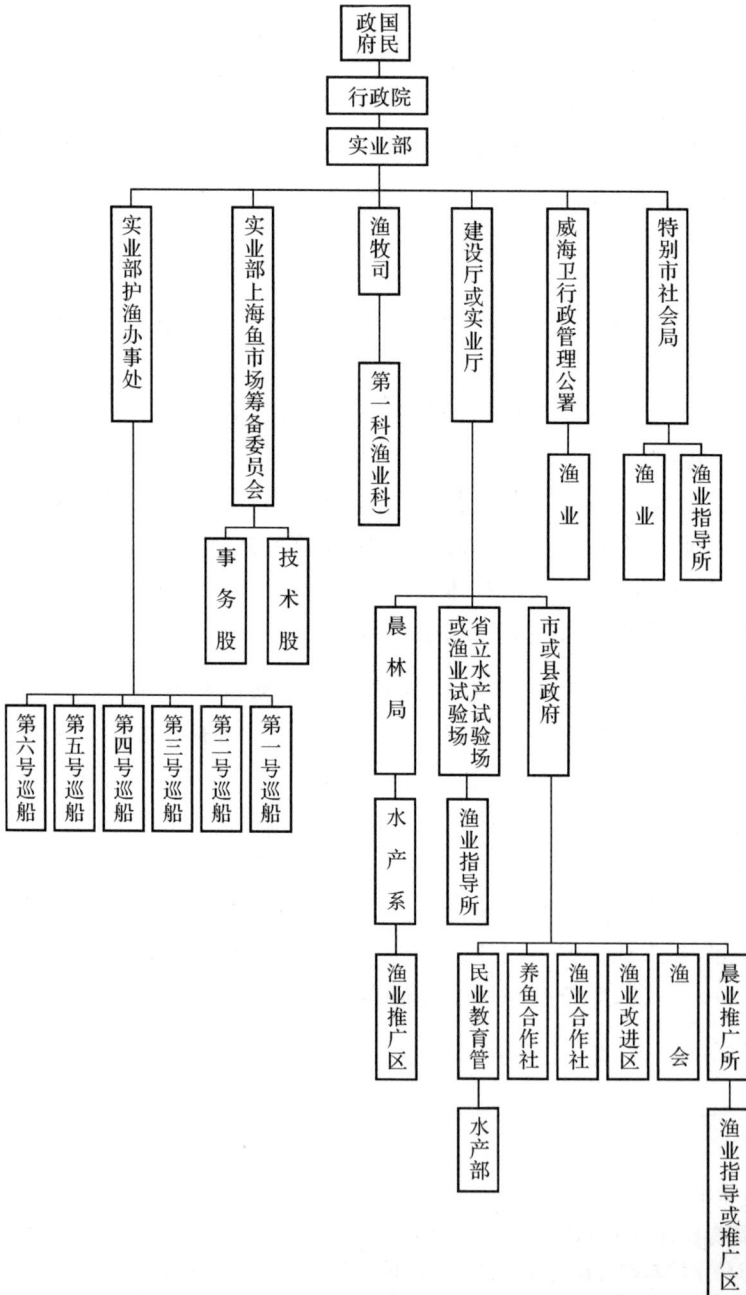

图 9-2 战前渔业合作社在水产行政系统中的地位

图片来源:实业部中国经济年鉴编纂委员会:《中国经济年鉴》,商务印书馆 1935 年版,第 115 页。

　　浙江省政府获此建议后,即令省建设厅进行办理。8月,浙江省建设厅转令省渔业局、省合作事业管理处及各县政府遵照该建议,迅即切实推时渔业合作事业,并要求各县将业经呈准设立的渔业合作社名称、社数、社员人数、股金总额、负责人姓名、主要业务等,详细调查,列表报核。① 此外,1947年2月,浙江省水产建设协会呈请浙江省合作事业管理处,建议筹组"保证责任浙江省渔业合作社联合社",并称此举是"为争取'行总'渔轮,倡导新式渔业,及其他渔业生产物资计",强调是项举措为"当前之急需"。② 此后,在浙江省政府委员会拟定之《浙江区渔业救济物资利用计划纲要》中,"利用原则"第一条即要求"指导渔民利用合作方式集体运用",随后又指出"试验训练渔船,除作为指导船外,应密切与渔业生产合作社□□,并参与集团生产工作",并在"建立组织系统"中首先提出应当"指导渔民分别组织地区渔业生产单位合作社,□属生产,并同运销,并设县联合社及区联合社,□□经营□□□生产效率增加,经营经济"。③ 1948年,浙江省渔业救济物资处理委员会在《浙江区渔业救济物资处理办法》文件中,明确要求战时遭受重大损害的渔业基本生产组织(硬脚制),组成渔业救济物资利用合作社。并且该会在《浙江省渔业救济物资处理委员会处理物资实施办法》中,拟组织"各(宁波、台州、温州)区渔业救济物资公用合作社",规定各县区的救济物资的领运与发放工作,以渔业合作社为主体对象,并且拟具领运与发放之细则,划定组织期限,明令"各区合作社应于三十七年十月以前组织成立"④。1949年3月31日,浙江省建设厅又颁布训令,核示注意要点,指出"各县所得渔

　　① 《准江浙区渔业督导处函请转令沿海各县切实指导组织渔业合作社等由电仰饬遵照由》,象山县档案馆藏,档案号:01-3-0844-015。

　　② 《渔业合作及鱼市场》,浙江省档案馆藏,档案号:L084-000-0393。

　　③ 《渔业庶事》,浙江省档案馆藏,档案号:L033-002-0428。

　　④ 《浙江区渔业物资处理委员会》,浙江省档案馆藏,档案号:L033-002-0263。按:拟组织之"宁波区渔业救济物资公用合作社",其业务范围并不仅限于宁属地区,据《浙江省渔业救济物资处理委员会处理物资实施办法》规定:"宁波区以鄞县、慈溪、镇海、定海、奉化、象山等县属之……其余平湖、上虞等县,损失不多,毋须另组机构,归纳于宁波区一并办理。"此外,无论是"渔业救济物资利用合作社",抑或是"各(宁波、台州、温州)区渔业救济物资公用合作社",就笔者所见,均无史料证明其曾成立,大概因内战影响而停止筹备,具体情况如何,有待考证。"各区合作社应于三十七年十月以前组织成立"所言之"各区合作社"当时指"各(宁波、台州、温州)区渔业救济物资公用合作社"。

救物资应以合作方式集中生产"①。

由此观之,联合国对华之渔业救济确对宁属各县渔业合作社之恢复有莫大助益。除此之外,抗战胜利后,对于敌伪遗留的合作组织,政府亦及时进行接收。② 其财产物资,对战后合作事业之恢复亦多有裨益。1945 年 9 月后,社会部京、沪、苏、浙、皖、赣、鄂合作事业特派员办事处,暨浙江省党政接收委员会,先后派员会同浙江省第六区经济建设委员会,对伪宁波水产合作社及其各县分社进行查封接管,并由浙江省第六区经济建设委员会拟定《六区渔业合作计划纲要》,"会同当地政府,辅导组织合法合作社"③。

渔业合作组织在战后的恢复与发展,除得益于以上二者外,如前文所述,还有赖于政府合作业务重心的调整。抗战胜利后,浙江省的合作业务以推进特产为中心,渔业即在特产之列,沿海各县合作事业即以促进渔业合作之业务为工作中心,政府大力推行渔业合作事业,浙省渔业合作组织因而发展迅速。

宁波为浙省渔业重镇,当此战后复兴之时,宁属渔民当然渴望修复满目疮痍的渔业经济,宁属各县政府亦积极响应省政府倡导,着力筹组渔业合作社及联合社。1946 年 8 月 24 日及 29 日,象山县政府在分别收到省建设厅及省合作事业管理处要求组织渔业合作社的公函后,立即转饬县渔会,促其依照章程准则,积极协同筹组。④

正是在政府的倡导与督促下,战后宁波一地渔业合作组织得到了较快发展。到 1947 年 6 月,已有各类渔业合作社 301 个。其组织相关数据统计如表 9-1、表 9-2 所示。⑤

---

① 《宁海县府省建设厅省渔业救济处理委员会等单位关于为颁发鱼市场设置办法一案令仰知照由渔业救济物资分配会议记录等》,宁海县档案馆藏,档案号:旧 1-10-233。

② 《社会部京、沪、苏、浙、皖、赣、鄂合作事业特派员办事处关于办理接收本省(敌)伪合作社情况》,浙江省档案馆藏,档案号:L084-000-0794。

③ 《为派员会同社会部合作事业宁属地区专员接收伪宁波水产合作社各县分社暨鱼市场等并筹设六区渔业合作社请查照协助由》,象山县档案馆藏,档案号:01-3-1714-004。

④ 《准江浙区渔业督导处函请转令沿海各县切实指导组织渔业合作社等由电仰饬遵照由》,象山县档案馆藏,档案号:01-3-0844-015。《奉建设厅电为准江浙区渔业督导处函请转令沿海各县切实指导组织渔业合作社等由饬遵照等因电请查照办理由》,象山县档案馆藏,档案号:01-3-0844-016。

⑤ 政府虽对渔业合作事业进行了有计划的引导与推进,然而对于渔业合作组织之统计,却缺乏翔实的调查,以至各方统计数据不尽相同。

表 9-1　1947 年 6 月宁波渔业合作社分类统计①

县别	入社人数	渔业合作社						
		合计	分类					
			生产合作社	产销合作社	产制销合作社	产制信合作社	综合性合作社	
定海	560	9	8		1			
镇海	79	1				1		
鄞县	467	5	2	1		2		
象山	1722	6	5				1	
奉化	280	4	3				1	
宁海	1034	6	5	1				

资料来源:浙江省水产志编纂委员会:《浙江省水产志》,中华书局 1999 年版,第 413—418 页。

表 9-2　1948 年宁波渔业合作社统计

县别	社数	社员数	股金总额(元)
鄞县	4	219	4900000
定海	3	1560	5769850
奉化	3	982	3813360

资料来源:浙江省银行经济研究室:《浙江经济年鉴》,(杭州)浙江文化印刷股份有限公司,1948 年,第 642 页。

将表 9-1 与表 9-2 做对比,前者为《浙江省水产志》,是据浙江省渔业局 1947 年 6 月之统计而汇总并制表,而后者为 1948 年浙江省银行经济研究室所统计编印,前后相去不到一年,而差别之大,显而易见。表 9-2 的统计不仅收录县别过少,即就同一县区之统计数据而言,亦相去甚远。定海为渔业重镇,而浙江省银行经济研究室统计其渔业合作社仅为 3 社,着实过少。据档案材料显示,定海渔业合作社数目确实远大于此数。可见表 9-1 的统计较为全面,然则表 9-1 亦不无缺陷;而表 9-2 的统计虽不全面,但其具体统计数据

---

① 按:在《浙江省水产志》中,该表格末尾注有"说明:资料来源于浙江省渔业局资料汇总(民国三十六年六月)"。此外,周科勤、杨和福的《宁波水产志》一书关于民国时期宁波渔业合作社之统计,亦完全引用《浙江水产志》之统计,并稍有疏漏,其亦注有"说明:资料来源于浙江省渔业局资料汇总(民国三十六年六月)"。参见:周科勤、杨和福:《宁波水产志》,海洋出版社 2006 年版,第 296—297 页。

较为精确翔实,可用以估算此三县区合作社平均规模之大小,从而管窥宁波地区各县渔业合作组织之规模。依据表 9-2,求各县渔业合作组织社员及股金之平均数(四舍五入法估算,精确至个位数),结果:鄞县每社平均社员数为 55 人,每社平均股金总额为 1225000 元,每社人均认股金额为 22273 元;定海每社平均社员数为 520 人,每社平均股金总额为 1923283 元,每社人均认股金额为 3699 元;奉化每社平均社员数为 327 人,每社平均股金总额为 1271120 元,每社人均认股金额为 3887 元。将以上数据绘成图 9-3 如下。

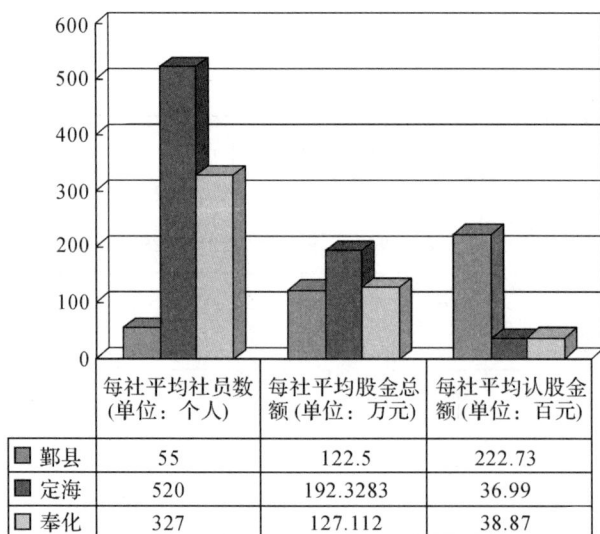

	每社平均社员数 (单位:个人)	每社平均股金总 额(单位:万元)	每社平均认股金 额(单位:百元)
鄞县	55	122.5	222.73
定海	520	192.3283	36.99
奉化	327	127.112	38.87

图 9-3　鄞县、定海、奉化三县渔业合作社平均数据柱状图

图 9-3 使此三县渔业合作社之差异得以直观展现,鄞县每社平均社员数最少,奉化居中,定海最多,为鄞县的 9 倍有余。定海每社平均股金总额最大,奉化居中,鄞县最少,然三县之每社平均股金总额皆相差不大。鄞县人均认股金额最多,奉化居中,定海最少,仅为鄞县的六分之一。

造成此种差距之原因,有如下两点:

(1)定海孤悬海外,经济欠发达,居民多以渔为生。表 9-3 为宁属地区渔村分布统计,由该表可知,定海渔村最多,居民以渔为业者,当较其他地区为多。而奉化渔村又较鄞县为多,且鄞县与奉化出海难易虽相差无几,然鄞县经济远较奉化发达,行业众多,居民谋生方式多样,从事渔业者,必然较奉化为少。① 表 9-4 为宁属各县春汛、冬汛渔业分类统计,由该表可知,1947 年春、冬二汛,鄞县、定海、奉化三县出渔渔民数(已着重标出),定海大于奉化,奉化大于鄞县。该数据虽为汛期出渔渔民数,但各县渔民总数之多少由此亦可见一斑。故而渔业合作社每社平均社员数,定海为大,奉化次之,鄞县又次之。

(2)鄞县为宁属地区之中心,号称宁邑首善之县,经济最为发达,钱业兴盛,财力雄厚,渔民较为殷实,渔业资本较为富足。而奉化经济发展较为迟滞,定海则更为落后。1947 年春、冬二汛,鄞县、定海、奉化三县二汛出渔资金每船平均数(已着重标出)之和,鄞县独大,为 2130 万元,而其余二者相差较小,定海为 1733 万元、奉化为 1513 万元。该项出渔资金,虽有很大一部分为渔业贷款,且因渔贷政策有所偏重扶持,故而于各县放款数额大小又有不同②,但各县渔民亦多有出资垫款,渔民出资金额之多少亦必将影响出渔资金总额之大小,因此,由二汛出渔资金每船平均数之和的差距,亦可略知各县渔业资本规模之大小。故而渔业合作社每社人均认股金额,鄞县最大,奉化次之,定海又次之。

---

① 定海渔民总数约为鄞县渔民总数的 11.33 倍;鄞县外海渔业渔民人数约占鄞县人口总数的 0.79%,占鄞县职业人口总数的 1.02%。按:据 1935 年《浙江省渔民人数统计表》载,鄞县从事海洋渔业者 5000 人,从事河湖渔业者 1000 人,从事海洋河湖渔业者 700 人,渔民总数 6700 人;定海从事海洋渔业者 75920 人,渔民总数 75920 人;宁海渔民总数 1200 人。参见:实业部中国经济年鉴编纂委员会:《中国经济年鉴》,商务印书馆 1935 年版,第 209—210 页。此外,据 1947 年《鄞县经济概略》载,鄞县内河渔业渔民人数不详,其中荡养渔业渔民人数无法估计,而就河港捕捉天然鱼者,以东钱湖邻近最多,系当地人民及绍兴人,约有三千余人,外海渔业渔民人数为 5000 名。参见:《县市经济概略及统计资料》,浙江省档案馆藏,档案号:L031-001-0759。另,1947 年鄞县人口总数为 636235 人,职业人口总数为 486129 人,无业人口数为 231432 人,农业人口数为 99463 人。参见:浙江省银行经济研究室:《浙江经济年鉴》,(杭州)浙江文化印刷股份有限公司,1948 年,第 45、94 页。

② 渔贷政策有所偏侧扶持,或为 1947 年春、冬二汛,定海出渔资金每船平均数之和较奉化为大的原因之一,因是年浙江渔贷乃按照各地渔情及需要多寡比例分配,定海渔贷放款配额必定大于奉化。据《浙江省渔业局三十六年度渔贷计划》之"贷款办法"规定:"1. 本贷款六十亿元,专为渔贷以补助本年春汛暨冬汛,渔民修理添配渔船渔具及出渔资金,暨渔产制造厂商,藉谋恢复本省渔业、增加生产,不得移作别用……3. 本计划所定贷款六十亿元,以宁台温各地渔情及需要多寡比例分配,宁波区(包括鄞县、奉化、镇海、定海、象山、宁海六县)三二六六〇〇万元……6. 本贷款之分配概以各该县渔船或制造厂商之多寡为比例,贷款总额以十分之九贷与渔民及渔业合作社,十分之一贷与鱼厂商等。"参见:《渔业》,浙江省档案馆藏,档案号:L084-000-0406。

表 9-3　1946 年宁波各县渔村分布统计①

县别	村名
定海	舟山、岱山、岠山、金塘、大榭、秀山、虾时、桃花、册子、长白、长涂、庙子湖、顺姆涂、普陀、黄陇、六横
象山	南韭山、爵溪、石浦、长街
奉化	桐礁、栖凤、大溪、茅地、漂溪
鄞县	咸祥、大嵩、车钱湖、姜山
镇海	穿山、柴桥、蟹浦、郭巨
宁海	薛岙、峡山、桥头胡、沙柳、长街

资料来源:浙江省银行经济研究室:《浙江经济年鉴》,(杭州)浙江文化印刷股份有限公司 1948 年,第 511 页。

表 9-4　宁波各县三十六年春汛、冬汛渔业分类统计②

类别\县级	渔船数(艘)		渔民数				出渔资金(万元)			
			春汛		冬汛		春汛		冬汛	
	春汛	冬汛	总数	每船平均数	总数	每船平均数	总数	每船平均数	总数	每船平均数
鄞县	89	97	540	6	665	7	118016	1326	78000	804
镇海	91	125	617	7	865	7	26553	292	103000	824
奉化	294	366	1393	5	2196	6	174990	595	336000	918
定海	3576	4209	24881	7	31444	7	3331019	931	3377500	802
象山	603	614	4998	8	4764	8	310540	515	401700	654
宁海	701	753	4926	7	5251	7	559557	798	459300	609

资料来源:浙江省银行经济研究室:《浙江经济年鉴》,(杭州)浙江文化印刷股份有限公司,1948 年版,第 509、513—514 页。

综上所述,影响各县渔业合作社规模大小的因素,大致有二:一是该县经济发展程度之高低;二是该县渔民数量之多少。

---

①　按:该表中村名项下有误:"岠山"当为"衢山";"虾时"当为"虾峙";"桐礁"当为"桐照";"茅地"当为"茅屿",属莼湖镇,本地人亦称其为"茅峙";"车钱湖"当为"东钱湖"。

②　按:此表据浙江省银行经济研究室的《浙江经济年鉴》之表格汇总并计算编制,平均数计算结果均以四舍五入法估算,精确至个位数。

　　至于对宁属各县区各个渔业合作组织概况的统计,因各表统计之合作组织名称及相关数据出入甚大,无法整合。产生统计差异的原因,大致有如下五点:

　　(1)调查时数据统计不全。此项分两种情况:一是统计机构派员调查或饬令各渔业合作组织自行填报时,数据统计有遗漏;二是因各统计调查之时间先后有所差异,战后恰是渔业合作组织迅速发展时期,短时期内又有大量新渔业合作组织成立,致使统计数据不全,即使是同年所制之统计表格,内容亦有所差异。

　　(2)统计表格填写缺乏规范。如渔业合作组织名称的填写,即缺乏规范,有些合作社名称前冠以县名,有的则冠以责任类型,以致产生各统计间之差异。此外,一些渔业合作组织尚在筹备中,亦加以填写。其成立日期,有的为预计将来开成立大会之日期,而待将来正式成立之时又不免有所变动,甚至有合作组织的筹备工作因各种因素而无形停顿者,是以造成统计数据间的差异。

　　(3)渔业合作组织自身变动。渔业合作组织成立之初,组织尚不健全,合作社名称、理监事主席人员、社员人数以及股金数等,亦不免时时变动,这也是造成统计差异的重要因素。

　　(4)政府政令等外力之影响。抗战前成立之渔业合作组织,大多因战事而损失严重,渔业合作业务无形停顿,迨抗战胜利,政府下令整顿旧社,成立新社,亦有渔业合作社沿用旧称而填报新成立日期者。此外,也有渔业合作组织已开成立大会,订立章程,确定社名,并呈请政府颁发许可证,而政府却于批复中令其变更社名,此等情况亦属造成统计差异之原因。

　　(5)录入错误。此项可分两种情况:一是初次汇总调查结果制作统计表时,录入内容错误;二是再次或多次转引统计表时,录入内容错误。

　　无论是何种原因导致前述各统计间的差异,其结果大多是难以挽回的。因档案材料等资料之散佚,有些疑点亦难以核实。故为最大限度保留当时宁波地区渔业合作组织之情况,笔者综合各方材料记载,将民国时期宁属地区渔业合作组织(包括已成立并经政府登记核准之合作社、已成立但未经政府登记核准之合作社及筹备中之合作社)统计如下:

　　(1)鄞县:鄞县渔业产销供信合作社、东钱湖外海渔业生产合作社、大嵩港渔业生产合作社、姜山渔业生产合作社、鄞县城区渔业供信合作社、桃江渔业生产合作社,凡六社。

　　(2)镇海:镇海县渔业生产运销合作社、镇海县大溪渔业生产运销合作社、三山浦渔业生产供信合作社,凡三社。

（3）奉化:栖凤渔业生产合作社、桐照渔业生产合作社、虹溪渔业生产合作社、奉化渔业生产合作社联合社,凡四社。

（4）定海:沈家门渔业生产合作社、六横渔业生产合作社、长涂渔业生产合作社、虾桃渔业生产合作社、高亭渔业生产合作社、岱山渔业产销合作社、衢山渔业生产制造供销合作社、黄龙渔业生产合作社、东沙渔业生产合作社、秀山渔业生产合作社、城衙渔业运销合作社,凡十一社。

（5）象山:爵溪渔业生产合作社、南韭山渔业生产合作社、石浦渔业生产合作社、东门岛渔业生产合作社、爵溪生产合作社、钱仓渔业生产合作社、旦门渔业生产合作社、象山渔业合作社联合社、三民主义青年团浙江支团象山分团青年渔业生产合作社、三门县南田区渔业生产运销合作社、象山港渔业生产社,凡十一社。

（6）宁海:西垫渔业生产合作社、薛岙渔业生产合作社、正学渔业生产合作社、石桥头渔业生产合作社、峡山渔业生产合作社、儒雅渔业生产合作社、旗门乡渔业生产合作社,凡七社。

期间,战后政府虽着力推进各县渔业合作联合事业,但直至 1947 年,宁属各县的渔业合作社联合社亦寥寥无几,仅有奉化县渔业生产合作社联合社、象山渔业合作社联合社两社。[①] 宁属地区渔业合作社联合社的稀少,与各县区单位渔业合作社的组织尚不成熟、业务尚不发达有一定联系。象山县政府首次合作会议的第一案,即对"如何组织好渔业生产合作社联合社"这一议题进行了讨论,然而因"各渔社业务尚欠充实,极应加紧整饬",故最终议决"应将石浦、爵溪、南韭山、钱仓、旦门、东门岛渔社充实业务后,再行组织渔联社"。[②] 此外,各县渔联社在筹备之时亦是困难重重。象山县召开第一次县渔业合作社联合社筹备会议时,推定许焕文等 11 人为筹备委员,进行筹备工作,却因"筹备不够热心,致未能依限完成",象山县政府因而下令"促进其筹备工作,召开创立会"。然而此举并未奏效,筹备员依旧缺乏热情,"未有进行筹备工作",并且"(象山县政府)合作室亦因人手过少,除督导外,无法兼理筹备工作,因环境未□□也不敢□□经手筹备工作",最终致使

---

① 象山渔业合作社联合社是否确已正式成立,有待考证。

② 《为组织渔业生产合作社联合社应充实各该社业务令仰遵照办理由》,象山县档案馆藏,档案号:01-7-0260-041。按:该档案无具体年份,仅有"十二月十四日"之标注,结合公文用笺印有"三十年"及内容,可知为抗战后公文。

象山县政府饬令暂停象山县渔业合作社联合社的筹备工作。[①]

此外，宁属地区渔业合作社联合社即使已成立者，亦并没有实际发挥其联合社的效用，其成立仅因政府督促而仓促筹办。目前，尚无宁属地区渔业合作社联合社承办相关业务之材料见诸记载。

第二节　渔业合作组织的运转

较之其他类型的合作事业，渔业合作事业发展较迟，然而作为受到政府推进而依法成立的民间经济合作组织，其组织结构和管理运作却又相对较为成熟。宁波地区的渔业合作组织有着一套较为完善的组织系统，管理运作较为有序，此二者亦使得渔业合作组织之职能得以良好发挥。虽然宁波地区渔业合作组织众多，但其基本情况皆大同小异，故下文即以抗战胜利后象山县成立的首个渔业合作社即南韭山渔业生产合作社为例，加以具体考察，以便直观地展现宁波地区渔业合作组织的基本内容。

南韭山渔业生产合作社，其全称为"保证责任象山县南韭山渔业生产合作社"，创立于 1946 年 11 月 10 日。据目前材料显示，这是抗战胜利后象山县成立的首个渔业合作社。该社创立时，社员人数 149 人，共认股数 252700 股，每股金额 200 元，股金总数 50540000 元，股金分两次缴纳，第一次先缴半

---

① 《象山县合作事业工作进度检讨报告》，象山县档案馆藏，档案号：01-3-607。按：此处所引文件为两份表格，名为"象山县三十＿＿＿年度＿＿＿至＿＿＿月份合作事业工作进度检讨报告表"并无具体年月，应是上半年度及下半年度之报告表，并因档案内另有两份文件，名称分别为《象山县三十五年度一至六月份合作事业工作进度检讨报告表（三十五年＿＿＿月＿＿＿日）》及《象山县三十五年度七至十二月份合作事业工作进度检讨报告表（三十六年三月一日）》，又因各表相连编制，据此可知该份文件当为民国三十四年（1945）或民国三十六年度（1947）编制，且因抗战后象山各渔业合作社成立日期多集中于民国三十五年（1946），而该文件涉及渔业合作社联合社之筹备，故其时间当于渔业合作社成立之后，从而推知该文件成文日期应是民国三十六年（1947）。因此，象山渔业合作社联合社是否确已正式成立，有待考证。

数,至该社申请登记时已缴纳股金 25620000 元。①

一、组织机构与管理运作

宁波地区的渔业合作组织对社员成分及其行为有严格的规范,组织内部结构亦较为完善,权责明确,各司其职。

(一)社员

构成渔业合作社的基本单位是社员,渔民、鱼商,其他社会人员欲加入渔业合作社成为其社员,须满足相应之法定条件,按照法定程序及规定办理入社手续。按照《修正浙江省各渔区渔业合作社章程准则(1940 年)》第六条之规定:"凡中华民国人民,年满二十岁,或未满二十岁而有行为能力,居住本社业务区域内,经营水产物之渔捞、养殖、制造、运销业务,并无不良嗜好,且未受破产及褫夺公权之宣告者,均得为本社社员。"此为申请入社者所应具备的条件。满足此条件后,申请入社者应当按照法定程序及规定,"填具入社愿书,经社员二人以上之介绍"方可入社,或者直接提交书面请求,如所申请加入之渔业合作社为无限责任合作社,须"经社务会提经社员大会出席社员四分三以上之通过始得入社",如所申请加入之渔业合作社为保证或有限责任合作社,须"经理事会之同意并报告社员大会"方可入社。② 例如,申请加入保证责任象山县南韭山渔业生产合作社者,"应先填具入社愿书,经社员二人以上之介绍,或直接以书面请求经理事会之同意并报告社员大会"③。而待申请者入社成为社员之后,亦有相应的条文以约束社员遵纪守法。规定文曰:"本社社员有左列情事之一者,即丧失其社员资格:一、发现与本章程第六条之规定抵触者;二、褫夺公权或受破产之宣告及禁治产者;三、死亡;四、除名;五、自请退社。"而如有"不遵照本社章则及社员大会决议

---

① 《保证责任象山县南韭山渔业生产合作社成立登记申请书(总字第二号、民国三十五年十一月十一日)》,象山县档案馆藏,档案号:01-7-0070-090。按:该申请书原表格所载"共认股数二五二七〇股",疑为笔误,实为 252700 股,如此,照每股金额 200 元计算,才可计得股金总额为 50540000 元,且据其已缴金额已达 25620000 元,亦可推知共认股数当为 252700 股。此外,当时合作社社股一项,因受严重的通货膨胀及货币改革(法币改金圆券)之影响,而几经变动,具体变化见于各渔业合作组织章程及其修订,本书下面有述及。

② 《修正浙江省各渔区渔业合作社章程准则(民国廿九年)》,象山县档案馆藏,档案号:01-3-1691-002。

③ 《保证责任象山县南韭山渔业生产合作社章程(民国三十七年十一月四日修正社员大会通过)》,象山县档案馆藏,档案号:01-7-0454-067。

履行其义务",或"有妨害本社社务业务之行为",抑或"有犯罪或不名誉之行为"者,将遭渔业合作社除名。① 如此严格规定社员入社资格,可有效地避免社员成分的复杂,而规范社员行为,使社员遵纪守法,亦有助于渔业合作社组织内部的管理运作,也使得其职能得以更好地发挥。

为更好地了解南韭山渔业生产合作社社员之其他情况,在此将该社社员总数、社员年龄及社员认缴社股概况统计如下:

1947 年,该社社员总数依然为 149 人。年龄最小者,其名翁在池,15岁,认购 40000 股,已缴 20000 股。年龄最大者,其名朱阿才,71 岁,认购20000 股,已缴 10000 股。全社社员年龄集中在 30～50 岁之间。该社认股最多者,为陈渊、王孝南,均分别认购 240000 股,已缴 120000 股。认股最少者众,均认购 4000 股,已缴 2000 股。全社认购股数集中在 20000～40000 股。②

1948 年,该社社员总数增至 208 人。年龄最小者,依然为翁在池,17岁,认购 25 股,已缴 25 元。年龄最大者,依然为朱阿才,72 岁,认购 5 股,已缴 5 元。全社年龄集中在 30～50 岁。该社认股最多者,为王孝南,认购1500 股,已缴 1500 元。陈渊退居其后,认购 1400 股,已缴 1400 元。认股最少者众,均认购 5 股,已缴 5 元。全社认购股数集中在 5～20 股。③

---

① 《修正浙江省各渔区渔业合作社章程准则(民国廿九年)》,象山县档案馆藏,档案号:01-3-1691-002。

② 《保证责任象山县南韭山渔业生产合作社社员名册(民国三十六年二月制)》,象山县档案馆藏,档案号:01-7-0291-068。按:据《保证责任象山县南韭山渔业生产合作社章程(民国三十六年二月奉建设厅令核准)》规定:"本社社股金额,每股国币拾元,社员每人至少认购四千股,入社后得随时添认社股,但至多不得超过股金总额百分之二十",故认股最少均为 4000 股。参见:《保证责任象山县南韭山渔业生产合作社章程(民国三十六年二月奉建设厅令核准)》,象山县档案馆藏,档案号:01-7-0482-079。

③ 《保证责任象山县南韭山渔业生产合作社社员名册(民国三十七年十一月四日造)》,象山县档案馆藏,档案号:01-7-0490-018。按:据《保证责任象山县南韭山渔业生产合作社章程(民国三十七年十一月四日修正社员大会通过)》规定:"本社社股金额,每股国圆一圆……社员入社时,每人至少须认购社股五股,嗣后并得随时添认,惟至多不得超过股金总额百分之二十,认购股款得于一年内分期缴齐,但第一次至少须缴四分之一",故认股最少均为 5 股。另,此时民国政府已进行了法币改金圆券的货币改革,故社股情况有相应变化。参见:《保证责任象山县南韭山渔业生产合作社章程(民国三十七年十一月四日修正社员大会通过)》,象山县档案馆藏,档案号:01-7-0454-067。

　　(二)组织与管理

　　以南韭山渔业生产合作社为例,该社为对组织进行管理,设有下列职位:理事、理事主席、监事、监事主席、经理、副经理、司库(或司库、会计)、文书、技术员、事务员、出席联合社代表、评议员、助理员、见习生、特种委员会(或各种委员会)委/成员。

　　理事,负责组织理事会,执行社务,由社员大会就社员中选任,可连选连任。南韭山渔业生产合作社之理事有 11 人,任期 3 年,11 人中互选 1 人为理事主席,理事主席综理社务且对外代表该社,候补理事有五人。理事得兼经理,或经理以下之其他职员。[①]

　　监事,负责组织监事会,监查社务,由社员大会就社员中选任,可连选连任。南韭山渔业生产合作社之监事有 5 人,任期 1 年,5 人中互选 1 人为监事主席,候补监事有 2 人。

　　此外,该社设经理 1 人,副经理 1 人,秉承理事会主持该社业务。设有司库 1 人,掌理会计出纳。[②] 设有文书 1 人,掌理文牍。经副理、司库、文书均由理事会选聘。还聘任具有水产学识的技术员若干人。为出席渔业合作社联合社会议,还设有出席联合社代表,其由社员大会推选,任期 1 年,但出席联合社代表被选为联合社监事时,以联合社规定之任期为任期。[③] 为促进社务健全,又设有评议员若干人,负责组织评议会,督促理监事及其他职员执行职务,其亦由社员大会推选。助理员、见习生若干人,由经理提请理事会任用。而因业务分部门经营,又于各部设主任 1 人,由经理提请理事会

---

　　① 理事得兼经理,或经理以下之其他职员,仅在《保证责任象山县南韭山渔业生产合作社章程(民国三十六年二月奉建设厅令核准)》中有此规定。

　　② 据《保证责任象山县南韭山渔业生产合作社章程(民国三十六年二月奉建设厅令核准)》第二十六条:“本社设经理、文书、司库、会计各一人”,可知民国三十六年(1947),该社设有司库、会计各一人,而据《保证责任象山县南韭山渔业生产合作社章程(民国三十七年十一月四日修正社员大会通过)》第廿一条:“本社设经理一人,副经理一人,秉承理事会主持本社业务,司库一人,掌理会计出纳”,可知民国三十七年(1948)后,司库兼理会计事,无会计职位,且增设副经理一人。

　　③ 出席联合社代表被选为联合社理监事时,以联合社规定之任期为任期,仅在《保证责任象山县南韭山渔业生产合作社章程(民国三十六年二月奉建设厅令核准)》中有此规定。

任用,受经理之监督,进行专司之业务。① 于必要时,还可以设立各种委员会,委员会委员由理事会聘任。②

渔业合作社的理事、监事、评议员、各种委员会委员均系义务职,而必须的公务费用,只有经理事会认可后,才得以支付。"惟理事兼任经理及经理以下其它职员时,得酌支薪给。"③经理、司库、技术员及事务员,属于聘用人员,可以"酌支薪给于事先",但也需要由该社"拟具预算,提经社员大会通过开支"。④

以下就南韭山渔业生产合作社第一届当选理监事人员具体背景做一分析(见表9-5)。

表9-5　保证责任象山县南韭山渔业生产合作社第一届当选理监事履历(1947年2月)⑤

职别	姓名	性别	年龄	籍贯	职业	学历	经历	住所
理事主席	陈　渊	男	33	象山	鱼商	中等学校毕业	现任象山县渔会理事兼象山县参议会参议员	石浦陈家弄
理事	王孝熙	男	35	南京	商	中学毕业	经营渔业多年	石浦营房街九号
理事	翁　渔	男	39	象山	鱼商	高小毕业	经营渔业多年	石浦横塘岸
理事	谢茂荣	男	32	象山	鱼商	中学肄业	经营渔业多年	石浦横塘岸

---

① 评议员、评议会、助理员、见习生、各部主任,均仅见于《保证责任象山县南韭山渔业生产合作社章程(民国三十六年二月奉建设厅令核准)》,其所列各部分别为:生产部、供给部、运销部、信用部、公用部,五部门。此五部门亦未见于《保证责任象山县南韭山渔业生产合作社章程(民国三十七年十一月四日修正社员大会通过)》。

② "各种委员会"在《保证责任象山县南韭山渔业生产合作社章程(民国三十七年十一月四日修正社员大会通过)》中称为"特种委员会"。

③ 唯理事兼任经理及经理以下其他职员时,得酌支薪给,仅在《保证责任象山县南韭山渔业生产合作社章程(民国三十六年二月奉建设厅令核准)》中有此规定。

④ 以上内容据《保证责任象山县南韭山渔业生产合作社章程(民国三十六年二月奉建设厅令核准)》及《保证责任象山县南韭山渔业生产合作社章程(民国三十七年十一月四日修正社员大会通过)》整理。参见:《保证责任象山县南韭山渔业生产合作社章程(民国三十六年二月奉建设厅令核准)》,象山县档案馆藏,档案号:01-7-0482-079;《保证责任象山县南韭山渔业生产合作社章程(民国三十七年十一月四日修正社员大会通过)》,象山县档案馆藏,档案号:01-7-0454-067。

⑤ 《保证责任象山县南韭山渔业生产合作社第一届当选理监事履历表(民国三十六年二月)》,象山县档案馆藏,档案号:01-7-0291-075。

续表

职别	姓名	性别	年龄	籍贯	职业	学历	经历	住所
理事	谢志渊	男	34	象山	鱼商	中学肄业	曾任象山县渔会理事现任三门通讯社社长	石浦横塘岸
理事	王宏英	男	36	象山	渔	小学毕业	捕鱼多年	石浦横塘岸
理事	郑加水	男	44	象山	鱼商	小学毕业	经营渔业多年	石浦新道头
理事	邵新亚	男	35	杭县	鱼商	高中肄业	经营渔业多年	石浦西门外
理事	包耀奎	男	35	象山	鱼商	高中毕业	经营渔业多年	石浦横塘岸
理事	汤度梅	男	37	象山	鱼商	中学肄业	捕虾多年	昌国乡
理事	陈远昌	男	47	象山	鱼商	上海中国商业公学毕业	曾任渔业同业公会干事有年	石浦后山
候补理事	边法安	男	38	浦江	军	中学肄业	现任南韭山民众自卫队队长	浦江平湖
候补理事	王梅仙	男	30	象山	学	中学毕业	现任昌国中心学校校长	昌国乡南门街
候补理事	林宪渊	男	36	象山	渔	小学毕业	捕鱼多年	石浦新道头
候补理事	王钊	男	38	象山	鱼商	小学毕业	经营渔业多年	昌国乡南门街
候补理事	杨桂林	男	38	三门	鱼商	小学毕业	经营渔业多年	三门鹤浦镇
监事主席	邵世经	男	38	象山	政	中学毕业	现任昌国乡乡长	昌国乡
监事	王孝南	男	35	象山	渔	警官正科毕业	现任象山县参议员	高桥乡
监事	周师濂	男	35	天台	党	中学毕业	现任天台县参议会副议长	天台县党部
监事	李照贵	男	56	象山	渔	小学毕业	捕鱼多年	延昌乡沙塘湾
监事	郑国良	男	39	象山	鱼商	中学肄业	经营渔业多年	延昌乡
候补监事	张松友	男	35	象山	鱼商	小学毕业	经营渔业多年	靖南三乡松岙
候补监事	陈兆熊	男	28	象山	鱼商	高中肄业	经营渔业多年	石浦城头墩

资料来源:《保证责任象山县南韭山渔业生产合作社第一届当选理监事履历表(民国三十六年二月)》,象山县档案馆藏,档案号:01-7-0291-075。

　　由表 9-5 可知,渔业合作社理监事皆为男性,且皆有其自身职业,合作社理监事之职,实为兼任。其自身职业,从事渔业及商业者 19 人(其中又兼有渔会理事、县参议会参议员、通讯社社长、同业公会干事等职务),军职 1 人(民众自卫队队长),教职 1 人(中心学校校长),从政 2 人(乡长、县参议会副议长)。其教育程度,大学及准大学毕业者 2 人,小学毕业者 8 人,中学及高中毕业或肄业者 13 人。由此观之,渔业合作社的经营管理者,皆受过一定程度的教育,故社员的受教育程度与其在渔业合作社中所担任的职位确有一定关系。渔业合作社的管理者只有达到一定的知识水平,具备学习相关专业知识或技能的能力,才能更好地组织该渔业合作社扶助社员生产,"共谋生产技术之增进与生产收益之增加"[1]。管理者具有较高的教育水平,这也是近现代社会组织的特点之一。此外,具有一定社会地位的社员,亦得在渔业合作社中担任要职。这不仅与渔业合作社发展事业的内在要求有关,而且是受中国社会官本位传统之影响。拥有一定政治权力与社会威望的人,在处理政府与社会等各方面关系时,具有极大优势。渔业合作社作为政府推动下成立的民间组织,其管理者具有一定的社会地位,有助于其应对复杂的社会环境,更好地发展合作事业。并且,渔业合作社的理监事能聚集各种职业之人士,遇到涉及专业领域的问题,也能由该领域的专业人士给出建议或进行处理,这也有利于该社日常社务的处理与业务的发展。

　　南韭山渔业生产合作社为规范组织管理,还设有下列会议:社员大会、社务会、理事会、监事会。这些会议的设立与召开,构成了渔业合作社基本的管理运作。

　　社员大会,由全体社员组成,为该社最高权力机关,分通常大会与临时大会两种。通常大会每年年度终了后 1 个月内,由理事会召集。临时大会遇必要时,由理事会或监事会召集,如遇社员 1/4 以上书面请求,也可召集临时大会,如果前项请求提出后,10 日内理事会不予召集时,可呈请主管机关自行召集。并且规定,社员应亲自出席社员大会,如因特别事故缺席,须以书面委托其他该社社员为代表,每社员以代表 1 人为限。

　　社务会,由全体理事、监事组成,每 3 个月由理事会召集 1 次,遇必要时得召集临时会。凡不能单独由理事会或监事会议决,并且必须召开社员大会之事项,均由社务会解决,社务会之议决案须报告于社员大会。

───────────

　　① 《保证责任象山县南韭山渔业生产合作社章程(民国三十六年二月奉建设厅令核准)》,象山县档案馆藏,档案号:01-7-0482-079。

理事会及监事会,各由该会主席按月召集 1 次,遇必要时得召集临时会,理事会开会时,监事得自由列席。

并且,该社社员无论认股多寡,每人只有 1 票权。同时规定,如不满足一定条件,以上会议将不得召开及不得决议。①

二、职能

南韭山渔业生产合作社"以共同经营方法扶助社员生产,并联合共谋生产技术之增进与生产收益之增加,共同移殖南韭山,开辟渔区为宗旨"②。其职能主要体现在所办业务及结算上。

(一)业务

关于南韭山渔业生产合作社的业务范围,有两份材料,一份较为具体,另一份较为概括,以下将二者分而述之。

1947 年,该社就业务类型,成立有五个部门,其名称与业务范围如下:

(1)生产部:办理社员采捕养殖各种鱼、贝、藻类,并其他水产品之鲜、咸、腌、腊加工制造等改良业务。

(2)供给部:办理供给渔具、渔网、渔盐、栲、血、屋料、食粮暨其他等用品。

(3)运销部:办理汽船、帆船,专对社员委托运销生产物等业务。

(4)信用部:办理社员存款、放款、汇兑、储押,及代理收付等业务。

(5)公用部:办理增进社员福利,改善社员生活之公用设备,如公用水井、灯塔、航船道路、公厕、浴室、理发室等,并办社员生产上需要之设备,如各项产品储藏库、栲淘,以及其他等业务。③

1948 年,该社又对以上业务进行扩展,其业务范围分为十一项。具体如下:

(1)关于渔捞物业之共同经营。

(2)关于渔获物之共同储藏制造。

---

① 《保证责任象山县南韭山渔业生产合作社章程(民国三十七年十一月四日修正社员大会通过)》,象山县档案馆藏,档案号:01-7-0454-067。

② 《保证责任象山县南韭山渔业生产合作社章程(民国三十六年二月奉建设厅令核准)》,象山县档案馆藏,档案号:01-7-0482-079。

③ 《保证责任象山县南韭山渔业生产合作社章程(民国三十六年二月奉建设厅令核准)》,象山县档案馆藏,档案号:01-7-0482-079。

（3）关于水产物之共同养殖。

（4）关于渔船渔具之共同建造或购置。

（5）关于渔业上需用品之共同购买及供给。

（6）关于渔获物之共同运销。

（7）关于渔船渔具之租赁。

（8）关于社员存款及贷款之经营。九、关于渔村及鱼市公共事业之建设。

（10）关于小规模渔业港防波工程码头等之建筑及其他共同事业之设置。

（11）关于渔业上其他之共同业务。①

（二）结算

渔业合作社的年终结算,规定也十分详细,已具备现代企业年终结算的一些内容及特点。

南韭山渔业生产合作社以公历1月1日至12月31日为一事业年度,每一年度终了办理结算一次,并制成财产目录、损益计算书、贷借对照表（或资产负债表）、业务报告书、盈余处分或亏损分担案等书表,经监事会审核后,报告社员大会。② 年终结算有盈余时,除弥补累积损失及付股息外,"以百分之二十为公积金,由社员大会指定机关存储公积金,除弥补损失外,不得动用;以百分之十为公益金,由社务会决议作为发展本社业务区域内公益事业之用;以百分之十为职员酬劳金,其分配办法由理事会决定之;以百分之六十作社员分配金,按各社员交易之多寡比例分配之"。如果该社营业有亏损,则用公积金、股金抵补,如再不足,则须依照保证责任组织之规定办理,

---

① 《保证责任象山县南韭山渔业生产合作社章程（民国三十七年十一月四日修正社员大会通过）》,象山县档案馆藏,档案号:01-7-0454-067。

② 《保证责任象山县南韭山渔业生产合作社章程（民国三十六年二月奉建设厅令核准）》中称"贷借对照表"为"资产负债表",且较《保证责任象山县南韭山渔业生产合作社章程（民国三十七年十一月四日修正社员大会通过）》少"亏损分担案"一项。参见:《保证责任象山县南韭山渔业生产合作社章程（民国三十六年二月奉建设厅令核准）》,象山县档案馆藏,档案号:01-7-0482-079;《保证责任象山县南韭山渔业生产合作社章程（民国三十七年十一月四日修正社员大会通过）》,象山县档案馆藏,档案号:01-7-0454-067。

即各社员对该社所负债务为其所认股额之二十倍。①

第三节　宁波地区渔业合作组织的效能

前文已对宁波地区渔业合作组织的职能进行了叙述,并以南韭山渔业生产合作社为例进行了说明。然而如此仅能知晓渔业合作组织章程所规定的职能,并不能了解宁波地区渔业合作组织的实际效用,故而有必要对宁波地区渔业合作组织的实际效用进行考察。

一、实际效用及职能扩展

宁波地区渔业合作组织的实际效用与其章程中规定的职能,基本相符,但亦有超出章程规定之范围者,可称为其职能的扩展。渔业合作组织的设立,确实发挥了其实际作用,其主要表现如下。

（一）鱼产干制、冰鲜运销及办理渔盐供给

据《象山县合作事业工作进度检讨报告表》记载,南韭山渔业生产合作社,在数月之内,办理鱼产冰鲜运销等业务,约五千万斤,鱼产咸制,也有百万斤之数。而东门岛渔业生产合作社则办理鱼产咸制百余万斤,且门渔业生产合作社则在办理渔盐供给等业务。然而由于各渔业合作社的社有资金太少,以致业务经营未能进一步扩大。②

（二）开辟渔区

南韭山渔业生产合作社以"开辟渔区"为其宗旨之一,1946 年,该社在南韭山搭置毛厂数十间,供各社员居住,该地本无人居住,由该社理事主席陈渊发起召集渔民迁往居住,并抽调社员百余人,组织自卫队,借备步枪 40 余支,轻机枪 1 挺,常驻在该社区内,保护渔民及渔船出洋捕鱼,冬汛时捕获带鱼约值 5 亿元之多。象山县政府对该社合作事业工作进度进行考核,认为该社自筹组以来,业务进展迅速,"社员对社殊为依赖,申请加入该社者迄今尚陆续不绝"。其批语对于该社评价甚高,以"完全开辟新天地"一语形容该

---

① 《保证责任象山县南韭山渔业生产合作社章程（民国三十七年十一月四日修正社员大会通过）》,象山县档案馆藏,档案号:01-7-0454-067。

② 《象山县合作事业工作进度检讨报告》,象山县档案馆藏,档案号:01-3-607。

社开辟新渔区这一举措。①

（三）举办渔贷

举办渔贷，是渔业合作组织最重要的职能之一。渔业合作组织是银行对渔业的主要放贷对象，如1946年冬汛前夕，浙江省政府电请中国农民银行付拨10亿元作为渔贷。按照各地渔情之繁简与需款多寡分配，宁波区独占4亿5千万元，其贷款对象即"以依法组织之渔业生产或运销合作社，及直接从事捕捞与运销之渔船为限"②。渔民作为渔业合作社之社员，得以向渔业合作社借贷款项，据1947年3月编制之《保证责任象山县南韭山渔业生产合作社社员借款系数表》载，社员向合作社借款作为出渔资金，借款期限3个月，申请金额集中在3个额度，最少者为60万元，中间者为250万元，最多者为400万元，但核准金额实际分为分四个额度，最少者为60万元（拨予申请金额60万者），然后为250万元（拨予申请金额250万元者），再然后为313万元（拨予申请金额400万元者），最多为314万元（拨予申请金额400万元者），总借款金额为9000万元。③ 1947年12月3日《宁波日报》在"简讯"一栏中也报道了该社为渔民办理渔贷的情况："象山南韭山渔业生产合作社，最近向中国农民银行及中央合作金库，借到冬季渔贷，连日转贷各社员渔船，每对渔船贷发一百五十万，故今冬渔船出渔之食米伙食，可告远虑。"

（四）建造码头

1948年9月13日，南韭山渔业生产合作社致函象山县政府，呈请拨给延昌地方敌遗驳船残骸一具，以便拆取旧钉建造码头，发展渔业生产，便利石浦交通。随后象山县府即致函浙江省建设厅，最后由中央信托局苏浙皖区敌伪产业清理处临时派驻杭州专员办事处查核该船骸确已腐烂不堪，无甚价值，并拍下船骸照片，该社终于在翌年1月7日得到省建设厅答复，准

---

① 《象山县合作事业工作进度检讨报告》，象山县档案馆藏，档案号：01-3-607。
② 浙江省银行经济研究室：《浙江经济》第1卷第6期，1946年，第40页。
③ 《保证责任象山县南韭山渔业生产合作社社员借款系数表（民国三十六年三月）》，象山县档案馆藏，档案号：01-7-0454-050。

予免价拨用。①

（五）赈灾救济

1948 年入梅后，宁波一地淫雨不断，7 月 6 日暴雨如注，海浪汹涌，象山、奉化翻沉渔船等 120 艘，毙人 300 余，各地山洪暴发，江河泛滥，交通中断，稻田成汪洋，收成大减。② 象山县因"七六"风灾被害之渔民，有许春秀等 19 户，共 91 口。南韭山渔业生产合作社因而呈报象山县政府、浙江省渔业局，说明"七六"风灾为害，渔民伤亡，损失惨重，请求救济。浙江省渔业局得报后，以"此次台风肆虐本省，沿岸适当其冲，各该渔民罹灾属实，殊堪悯恻"，呈请省建设厅核办，并提案将此次损失列入浙江省渔业救济物资配给当中考虑，以示救济。③ 翌年 5 月 23 日，省府电饬象山县府，"即查明遭灾较重渔民姓名及其家属人数，先就该县征□积谷项下，每口散放四十斤，以资救济"。象山县府因而饬令南韭山渔业生产合作社查明情况，列表成册，并备具领条，转发给县积谷保管委员会，请其开具拨粮单，并由象山县府派县合作室主任前往监放，并将受赈清册一式三份携回具报。④

（六）组织护渔

1946 年，南韭山渔业生产合作社计划开发南韭山岛为渔埠，但因该岛原为匪徒出没之处，故必须有自卫队予以自卫。该社理事主席陈渊即主持办理自卫队。自卫队由象山县府直接节制，协助该社自负警卫。⑤ 后因该年冬季渔汛届临，该社社员因急需出海捕捞，徒以海盗猖獗，安全堪虞，纷纷请求该社分派南韭山民众自卫队随船义务护渔，以资自卫。理事主席陈渊因而致函浙江省外海水上警察局，呈明该社职责所在，护渔乃义不容辞。在得到该局允许后，南韭山渔业生产合作社即派民众自卫队队士 13 名，由队附王

---

① 《为据南韭山渔业生产合作社呈请拨给无主驳船残骸以便拆取旧钉建造码头一案仰鉴核备查由》，象山县档案馆藏，档案号：01-3-1774-186。《复电以复南韭山渔业生产合作社呈请拨给敌遗驳船残骸以便折取旧钉建造码头一案经准敌产清除处电复照准特电知照由》，象山县档案馆藏，档案号：01-3-1774-187。

② 宁波气象志编纂委员会：《宁波气象志》，气象出版社 2001 年版，第 105 页。

③ 《浙江区渔业物资处理委员会》，浙江省档案馆藏，档案号：L033-002-0263。

④ 《令派该员前往南韭山渔业合作社监放渔赈具报由》，象山县档案馆藏，档案号：01-3-0621-062。

⑤ 《准函查复南韭山渔业生产合作社组织情形希查照由》，象山县档案馆藏，档案号：01-7-0291-042。

宏英（为该社理事）率领，前往护渔，并配备大帆船 1 艘，机枪 1 挺，步枪 10 支，子弹共 1500 发，同时制发旗帜，每船一面悬挂船后。①

（七）为渔民代言

抗战胜利后，政府于各地重建及筹建各级（1 级、2 级、3 级）鱼市场，渔业合作组织出渔捕捞所得之渔获物，可以通过鱼市场进行销售，但这需要向鱼市场缴纳一定金额作为佣金。当时鄞县东钱湖外海渔业产销合作社欲将渔获物运往上海、宁波等地交鱼市场求售，但因急须资金改善社员生活、保障社员福利及办理社员护渔保安等事业，并且该社经营困难，故于 1947 年 11 月 9 日致函浙江省合作事业管理处，请求鱼市场减收该社佣金。该处接到呈请后，即于当月 12 日批准"特予优惠"，并电饬各鱼市场予以优惠办理，得到各地响应。如官商合办温州鱼市场股份有限公司接电后，随即执行此优惠政策，于同年 12 月 29 日电复曰："如该社自运社员生产品至本场销售时，自可酌予优惠。"②

"赈灾救济""组织护渔"及"为渔民代言"3 项，在渔业合作社职能中并未明确提到，当属"关于渔业上其它之共同业务"，亦可将其视为渔业合作组织职能的扩展。总体而言，宁波地区渔业合作组织的实际效用与其章程中规定的职能，基本相符，亦有所扩展，在一定程度上促进了渔业生产，改善了渔民生活。宁波地区渔业合作组织存在的时间并不长，随着 1949 年 5 月宁波解放前后，境内之渔业合作组织陆续结束。

二、制约宁波渔业合作事业发展的因素

民国时期，宁波地区的渔业合作组织从其诞生至消亡，为时不长，虽然其在一定程度上促进了渔业生产，改善了渔民生活，取得一定的成效，但是却并不显著。究其原因，大致有如下三点：

（1）政府倡导而民间乏力。宁波地区之渔业合作组织乃受政府之推动而成立，政府对渔业合作事业的积极提倡，虽然使得宁属各地广泛建立了渔业合作组织，但各地渔业合作事业发展乏力的情形亦屡见不鲜。其中资金的匮乏，人才的短缺，民众的欠热心，都严重阻碍了宁波地区渔业合作事业的发展。

---

①　《为函请查明象山县南韭山渔业生产合作社组织等情形并盼见复由》，象山县档案馆藏，档案号：01-7-0291-041。

②　《渔业合作及鱼市场》，浙江省档案馆藏，档案号：L084-000-0393。

（2）社会动荡。民国时期，兵祸连年，战乱不已，匪霸横行，海氛不靖，社会的动荡使得政府力量受到削弱，从而使政府对渔业合作事业的物质支持不足。政权亦时常更迭，以致政策不能稳定，这亦制约了宁波地区渔业合作事业的发展。

（3）经济不稳。社会的动荡导致了经济的不稳，民国时期虽进行了币制改革，然而社会上流通的货币依然十分复杂，加之地方割据，滥发各种纸币，使得经济非常混乱，经济萧条，民生凋敝，这使得渔业合作组织在筹集资金时，困难重重，社股一项，亦时时变动。贫苦渔民甚至缴纳不起入社最低股金，只能充作入社渔民之雇工，渔业合作事业难以普及至下层渔民，致使渔业合作事业之普及仅有广度而无深度。

如上所述，民国后期特别是战后在政府的着力推动下，宁波一地渔业合作事业获得一定程度的发展，名列全省前茅，并初步显示出这一新兴经济组织的优越性。但经济上的窘迫，特别是战乱，使渔业合作社的发展陷入困境乃至以失败收场。这不仅是宁波合作事业的悲剧，更是时代与社会的悲剧。

参考文献

一、报刊类

[1]《申报》。

[2]《时事公报》。

[3]《宁波民国日报》。

[4]《宁波日报》。

[5]《浙江建设月刊》。

[6]《上海市水产经济月刊》。

[7]《水产月刊》。

[8]《行总农渔》。

[9]《新渔》。

[10]《渔业》。

二、地方志及文献史料类

[1]〔明〕张时彻:《嘉靖宁波府志》卷 12《物产》,嘉靖三十九年(1560)刻本.

[2] 实业部国际贸易局.中国实业志(浙江省).华丰印刷铸字所,1933.

[3] 鄞县政府建设科.鄞县建设(第一集),宁波印刷公司,1934.

[4] 实业部中国经济年鉴编纂委员会.中国经济年鉴.北京:商务印书馆,1935.

[5] 浙江地方银行总行.浙江经济统计.浙江印刷厂,1941.

[6] 浙江省银行经济研究室.浙江经济年鉴.浙江文化印刷股份有限公司,1948.

[7]〔清〕段光清.镜湖自撰年谱.清代史料笔记,北京:中华书局,1960.

[8]陈训正,马瀛等.定海县志.成文出版社有限公司,1970.

[9]〔清〕俞樾.光绪镇海县志.中国方志丛书,成文出版社有限公司,1974.

[10]〔清〕朱正元.浙江省沿海图说.中国方志丛书,成文出版社有限公司,1974.

[11]〔清〕杨泰亨等.慈溪县志.中国方志丛书,成文出版社有限公司,1975.

[12]〔清〕李前泮修、张美翊纂.光绪奉化县志.中国方志丛书,成文出版社有限公司,1975.

[13]〔元〕袁桷等.延祐四明志.宋元方志丛刊,中华书局,1989.

[14]〔元〕至正四明续志.宋元方志丛刊.北京:中华书局,1990.

[15]〔宋〕胡榘,罗浚.宝庆四明志.续修四库全书(第705册).上海:上海古籍出版社,2002.

[16]〔清〕昆冈等修、刘启端等纂.钦定大清会典事例.续修四库全书(第800册).上海:上海古籍出版社,2002.

[17]舟山市地方志编纂委员会.舟山市志.杭州:浙江人民出版社,1992.

[18]宁波市镇海区水产局,北仑区水产局.镇海县渔业志,1992.

[19]宁波市地方志编纂委员会.宁波市志(上).北京:中华书局,1995.

[20]浙江省鄞县地方志编委会.鄞县志.北京:中华书局,1996.

[21]浙江省水产志编纂委会员.浙江省水产志.北京:中华书局,1999.

[22]宁波气象志编纂委员会.宁波气象志.气象出版社,2001.

[23]杭州海关译编.近代浙江通商口岸经济社会概况——浙海关、瓯海关、杭州关贸易报告集成.杭州:浙江人民出版社,2002.

[24]陈梅龙,景消波译编.近代浙江对外贸易及社会变迁——宁波、温州、杭州海关贸易报告译编.杭州:宁波出版社,2003.

[25]周科勤,杨和福.宁波水产志.海洋出版社,2006.

三、档案类

[1]宁海县档案馆、象山县档案馆、宁波市档案馆、浙江省档案馆相关馆藏档案。

四、著作类

[1]〔清〕沈同芳:《中国渔业历史》,《万物炊累室类稿:甲编二种乙编二种外编一种》(铅印本),中国图书公司,1911.

[2]李士豪.中国海洋渔业现状及其建设.北京:商务印书馆,1936.

［3］李士豪,屈若搴.中国渔业史.北京:商务印书馆,1937.

［4］张震东,杨金森.中国海洋渔业简史.海洋出版社,1983.

［5］丛子明,李挺.中国渔业史.北京:中国科学技术出版社,1993.

［6］欧阳宗书.海上人家——海洋渔业经济与渔民社会.南昌:江西高校出版社,1998.

［7］叶建华.浙江通史(清代卷)(上).杭州:浙江人民出版社,2005.

［8］张如安,刘恒武,唐燮军.宁波通史·史前至唐五代卷.宁波:宁波出版社,2009.

［9］乐承耀.宁波通史(清代卷).宁波:宁波出版社,2009.

五、学位论文

［1］李文睿.试论中国古代海洋管理.厦门大学博士学位论文,2007.

［2］吴敏.民国时期江苏沿海地区海洋渔业研究.南京农业大学硕士学位论文,2008.

［3］丁留宝.统制·民生·现代化:上海鱼市场研究(1927—1937).上海师范大学博士学位论文,2010.

［4］张鼎.战后中国参与和构建全球海洋秩序研究.华中师范大学硕士学位论文,2012.

索　引

后　记

　　2012年,当我们申报的"宁波海洋渔业史研究"课题如愿被列入宁波文化研究工程时,我们却难以兴奋,因为长期以来,尽管地处东海之滨的宁波一直是浙江省乃至全国重要的海洋渔业生产基地,但本地渔业史的研究不仅无人问津,而且相关的资料也难以寻觅。好在此前进行的浙江海洋文明史研究项目使我们对本课题的研究有一定的准备,以此为基础,经过近3年的努力,《宁波海洋渔业史》终于付梓出版了。

　　本书是一项集体劳动成果,其中白斌完成了书稿的大部分内容,我的研究生丁龙华(现在广东韶关学院工作)负责第九章,本人则担任全书的设计、通稿工作,并负责全书资料的收集及第七、八章部分内容的撰写。本书在资料收集过程中得到了许多单位与友人的支持,其中上海社会科学院历史所资料室、宁波市档案馆、象山县档案馆、奉化市档案馆、宁波市图书馆以及镇海的严水孚先生等都给予了很大帮助。本课题在研究过程中还得到了江北区委宣传部、区文联的关心与帮助。在此均表示我们衷心的谢意。

　　宁波渔业史研究尚属于起步阶段,特别是囿于我们的学识与水平,加之时间仓促,本书还相当粗糙,并存在着诸多不足乃至差错之处,纯属抛砖之作,在此敬请读者批评指正。

孙善根

于甬西六和嘉园

2015年5月

图书在版编目(CIP)数据

宁波海洋渔业史 / 孙善根,白斌,丁龙华著.—杭州:
浙江大学出版社,2015.9
ISBN 978-7-308-15131-3

Ⅰ.①宁…　Ⅱ.①孙…　②白…　③丁…　Ⅲ.①海洋渔
业－渔业经济－经济史－史料－宁波市　Ⅳ.①F326.475.53

中国版本图书馆 CIP 数据核字(2015)第 209799 号

宁波海洋渔业史

孙善根　白　斌　丁龙华　著

责任编辑	徐　静　吴伟伟
封面设计	木　夕
出版发行	浙江大学出版社
	(杭州市天目山路 148 号　邮政编码 310007)
	(网址:http://www.zjupress.com)
排　　版	浙江时代出版服务有限公司
印　　刷	杭州日报报业集团盛元印务有限公司
开　　本	710mm×1000mm　1/16
印　　张	16.5
字　　数	287 千
版 印 次	2015 年 9 月第 1 版　2015 年 9 月第 1 次印刷
书　　号	ISBN 978-7-308-15131-3
定　　价	48.00 元